Hegel, Marx, Nietzsche ou Le Royaume des Ombres

헤겔, 마르크스, 니체 혹은 그림자의 왕국

〈지식을만드는지식 고전선집〉은
인류의 유산으로 남을 만한 작품만을 선정합니다.
읽을 수 없는 고전이 없도록 세상의 모든 고전을 출판합니다.
오랜 시간 그 작품을 연구한 전문가가
정확한 번역, 전문적인 해설, 풍부한 작가 소개, 친절한 주석을
제공합니다.

Hegel, Marx, Nietzsche ou Le Royaume des Ombres

헤겔, 마르크스, 니체 혹은 그림자의 왕국

앙리 르페브르(Henri Lefebvre) 지음

신승원 옮김

대한민국, 서울, 지식을만드는지식, 2026

편집자 일러두기

- 이 책은 1975년 카스테르만(Casterman) 출판사에서 펴낸 《Hegel, Marx, Nietzsche ou Le Royaume des Ombres》를 원전으로 삼아 번역했습니다.
- 원문에서 강조를 위해 이탤릭체로 쓴 부분은 고딕체로 표시했습니다.
- 옮긴이가 원문의 이해를 돕기 위해 본문에 덧붙인 내용은 [ ]를 사용해 구분했습니다. 괄호 안에 다시 괄호가 나올 때에도 [ ]를 사용했습니다. 논문, 책 속의 한 장(章) 등 짧은 글은 〈 〉로, 단행본, 잡지, 신문 등은 《 》로, 국내서, 외서의 구분 없이 동일하게 표시했습니다. 이때 외서의 제목은 국내 미발표작이더라도 독자의 이해를 돕기 위해 옮긴이가 모두 한글로 옮겼습니다.
- 옮긴이의 주석은 '(옮긴이 주)'로 표시했습니다. 그 외의 주석은 모두 지은이의 주석입니다.
- 해설과 지은이 소개, 옮긴이 소개는 옮긴이가 작성한 것입니다.
- 외래어 표기는 현행 한글 어문 규정의 외래어 표기법을 따랐습니다.

차 례

논리의 체계는 그림자의 왕국이다.
… 이 왕국을 관할하고 움직이게 하는 것은
의식의 절대적인 규칙이다.
—헤겔*

이론의 정신은 자신의 내적 자유를 쟁취하자마자
실천적 에너지를 지향한다. 즉 이론의 정신은 그림자의
왕국을 빠져나가 외부의 물적 현실을 향한 의지로서
행위한다.
—마르크스*

그림자가 모습을 드러냈기에,
나는 나의 형상을 완성할 것이다.
어느 날 세계의 모든 고요하고 가벼운 어떤 것이
나에게 나타났다. 초인의 아름다움이 나에게
그림자의 모습으로 나타난 것이다.
—니체*

* 헤겔, 《대논리학》, 임석진 옮김, 도서출판 벽호, 50쪽. (옮긴이 주)
* 마르크스, 《데모크리토스와 에피쿠로스 자연철학의 차이－맑스 박사 학위 논문》, 고병권 옮김, 그린비, 2001, 62쪽. (옮긴이 주)
* 니체, 《니체 전집》 13권, 정동호 옮김, 책세상, 2014, 143~144쪽. (옮긴이 주)

1장
삼중성

1. 여타의 기초적인 지식과 피상적인 사실로부터 시작할 것 없이, 우리는 다음과 같은 명제를 말할 수 있다.

a) 현대 세계는 헤겔적이다. 실제로, 헤겔은 국민국가에 대한 정치적 이론을 그 궁극적 결론에 이르기까지 공들여 발전시켰다. 그는 국가라는 최고의 현실과 가치를 단언했다. 헤겔주의는 지식과 권력의 연관을 원리적으로 제시하며 그것을 정당화한다. 실로 국민국가의 수는 계속 증가했으며(약 150개) 국가들이 지표면을 뒤덮고 있다. 국민과 국민국가가 광범위한 자본주의적 현실(세계시장과 다국적 기업)을 은폐하는 어떤 입구나 겉면에 불과한 것이라 하더라도, 그 자체는 엄연한 현실(realité)이다. 말하자면 국민과 국민국가는 그것들이 현실을 가장 정교하게 드러내는 것은 아닐지라도, 유효한 도구이자 틀이다. 국가는 그것을 고무하는 이데올로기가 어떤 것이든 간에, 지식과 강제력 그리고 국가 자체의 현실성과 가치를 확실히 이용하면서 도처에 자명한 것으로 그 모습을 드러낸다. 국가의 규정성과 그 궁극적 성격은 국가가 부여하고 확정하는 정치적 의식의 측면에서 확인된다. 즉 국가의 보수적이고 반동적인 성격은 확고한 것이다(국가의 공식 이데올로기가 무엇이건, 심지어 그것이 '혁명적인' 이데올로기라 할지라도 말이다). 이런 견지에서 국가는 헤겔이 명명한 현실, 즉 사회적 관계로서 '시민사회'를 그 속에 포괄하고

종속시킨다. 나아가 국가는 문명을 포함하고 규정하고자 한다.

b) **현대 세계는 마르크스적이다.** 실상 지난 몇십 년간 이른바 대중 권력의 관심사는 경제 성장이었다. 경제 성장, 곧 산업화와 생산은 국가 존립과 자주성의 기초로 여겨졌다. 그에 따라 경제 성장은 노동 계급(생산직)과 국가의 관계에 문제를 야기한다. 마찬가지로 그것은 지식과 생산의 새로운 관계에, 곧 지식과 생산을 제어하는 권력에 문제를 야기한다. 지식이 권력에 종속되고, 국가가 영구적이라는 것은 명백한 것도, 확정된 것도 아니다. 가령 오늘날에는 다양한 방식으로 수립된 합리적 계획경제(직접적이든, 간접적이든 또는 완결적이든, 부분적이든)가 관건이다. 한 세기 동안 산업과 그 결과물들이 세계를, 곧 사회를 바꾸었다. 이념, 정치적 기획, 꿈과 유토피아가 변화시킨 것 이상으로 말이다(그것들보다 더 낫게 변화시킨 것은 아닐지 몰라도). 마르크스가 알리고 예측했던 바는 바로 이것이었다.

c) **현대 세계는 니체적이다.** '세계를 바꾸자'고 말한 것은 랭보만이 아니다. 니체도 마찬가지다. '전부를, 그리고 바로 당장' 바꿔야 한다고 말한 것 역시 니체다. 도처에서 현 상황에 대한 저항과 비판이 분출되었다. 개인적 삶과 체험의 영역이 정치적 억압에 맞서, 생산주의와 경제주의

에 맞서 그 존재를 드러내는 것이다. 그것들은 특정한 정치적 지향을 통해서가 아니라 시와 음악, 연극, 그 밖의 범속하지 않은 것에 대한 기대와 희망에서, 즉 초현실적인 것, 초자연적인 것, 초인으로부터 거점을 찾는다. 실로 많은 이들이 국가나 사회 이상으로 문명에 몰두한다. 정치세력은 체험을 넘어 사회를 종속시키고 예술을 포박하려 들지만, 예술은 문제 제기의 보고이며 저항의 수단이다. 예술은 저항으로 인해 스스로 쇠퇴하게 될 위험조차 감수한다. 이처럼 니체적 반항의 불같은 숨결은 국가, 사회, 도덕의 압력에 맞서 완고하게 문명을 지키는 것으로 나타난다.

2. 이 명제들 가운데 어떤 것도 개별적으로 따졌을 때 부조리한 것은 없다. 가령 현대 세계가 헤겔적이라는 것은 증명될 수도 있다. 그렇지 않으면 고전적 방식에 따라 논박될 수도 있다. 증명을 원하는 이가 있다면 그는 가능한 한 텍스트에 근거해서 헤겔의 철학적-정치적 체계를 재건해야 할 것이다. 그런 다음, 이 체계에 내재한 원리의 영향력과 정치적 삶에 파급되는 양상을 다양한 경로(대학과 관련해, 몇몇 사건들의 해석과 관련해, 정치인의 맹목적 활동에 관련해 등등)를 통해서 탐구해야 할 것이다. 이는 마르크스와 니체 또한 마찬가지다.

그러나 [이 사상가들 모두가 형성하는] 삼중성에는 어떤 불가피한 역설이 있다. 어떻게 현대 세계가 이것이면서 동시에 저것일 수 있는가? 어떻게 현대 세계가 한 지점 이상에서 대립하는, 심지어 양립 불가능하기까지 한 다양한 원리들에 동시에 속할 수 있는가?

그것은 더 이상 영향력의 문제나 기준점의 문제가 아니다. 만일 현대 세계가 동시에 이것이면서 저것'이라면'(헤겔적이면서 니체적인…), 이는 더더욱 이데올로기－그것은 모호하면서도 명확하고, 구름이면서 동시에 빛인 듯도 한 방식으로 사회적, 정치적 실천 위를 떠다닌다－의 문제가 아니다. 삼중성에 대한 주장은, 이론과 실천의 관계에서와 마찬가지로, 이론들(원리들) 사이의 새로운 관계를 제시하고 규정하게끔 만든다. 만일 이 삼중성에 의미가 있다면, 그것은 각각(헤겔, 마르크스, 니체)이 현대 세계의 '어떤 면모', 실현 중인 어떤 특성을 포착했다는 것을 의미한다. 각각의 교리는 일련의 정합성을 획득한 이후(헤겔주의, 마르크스주의, 니체주의를 형성한 이후)에 자신이 포착한 바를 선언할 것이다. 그리고 그것은 19세기 말부터 형성되기 시작해 20세기에 이르러 달성되고, 그 시기를 건너가게 한 무언가에 기여한다. 따라서 이들의 탁월한 작품은 모더니티라는 매개를 통해 대면하게 된다. 즉 이들의 작품은 모더니티를 해명하고 모더니티는 그 작품들을 비춘다. 나의 전작들에서 이들의 교리는 역사주의와 역사성의 문제와 대면한 바 있다.[1] 이 책에서 시도되는 비판적 분석은 이를 보다 구체적으로 확장한다.

헤겔적 사유가 **국가**라는 한 단어, 한 개념에 집중된다면, 마르크스적 사유는 사회적인 것과 **사회**에 강조점을 두며, 니체는 마침내 **문명**과 가치에 대한 숙고에 이른다. 그리하여 아직 의미가 드러나지 않은 역설이 어렴풋하게 모습을 드러낸다. 그것은 현대 세계의 세 종착지가 이른바 인간의 '현실' 속에서 다층적인, 끝없는 충돌을 낳는다는 것이다. 광대한 영향력이 잠재된 이 가설은 분명 중요한 전략적 의미를 지닌다.

3. 헤겔, 마르크스, 니체의 텍스트를 따로따로 연구하는 것은 큰 의미가 없다. 텍스트의 모든 연관이 시험되고, 해체되며, 재구축되어야 한다. 이러한 작업은 특정한 해석에 진정한 해석이라는 의미를 부여하지 않을 것을 전제한다. 그러나 이 텍스트들을 철학사, 역사 일반 혹은 이념사 속에 위치시키는 문제와 관련해서, 텍스트 자체의 분석에 대해서만큼이나 콘텍스트적인 연구에 대한 관심 또한 소

---

1) 앙리 르페브르, 《역사의 종언(La Fin de l'histoire)》, 레 제디시옹 드 미뉘(Les Éditions de Minuit) 출판사, 파리, 1971.

진된 듯하다.

이들 사상과 [그 콘텍스트로서] 현대 세계와의 관계는 풀어야 할 숙제다. 현대 세계는 하나의 기준점이자 분석의 중심 대상이며, 다양한 학설과 이데올로기들이 자신을 주입하는 공통 척도(매개)다. 이처럼 '콘텍스트적인 것'에는 특정 역사 혹은 일반화된 역사 속에서는 사라지고 말, 중요성과 영향력, 그리고 풍부함—알려지지 않았거나 이미 알려진—이 있다. 헤겔, 마르크스, 니체 각각은 모더니티의 초기 상태에서 어떻게 그 경향성을 간파했던 것일까? 그들은 그것이 '점령되는' 과정 중인 것을 어떻게 알았던가? 모순적인 측면들과 계기들 속에서 그들은 어떻게 하나의 측면을 고정하고 하나의 계기를 규정해 낼 수 있었을까?

이들은 하나의 성좌(constellation)를 이루는 세 개의 별들이다. 그 광채는 때로는 중첩되고, 때로는 한쪽이 다른 한쪽을 가리고 숨기기도 한다. 그것들은 서로 간섭한다. 그 빛들은 어떤 때에는 증폭되고 어떤 때에는 연해진다. 지평선을 넘어서거나 그 아래로 내려가며, 서로 멀어지거나 수렴한다. 한쪽이 우세해 보일 때도 있고, 다른 쪽이 그렇게 보일 때도 있다.

이 표현들은 비유적 의미와 상징적 가치만을 드러낸다. 곧 그것은 방향과 지평이다. 이 작품들과 인물들의 위대함은 위대한 개념적 건축물을 구축한 고전 철학자들, 즉 플라톤과 아리스토텔레스, 데카르트 혹은 칸트와는 다르다. 그러니까 이 작품들과 인물들에게서 나타나는 '위대함'이란 '현실', 그리고 실천과의 일정한 관계 속에서 형성되는 것으로, 언어를 통해 표현될 수 있는, 문헌학적인 질서의 차원을 넘어선다. 즉 이들의 위대함은 새로운, **메타철학적인(métaphilosophique)**[2] 것으로서, 이를 규명하는 작업은 모더니티라는 수수께끼를 해독하는 것에서 시작되어야 한다.

4. 다시 헤겔주의를 살펴보자(여기에서의 언급이 최종적인 것은 아니다!). 웅대하고도, 축의 역할을 하는 헤겔은 고전 철학이 끝나는 지점, 즉 모더니티의 입구에 고독하고도 당당하게 자리 잡고 있다. 그는 고독하지만, 역사적-철학적 총체성을 끌어모아 국가에 종속시킨다. 헤겔의 '모더니티'는 어디에서 오는 것인가?

a) 우선 헤겔은 그리스, 철학, 고대 도시와 더불어 출범한 서양 로고스에 체계적인 형태를 부여했다. 헤겔은 아

---

2) (옮긴이 주) 르페브르는 메타철학이 철학을 '실재적인 것', '가능한 것'에도 개방하는 것이라고 말하고 있다. 앙리 르페브르, 《공간의 생산》, 양영란 옮김, 2011, 에코리브르, 523쪽 참조.

리스토텔레스와 마찬가지로—비록 둘 사이에 2000년의 간극이 있고 지나온 역사적 과정이 고려되었겠지만—효과적인 담론의 용어들(범주들)을 탐색하고, 이것들이 정합적인 전체, 즉 지식, 원천, 의미(합목적성)에 연결되는 것을 드러낸다. 그에 따르면 로고스는 비인칭적인 것이지만 허공에 떠 있는 것이 아니다. 즉 이성(La Raison)은 '주체'를 전제한다. 그것은 평범한 개인도 아니며, 우연적인 자아나 의식도 아니다. 이 합리성은 정치가에게서 육화되고, 국가 자체에서 실현된다. 그리하여 국가는 가장 높은 철학적 수준에 위치하게 되며, 지식과 의식, 개념과 주체라는 고도의 결정체들(détermination) 너머로 나아가게 된다. 말하자면 국가는 발전적 정복을 함축한다. 심지어 논리적으로, 국가는 최고 수준의 일관성에 따라, 투쟁과 전쟁의 결과들, 곧 역사적(변증법적) 모순들을 포괄한다. 이렇게 합리성이 육화된 절대적 철학적 '주체'로서 국가는 그 자체로 이념, 그러니까 신성(divinité)의 구현으로 인정된다. 우리로서는, 이런 식으로 확립되고 제도화되고 승인되는 철학의 허구적 정당성과 거짓된 평온함을 용납할 수 없다. 그렇기에 우리는 헤겔의 그 웅장한 선언으로 돌아가 그것을 살펴야만 한다. 헤겔에게 국가는 객관적 영혼으로서 '이념의 현실화'이기에, 개인은 "국가의 구성원으로서만 그 객관성, 진리, 윤리적 실존을 갖는다". 즉 국가는 '나'라고 일컬어지는 개인들의 사고를 경유해서 자신을 사유하며, '우리'로 일컬어지는 개인들과 집단들을 경유해서 스스로를 실현한다.[3] 국가(각각의 국가)의 역사적 기원은 국가의 이념에 영향을 주지 않는다. 지식, 의지, 자유, 주체성은 **국가 안에서 국가를 위해** 실현되는 이념의 '계기(요소, 국면 혹은 단계)'에 불과하다.[4]

그러므로 헤겔은 국가 안에서, 지식을 권력에 종속시키는 방식으로 지식과 권력의 융합(la fusion)을 정당화한다. 또한 헤겔에 따르면 국가 내부의 조직화된 효율은 전쟁을 비롯한 강제적 폭력과 결합하고 경쟁한다. 즉 전자는 후자를 완전한 상호관계로 정당화하고, 자발적인 것으로 인정된 영역(가족, 노동, 직업 등)을 정치적 질서로 집결시킨다. 이 과정에서 국가의 억압적 능력은 근본적으로 합리적인 것으로, 다시 말해 합법적인 것으로 드러나며, 이는 개별적인 전쟁과 전쟁 일반을 합법화하고 정당화하는 데까지 이른다. 마키아벨리가 그렇듯, 헤겔에게도 폭력은 국가와 정치적 삶의 일부다. 그에 따르면 폭력에도

---

3) 헤겔, 《역사 안에서의 이성(La Raison dans l'histoire)》, 장 지벨린(Jean Gibelin) 옮김, 브랭 에디시옹(Vrin Ed.) 출판사, 파리, 28쪽 등 참조.

4) 《법철학(Philosophie du droit)》 257절 등 참조[(옮긴이 주) 헤겔, 《법철학》, 임석진 옮김, 한길사, 2008, 441쪽 이하 참조].

내용과 의미가 있으며, 그것은 이성에 길을 터 준다. 이 관점에서 (강제적인) 법과 (규범적인) 권리는 사회와 그 복잡한 요소들을 국가의 통제하에 기능하게 만드는 필요충분조건이자 동일한 정치적 현실이다.

그에 따라 역사와 일상적 실천의 모든 계기들 속에 내재된 합리성은 국가로 정향된다. 국가는 도덕과 권리(법), 사회적 그룹과 그 개별 기능들(가족, 국민, 조합, 국내의 도시와 지역), 욕구의 체계 및 (욕구에 정확히 상응하는) 노동 분업을 합법적이고도 최종적으로, 총체화한다. 의식의 세 가지 기원(감각, 실천적 활동, 추상)이 보다 높은 수준에서 정치적 의식으로 고양되는 것과 마찬가지로, 국가 역시 한 쌍을 이루는 삼중적 기원을 지니는데, 곧 생산적 노동, 역사와 갈등들, 사회적-정치적 실천이라는 세 요소가 국가를 완성한다. 이렇듯 서로 연합하고 상호작용하는 삼중성의 산물, 곧 살아 있는 것이면서 동시에 유기적이고 합리적인 총체성(totalité)이 바로 국가다. 발생적으로 따지면, 국가는 이념—역사의 과정 속에서 자체적으로 생산되는—의 부름에 순응하는 이성적인 인간성(l'humanité) 외에 다른 것이 아니다. 이 가설이 일리 있는 것이라면, 요컨대 국가란 국가 없이는 산산조각 날—원자화될—사회체(le corps social)를 단단히 결속하고 그 위에 왕관을 씌워 완성하는 역할을 수행하는 것이다.

국가에 대한 헤겔적 물신주의는 시민들 혹은 철학적 저작의 독자들을 두렵게 할 수 있는데, 아마도 그들의 눈에는 여기에서 (또 한번) 제출될 요약본이 정치적 현실과 동떨어진 괴물로 보일 것이다. 그런데 그러한 인상은 헤겔적 분석과 종합의 세부로 들어서자마자 사라진다. 그 세부의 구체적이면서 현재적인(현대적인) 특성은 놀라움과 충격을 준다.

b) 헤겔에 따르면 합리적인 국가, 즉 입헌적 구조에 입각한 국가의 사회적 기반은 중간 계급이다. 국가 의식을 짊어지고 결합하는 문화가 이 계급에 의해서 형성된다. 지성과 합법성의 기반인 중산층 없이는 현대 국가도 없다.[5] 농민이나 노동자, 즉 노동하고 생산하는 계급 또한 국가의 기둥을 구축할 수는 없다. 중간 계급은 신입 선출(cooptation) 혹은 경쟁을 통해서 공무원들을 충원한다.[6]

---

5) 《법철학》 297절 추가 부분[(옮긴이 주) 여기서 헤겔은 국가 관료가 속한 중산층이야말로 지성적인 계급이고 국가의 근간이 된다고 말하고 있다. 한국어판 《법철학》, 위의 책, 529~530쪽].

6) 《엔치클로페디(Encyclopédie)》 528절 참조[(옮긴이 주) 여기서 헤겔은 자연적 계층, 반성적 계층, 사유하는 계층을 구분하고, 사유하는 계층(denkende stand)이 보편적 이익의 추구를 자기 업무로 삼는다고 설명한다. 헤겔, 《정신철학》, 박병기 · 박구용 옮김, 울산대학교출판부(UUP), 2000, 410~411쪽].

엄격한 시험을 통해 선택받는 유능한 관료야말로 국가의 진정한 사회적 기반이자 그 실체다.

헤겔이 보기에 사회적 계급들은 계급들 사이의 투쟁(모순)을 동반한다. 먼저 땅에 뿌리내린 **자연적** 계급인 농민이 있다. 다음으로, **반성적**이며 활동적인 계급인 장인과 노동자가 있다. 이들은 부의 축적을 일구어 내는 이들로, 그 개개인은 자신들의 (주체적인) 역량으로 특징지어진다. 마지막으로 **사유하는** 계급이 있다. 이들은 생산적인 두 계급 사이의 중재자이며, 그 자체로 국가적 틀 안에서 전체 사회를 유지하고 관리하는 지식에 의해 매개된 존재다. 이 세 계급이 정치적인 것의 중재(매개)를 통해, 달리 말해 사유하는 계급(**중간 계급** : 중재하는 계급, 매개하고 매개되는 계급)으로부터 출현한 관료제의 매개를 통해, 전체 시민사회를 구성한다. 이 계급들, 즉 시민사회의 요소들(계기들) 사이의 갈등은 시민사회 바깥에, 그 너머에 **정치적 계급**―국가에 곧바로(직접적으로, 말하자면 매개 없이) 연결된 계급, 그리고 그에 따라 [국가] 장치를 구축하는 계급―이 만들어지도록 추동한다. 이 계급은 군주, 독재자, 국가 원수, 즉 권력자의 하층부를 **구축하는**(헌법에 따라 제도화되는) 관료제를 통해서 지배적인 위상을 획득한다.

그러니까 국가와 정치적 계급은 시민사회의 모순(내재

적 변증법)으로부터 형성된다. 국가의 행위를 대표하고, 실현하는 정치적 계급은 자신을 형성하는 조건에 영향을 미칠 수 있다. 이 계급은 시민사회의 계기들(요소들, 구성원들, 단계들) 사이의 (사회적) 관계를 인식할 뿐 아니라, 그것들 사이의 갈등을 간파하고 해소할 힘이 있다. 이를 통해 이 계급은 국가를 모순적인 계기를 아우르는, 일관된 총체성으로서 보존하는 데 성공한다. 이러한 목표에 따라서 지도자 계층(정치적 계급)은 여타의 모든 노동과 의무에서 면제될 권리를 지니게 되며, 책무에 대한 대가와 보상(명예, 돈)을 받게 된다. 그 결과 근본적으로 올곧은(honnête) 계급이자, 피라미드의 정점인 이 계급은 단지 사회적 실체를 표상할 뿐 아니라, 그 자신이 실체가 된다. 이 실체란 달리 말해 '전체의 생명'이며, 그것은 사회, 국가, 헌법, 그리고 통치를 구성하는 정치적 행위 자체의 항상적인 생산(재생산)을 함축한다.[7)]

철학? 철학적 체계는 달성된 정치적 체계의 복사물이자 그 그림자다. 그것은 정치적 체계를 축성하고, 정당화하고, 근거 짓는다. 헤겔주의 안에서 철학은 이런 식으로

---

7) 《엔치클로페디(Encyclopédie)》 542절[(옮긴이 주) 이 절에서 헤겔은 정치적 계급으로서 군주를 국가의 통일성을 담보하는 존재로 제시하고 있다. 한국어판 헤겔, 《정신철학》, 위의 책, 429~430쪽].

완결되어, 철학의 역사를 요약하고, 응축한다. 그리고 그것은 이론을 제공하는 체계를 갖춘 국가 안에서 완전히 실현된다. 철학은 공적 서비스가 되어, 국가와 동행한다. 국가가 그의 역사적, 실천적, 사회적, 문화적 '계기들'을 합리적으로 총체화하듯이, 철학적-정치적 체계는 합리적인 것과 실재적인 것, 추상적인 것과 구체적인 것, 이상적인 것과 현실적인 것, 가능한 것과 성취된 것을 통합한다. (이론적) 지식과 (사회적-정치적) 실천 또한 행정적 수완 내부로 통합된다.

이로부터 도출되는 귀결 혹은 더 정확하게 말해, 그 논리적 함축은 역사의 종언이다. 역사는 생산적인 것이지만, 이미 역사는 그것이 생성할 수 있는 (모든) 것을 산출했다. 언제? 프랑스 혁명 그리고 나폴레옹과 함께.[8] 어떻게? 혁명과 나폴레옹이 자신들을 추월하고 축성하는 국민-국가를 만들어 냄으로써. 역사성은 투쟁과 돌출—개인적, 사회적 의식의 형상들, 인식의 단계들에서 나타나는—로 특징지어지며, 그것은 자신의 최초의 조건이면서 그 최후의 내용인 이념을 재생산한다. 이 이념에는 생산적 노동, 자동생성되는 개념적 지식, 창조적 투쟁[9]이라는 세 계기가

---

8) 헤겔, 《역사철학(Philosophie de l'histoire)》, 장 지벨린 옮김, 브랭 에디시옹 출판사, 파리, 403쪽 등.

포함된다. 모든 사물, 모든 행위, 모든 사건의 (숨겨진) 기원과 (선언된) 종언 가운데, 이념은 충만함, 즉 국가의 충만함을 통해서 스스로를 확인한다. 여기에는 어떤 우연도, 우발성도 없으며, 혹 있더라도 단지 외관상 그런 것일 뿐이다. 그리하여 현대 국가와 더불어 시간은 종언을 맞이하며, 그 결과 시간은 공간상에 펼쳐진다(이는 시간이 총체적인 현존 속에서 현재화되는 것을 뜻한다). 이것이야말로 창조의 황혼이자 지는 해, 서구의 모습이다! 삼위일체 혹은 사변적 삼중성(노동, 활동, 사고)이 그 승리와 함께 완성되어, 별이 빛나는 밤, 덧없는 지혜(la sagesse mortelle) 속으로 들어선다.[10]

헤겔 국가 이론의 (합리적으로 기괴한) 괴물적 특성 및 그것을 뒷받침하고 현실화하는 세부적 분석의 구체성을 함께 들여다볼 때, 이 공포를 느끼지 않을 사람이 누가 있으랴? 중산층이 노동 계급을 넘어서는 것, 이 계급의 사회경제적 중요성과 함께 그 정치적 중요성에 대한 환상이 증대하는 것, 이러한 사회경제적 '토대'가 중산층으로부터

---

9) 이 투쟁을 통해서 저차원적인 계기에서 고차적인 계기가 태어나며, 후자는 전자를 예속해(보존함으로써) 지배한다.

10) 정신현상학의 마지막 부분으로 이미 《역사의 종언》에 인용된 바 있다. 그 외에도 헤겔의 《역사철학》의 마지막 부분을 참고할 것.

출현한 상위 계급인 관료 및 기술 관료에 복속되는 것, 그리고 그에 따른 정치적 계급의 성립, '현대성'의 이 모든 측면이 19세기 초의 헤겔에 의해 포착되고, 예언되고, 공표되었다. 헤겔은 여기에 사람들이 잘 인식하지 못하는, 그들이 무시하거나 은폐하는 현대 세계의 또 다른 측면에 대한 폭로를 덧붙였다. 괴물의 진정한 초상화, 그것은 잔혹하게 사고하는 두뇌와 활동적인 구성원들로 이루어진, 인간을 넘어서는 것이면서 동시에 너무나 인간적인 거인, 바로 국가다.

나중에 우리는 헤겔이 제시한 세 발 괴물(le monstre tripode)[11]과 그 합리적 비전의 역설(paradoxe)로 돌아가야 한다. 즉 우리는 철학자의 승인과 철학이 부여한 보증서 속에 담긴 역설, 지식과 권력, 서구 로고스와 국가 이성의 결합 속에 담긴 역설, 그리고 '진리'라는 참을 수 없는 전체의 역설로 돌아가야 한다. 그 출발점이 되는 중심 개념은 헤겔적 국가다. 헤겔적 국가는 역사적 시간 속에서 그 계기들, 요소들, 재료들을 만들어 냈고, 그로부터 귀결된 공간에서, 부동의 운동(immobile mouvement)[12]을 통

---

11) (옮긴이 주) '가족-시민사회-국가'에서처럼 헤겔의 논리가 삼중적으로 구성된다는 것을 가리킨다.

12) (옮긴이 주) 정지된 것처럼 보이는 전체 내부의 자기 운동을 가리킨

해 그것들[계기, 요소, 재료]을 재생산한다. 《정신현상학》에서 말하길 '각각의 구성원은 분리되자마자 소멸'하는 까닭에, 운동이자 회전하는 구(sphère)이자 원무, 한마디로 체계는 '투명하고 고요한 정지' 상태에 이른다. 이처럼 헤겔적 국가는 자동으로 생성되고 자동으로 유지되는, 그 자체로 조절되는 체계의 모델, 말하자면 완전한 자동주의(automatisme)를 제안한다.[13] 거대한 건축물이면서 그 자체로 필요충분조건인 것, 그것은 그런 것이다(es ist so). 그렇게 된 것이다(이것이 죽어 가는 헤겔의 마지막 말이었다고 한다).

5. 이제 오늘날 사람들이 '마르크스주의'라고 부르는 것을 살펴보자(당연히 여기서의 언급은 처음도, 마지막도 아니다).

다. 이는 사회적 자동주의와 연관된다.

13) 최근에 이 개념[자동주의]을 제시한 저자들은 그 공통의 원천을 무시하거나 인식하지 못하고 있다. 미셸 클루스카르(M. Clouscard), 《존재와 코드(L'Être et le code, mouton)》, 무통(Mouton) 출판사, 헤이그, 1973; 이브 바렐(Y. Barel), 《재생산(La Reproduction)》, 에디시옹 앙트로포스(Éditions Anthropos) 출판사, 파리, 1973; 장 보드리야르(J, Baudrillard), 《생산의 거울(Le Miroir de la production)》, 카스테르만(Casterman) 출판사, 파리, 1973.

예비적인 언급 : 헤겔주의는 체계로 정의될 수 있다. 철학사 전문가들은 헤겔 텍스트의 다양성과 그 각기 다른 연대에서 기인하는 어려움을 잘 알고 있다. 《정신현상학》(개별자에서부터 전진 중인 인류에 이르기까지, 의식의 형상과 계기들을 설명하고 연관 짓기)과 《논리학》(일관성의 이론인 형식 논리와 모순의 이론인 변증법적 논리 사이의 관계 이해하기), 나아가 《역사철학》(투쟁, 폭력, 전쟁과 혁명의 연속성) 사이의 관계에 데카르트적 명증성 따위는 없다. 그럼에도 불구하고 우리는 헤겔의 사유가 이 철학자의 생애에서 명확하게 정치적이고 철학적인 체계를 지향했다고 확신할 수 있다.

마르크스주의는 어떤가? 그것은 단지 하나의 단어가 아니다. 그것은 정치적 라벨이자 논쟁적인 혼합물이다. 기한이 지나 버린 교조주의만이 마르크스의 작품에서 동질적인 교리, 곧 하나의 체계를 발견하려 애쓴다. 청년기 작품들, 성숙기 작품들, 말년기 작품들에는 다양성 이상의 것이 있으며, 식물처럼 조용한 발전이 있다. 거기에는 균열들, 빈 공간들, 모순들, 비일관성이 있다. 예를 들어 마르크스는 (헤겔적인) 변증법에 대해서 처음에는 열광했다가 이내 대결로 돌아선다. 그에게 변증법은 마치 적에게서 빼앗은 무기와 같다. 즉 변증법은 부인하고 부정당하는 과정을 거쳐 새로운 형식으로 — 명확하게 설명하진 않았지만—그의 손에 쥐어졌다.

《자본》이라는 기념비적 작업을 하나의 교리를 끌어내는 방식으로 살핀다면, 그 내용은 마르크스가 예측하고 그 소멸을 공표했던, 경쟁 자본주의에 부합하는 것이 될 뿐이다. 하지만 어째서 미완성된 저작으로부터 전체를 구축하는 일에 이토록 열중하는 것인가? 어째서 이 저작을 그것이 분석하고 설명하려는 생산 양식, 즉 자본주의에 대응하는 하나의 전체로서 인식하는가? 첫 부분 못지않게 풍부한 내용을 담고 있는 그 마지막 장들에는 오직 20세기의 경쟁 자본주의와 대면해서 비로소 드러나게 될 인식들이 포함되었을지 모른다. 그러므로 오늘날 마르크스 사상은 뉴턴의 물리학이 현대 물리학과 관련해서, 그러니까 상대성과 핵에너지, 원자 및 분자 물리학과 연관해서 했던 것과 같은 역할을 할 수 있다. 그것은 출발 단계이자 특정한 층위의 진리, 기원을 이루는 사건, 요컨대 하나의 계기(moment)가 될 수 있다. 그것은 교조주의, '마르크스주의적' 수사학, 그리고 마르크스와 마르크스주의의 죽음에 대한 주제넘은 담론을 멈춰 세운다. 이제 이와 같은 태도를 분명히 공표하자. 그 이유는 나중에 드러날 것이다. 마르크스 사상은 한 세기 동안 세계에서 새롭게 벌어진 일에 비추어 관습화된 '수정주의'적 방식에 따라, 재검토되어야 할 사안이 아니다. 결코 아니다. 올바르고 정당한 접근 방식은 마르크스의 작품에서 출발해서 세계에서 새롭게 벌어진 일이 무엇인지 파악하는 것이다. 생산력, 생산 관계, 사회 구조 및 (이데올로기적이고 제도적인) 상부 구조의 변화는 바로 그러한 방식으로 나타난다.

오늘날 다양한 마르크스주의가 있으며, 사람들은 그것을 하나의 고유한 '모델'로 환원하려고 헛되이 애쓴다. 마르크스와 엥겔스의 사유는 그것이 침투한 국가에 유포되어 있는 개념과 가치 속에 이식된다. 중국의 마르크스주의와 소비에트(러시아)의 마르크스주의, 독일, 이탈리아, 프랑스, 영미권 마르크스주의 학파의 탄생이 그렇게 이루어졌다. 그에 따라 이론적 발전의 다양성과 불균등함이 나타난다. 이식의 양상에는 다소간 차이가 있는데, 프랑스의 경우, 데카르트적인 정신, 즉 본질적으로 반변증법적인 정신이 지배적인 탓에 어떤 유리한 환경도 형성되지 않았고, 호의적인 '길잡이'도 등장하지 않았다. (비유를 이어 가자면) 이는 이식이 뒤늦게 이루어진 탓이다. 물론 그렇다고 해서 과실의 품질까지 나쁜 것은 아니었지만 말이다.

마르크스의 사유는 헤겔의 사유와 어떤 관계에 있었던가? 널리 알려졌듯이 끊임없이 화제에 오르는 이 질문은 하나의 답을 요구한다. 마르크스의 변증법적 사유는 헤겔의 변증법적 사유와 그 자체로 변증법적인 관계에 있다.

그것은 통합과 갈등의 관계라고 할 수 있다. 마르크스는 헤겔의 '본질주의적' 사유에서 그 본질들, 즉 노동과 생산의 중요성, 인류(인간)의 자동 생산, 정치적 투쟁으로서 실천과 인식과 지식의 내재적 합리성, 즉 역사의 의미를 가져왔다.

노동, 생산, 계급 등의 역할에 대해 마르크스가 말했던 모든 것은 헤겔에게서(생시몽에게서도) 발견될 수 있다.[14] 따라서 두 사상 사이의 연속성을 부정하기란 불가능하다. 그렇지만 순서와 맥락, 지향과 관점, 내용과 형식에서 나타나는 근본적인 차이로 인해 연속성과 더불어 돌연한 불연속성이 나타난다.

마르크스는 전 생애에 걸쳐 헤겔에 맞섰고, 헤겔이 부

---

14) 《헤겔 선집(Morceaux chosis de Hegel)》[노베르 구테르망(Norbert Guterman) 옮김, 갈리마르(Gallimard) 출판사, 콜렉시옹 이데(collection Idées), 1969]을 참조할 것. 이 책의 218절에서 224절은 이런 의도 속에 선택된 것이다[(옮긴이 주) 르페브르는 동료인 구테르망과 함께 헤겔의 원전 여러 권에서 주제별로 발췌한 선집을 펴냈는데, 각 절에는 제목이 붙어 있다. 218절 〈노동의 분업과 기계(La division du travail et la machine)〉, 219절 〈노동과 문화(Travail et culture)〉, 220절 〈사회 계급(Les classes sociales)〉, 221절 〈중산층(Les classes moyennes)〉, 222절 〈생존권 (Le droit à la subsistance)〉, 223절 〈시민사회와 국가(La société civile et l'État)〉, 224절 〈경제적 모순들(Les contradictions économiques)〉].

적절하게 획득한 것을 가져와 전유함으로써 그것을 변형했다. 마르크스에게 헤겔이란? 헤겔은 그에게 아버지, 유산의 보유자이자 생산 수단, 곧 축적된 지식의 주인이며, 소유자였다.

그들의 투쟁 속에는 다른 시대를 산 세대 사이의 갈등만이 아니라 계급 관계를 둘러싼 갈등도 있었다. 이 전투는 다양한 운명을 거치면서 여러 단계를 통과했다. 일진일퇴를 거듭하면서 한쪽이 다른 한쪽에 이기거나 패했다. 쟁점은 변화한다. 때로는 총체성의 인식이, 때로는 방법으로서 변증법이, 때로는 국가 이론 등이 쟁점이 된다. 헤겔에 맞서서, 마르크스는 모든 수단을 동원했다. 마르크스는 인류학(포이어바흐), 정치경제학(애덤 스미스, 리카도), 사료편찬학(왕정복고 시대의 프랑스 역사가, 특히 아돌프 티에리와 제3계급의 역사), 철학(18세기 프랑스 유물론), 그리고 초창기 사회학(생시몽과 푸리에)의 체에 헤겔주의를 통과시켰다. 이렇게 걸러지고 여과되고 비판적으로 부정됨으로써 다른 사상, 다른 기획으로서 '마르크스주의'가 나왔다. 그것은 헤겔주의의 재료들을 가지고 변형을 가한 것이라 할 수 있다. 마르크스가 벌인 투쟁은 법과 국가, 그리고 철학에 대한 헤겔의 주장들을 급진적으로 비판하는 작업(청년기 작품들, 1842~1845)에서 페르디난트 라살레(Ferdinand Lassalle)의 헤겔식 정치 전략에 대한 반박(《고타 강령 비판》, 1875)으로 이어진다. 오늘날, 마르크스가 파리 코뮌을 국가의 파괴로 이해하고 이를 지지했다는 것을 모르는 이는 없다. 즉 마르크스는 국가 사회주의에 반대했다. 그러나 불행하게도 국가 사회주의가 독일의 노동 운동을 지배했고, 이는 현시점에 이르도록 아주 오래 지속되었다. 이론적 투쟁 과정에서 마르크스는 헤겔에 맞서서 체계를 구축하지 않았다. 그가 선택한 방식은 현실적인 쟁점에 관한 실천적 목표, 곧 사회적 실천과 현대 세계의 분석이라는 목표—그 내재적 경향성을 기반으로 행동에 나서고 전환을 이뤄 내는 것—에서 한순간도 눈을 떼지 않는 것이었다.

연속성과 불연속성, 즉 '단절' 내지 파열의 지점은 존재한다. 그것은 어디인가? 이 기나긴 논의를 완전히 다시 할 필요는 없다. 텍스트와 콘텍스트를 통해서, 우리는 이 단절이 **철학적인** 것(관념론에서 유물론으로의 이행)도, **인식론적**인 것(이데올로기에서 과학으로의 이행)도 아니라는 것을 확인할 수 있다. 두 측면은 보다 복잡하면서, 내용과 의미가 풍부한 단절인 **정치적** 단절 속에 통합된다. 즉 마르크스는 국가에 대한 헤겔적인 옹호와 작별한다. 마르크스의 초기 작품에서 후기 작품에 이르는 여정에서 단절은 명백하다. 마르크스의 관점에서 철학(철학자들이 고안한 이성과 진리, 충만함과 행복)이 국가 안에서 실현되고, 강압적인 체계로 종결된다는 것은 결코 사실이 아니다. 그에 따르면 오직 노동 계급만이 총체적인 혁명을 통해서 철학을 실현한다. 그러므로 이러한 주장은 더 이상 고전 철학(추상적, 사변적, 체계적)이 아니다. 철학의 실현은 실천을 통해서, 삶의 방식을 통해서 달성된다. 전통 철학을 극복하면서, 또 그 자신을 극복하면서, 프롤레타리아는 무한한 가능성을 열어 보인다. 시간(이른바 '역사')은 계속된다. 헤겔적인 극복(지양) 속에는 헤겔이 의도하지 않은 또 다른 의미가 있다. 그것은 국가 자체 또한 극복되어야 한다는 것이다. 혁명은 국가를 무너뜨리고, 국가를 소멸로 이끈다. 국가는 사회에 흡수되거나 재흡수될 것이다. 이러한 의미에서 정치적 단절은 철학적 단절(고전 철학과의 작별), 인식론적 단절(이데올로기, 즉 지배 계급의 이데올로기와의 작별)을 하나의 계기로 삼는다. 이성에 관해서라면, 그것은 어떤 형식이나 공식화에도 부합하지 않는다. 이성은 그 자신을 극복함으로써 발전한다. 즉 이성은 고유한 모순들(합리적인 것과 비합리적인 것, 인식된 것과 체험된 것, 이론과 실천 등에서 나타나는 모순)을 해소하면서 발전한다.

그러므로 국가는 어떠한 상위의 합리성도 최종적인 합리성도 지니지 않는다. 헤겔은 국가를 사회의 구조로 받아들이지만, 마르크스에게 국가는 상부 구조일 뿐이다. 국가는 스스로를 구축한다. 더 정확하게는 사람들에 의해 구축된다. 그들은 누구인가? 정치가들, 공무원들이다. 그들은 생산과 소유의 사회적 관계, 생산력이라는 토대 위에서 국가를 구축한다. 그런데 이 토대는 변화한다. 그러므로 국가는 [일시적인] 역사적 순간(moment)으로서의 현실성 말고는 다른 어떤 현실성도 지니지 않는다. 국가는 토대와 더불어 변화한다. 그것은 변형되고 몰락하고 다르게 재구축되며, 이어서 쇠퇴하고 사라진다. 생산력의 의미가 자연적 부의 사용에서 자연에 대한 기술적 숙련으로(자동주의), 노동 분업(소외되고, 소외를 양산하는 것으로서)에서 비노동으로 그 중심을 옮겨 가게 되면서 국가 또한 변형될 수밖에 없다. 국가는 이미 봉건적-군사적 시기에서 군주제 시기로, 나아가 산업화가 불러들인 민주주의의 시기로 나아가는 과정에서 근본적인 변화를 겪었다. [지금 우리가 보고 있는] 자본주의 및 부르주아 계급의 헤게모니는 자유로우면서도 권위주의적인 민주주의를 수용하는데, 이런 식의 민주주의와 (의회제) 국가 역시 일시적으로 존재할 뿐이다.

헤겔에게서 완결된 역사가 마르크스에게서는 계속된다. 마르크스에게 미완성된 역사적 시간은 공간-상업적 관계, 산업 생산 혹은 국가 지배의 공간-에 고착화되지(물화되지) 않는다. 사물의 생산(생산물)은 사회적 관계의 생산을 포괄하는 이중의 생산이며, 이 역시 동일한 사물과 동일한 관계의 단순한 재생산으로 고정되지(물화되지) 않는다. 그에 따르면 과거와 현재는 새로운 것의 생산 없이는 재생산될 수 없다. 이렇게 해서 헤겔의 변증법은 마르크스에게서 그 본래 형태를 되찾는다. 새로운 관계의 혁명적 창조는 정치적 도구들, 즉 강제와 (이데올로기적) 설득에 의해서도 회피될 수 없다. 그렇다면 마르크스의 관점에서 합리성이란? 그것은 사회적 실천에 내재적인 것으로서, 산업적 실천 속에서 정점에 이른다. 마르크스에게 일상이란? 마르크스주의의 낙관론은 일상이 사회적 관계와 함께 변형되어 인간에게 행복을 선사할 것이라고 대담하게 확신한다.

국가에 관해서라면, 이중의 운동이 국가를 가로지른다. 한편으로 국가는 지배적인 관리자 계급의 헤게모니에 따라, 즉 그들의 실제적인 이익과 전략적 기획에 따라 전체 사회를 경영한다. 그러므로 국가는 헤게모니 계급(지배 계급)의 이익에 따라 교육, 즉 인식과 이데올로기, 그리고 의학이나 교직 같은 사회적 '서비스'를 생성한다. 동시에 국가는 전체 사회 위로 올라선다. 그 결과 국가(헤게모니 계급 혹은 낙오된 계급의 분파)를 거머쥔 이들의 지배가 달성되며, 심지어 일정 기간 경제적 지배 계급의 헤게모니를 빼앗고, 그들을 착취할 수도 있게 된다. 이를테면 보나파르티즘, 파시즘, 군부가 주도한 국가들에서 이러한 양상이 나타난다. 국가에 내재한 이러한 모순은 외적 모순, 즉－그 자체가 이미 모순에 침식된－토대로부터 빚어지는 갈등 관계에 중첩된다. 그런 까닭에 국가의 안정화는 불가능하다. 국가는 다소간에 통합을 지향하는 지배적인 계기들(말하자면 지배와 전유의 계기들, 지식과 논리, 기술과 전략, 법과 윤리적 이데올로기 등)을 담지한, 사회의 일시적 형태일 뿐이며, 중간 계급 위에 서 있지 않다. 국가의 기반은 중간 계급에만 대응하는 것이 아니며, 모든 사회적 관계를 포괄한다. 오늘날의 국가는 부르주아 국가다. 부르주아 국가는 관료제를 필요로 하며, 이것은 실질적으로 중간 계급으로 구성된다. 이 중간 계급은 국가와 함께 사회 전체 위로 올라서는 '유능한' 이들인 동시에 기생하는 경향을 보인다(즉 중간 계급이 생산 수단을 소유한 지배 계급의 다른 분파들과 아무런 충돌 없이 권력을 누리는 것은 아니다).

국가와 국가가 기반한 사회적 관계를 전복할 수 있는 사회적 힘(La force sociale), 국가를 변형하고 약화해서 그것을 종언으로 이끌 수 있는 사회적 힘. 마르크스가 현실에 대한 그의 분석 그리고 그의 기획에서 중심에 두고 있는 것은 바로 이 사회적 힘이다. 즉 노동 계급이 '집합적 주체'가 된다면, 역사의 '주체'로서 국가는 사멸할 것이다.

그에 따르면 국가가 이러한 운명을 회피한다는 것은, 즉 국가가 무너지지 않고, 부서져서 쇠퇴하지 않는다는 것은 노동 계급이 자율적인(autonome) 집합적 주체가 될 수 없었다는 것을 뜻한다. 노동 계급이 자율적인 존재가 되면, 그들은 부르주아의 헤게모니를 노동자의 헤게모니(노동자 독재)로 대체한다. 그렇다면 생산 수단과 전체 사회를 관리할 수 있는 '주체'로서 프롤레타리아의 자기 결정과 주장에 걸림돌이 되는 것은 무엇인가? 바로 폭력이다. 폭력은 '주체'가 장애물을 부술 때 나타나며, 그것이 폭력의 유일한 의미나 효력을 구성한다. 즉 노동 계급에게 폭력이란 국가, 곧 사회적인 것 위로 들어 올려진 정치에 종지부를 찍는 것이다. 그러나 프롤레타리아의 (혁명적) 폭력은 세계를 파괴하는 대신 스스로를 파괴한다. 폭력은 그 자체로는 어떤 것도 생산하지 못하며, 창조하지 못한다. 우리는 [일종의 추동력 내지 사회적 필연성으로서] 폭력이 자기 주장하는 사회적 존재[사회적 주체]의 영구적 특성이나 '고유성'이라고 말할 수 있다. 마르크스에 따르면 이 계급은 자기 자신을 극복(se dépasser)하지 않고서는 스스로 실현할 수 없다. 그러므로 이 계급은 철학을 극복함으로써 그것을 실현한다. 또한 마르크스의 관점에서 사회적인 것은 이른바 '인간적' 현실의 서로 다른 두 수준을 흡수할 수 있고, 흡수해야 한다. 한편으로는 국가의 정치(지배적 성격을 상실하고 쇠퇴해 가는)를, 다른 한편으로는 경제적 측면, 즉 생산력(사회 속에서, 생산자 및 노동자 자신의 이익을 위한 합리적 행위에 의해 조직되는)을 흡수해야 한다. 사회적인 것 그리고 그에 따른 사회적 욕구—사회 전체의 욕구—가 이전 사회로부터 혁명적으로 태어난 새로운 사회를 정의한다. 즉 사회주의와 공산주의는 한편으로 국가 자체 및 국가의 우위에 대한 종언이며, 다른 한편으로 경제적인 것과 그 우위의 종언이다. '경제적인 것-사회적인 것-정치적인 것'의 삼각형 속에서 마르크스가 강조한 것은 사회적인 것과 사회이며, 이것이야말로 마르크스가 발전시킨 개념이다. 이에 대해 어떤 이들은 마르크스가 세계에 반전이 일어나기 이전에 우위를 점했던, 경제적인 것과 정치적인 것에 대항해 사회적인 것에 주목했다는 식으로 설명한다. 또 다른 이들은 마르크스가 실재(현존하는 것)—사회적인 것이 모습을 드러내는—의 경향성을 분석하고, 이를 바탕으로 전략을 수립한 것이라고 설명한다.

그러나 무엇보다 마르크스 사상을 생기 있게 만든 것은 거대한 낙관론이었다(오늘날 많은 이들은 낙관론의 긍정적 함축을 배제하고, 불확실한 순진성만 부각하면서 그것을 휴머니즘이라고 부른다). 그에 따르면 힘들이 충돌하는 유희, 특히 자연(부, 매장량, 자원의 본증적인 창조)

과 반(反)자연(노동, 기술, 기계) 사이의 충돌로부터 행복이 도래할 것이다. 자연, 노동, 지식, 이 삼인조는 행운을 가져오는 매개체다.

거듭되는 좌절에도 불구하고, 낙관론의 영향은 지속된다. 매우 잘 알려져 있으면서도, 언제나 새로움을 주는 이 역설에 어떻게 놀라지 않겠는가? 마르크스주의는 좌초되었으며, 특히 마르크스주의를 표방하던 많은 국가들에서 그렇게 되었다. 이른바 사회주의 국가에서 구체적인 사회적 관계들(연합, 조합, 자주관리 등)은 경제와 정치 사이에 짓눌려 새로 알려질 것이 없을 정도다. 이 관계들은 자본주의 국가의 '사적' 관계, 즉 일상적 담론을 통한 개인들의 의사소통, 가족, 사교 관계, 업무 관계, 기껏해야 우정이나 공조 관계로 축소된다. 사회주의를 명분으로 삼아 '사회적인 것'이 분쇄되는 이러한 상황은 기만적 양상들의 기나긴 목록(이성에 맞선 합리주의, 민족에 맞선 민족주의, 개인에 맞선 개인주의 등)에 또 한 가지 항목을 추가한다. 이 기이한 목록에서 몇몇 항목은 점차 사라진다(이를테면 합리주의, 그리고 비합리적인 것과 합리적인 것의 관계가 사라진다). 그리고 다른 것이 그 자리를 대체한다. '사회에 맞선 사회주의'가 약화되고 있는 여타의 대립들을 성공적으로 대체한다.

그럼에도 불구하고 곳곳에서 사회적인 것의 돌파가 이

루어진다. 그것은 정치에 맞선 경제적인 것의 측면에서 출현하며,[15] 그에 따라 상황이 복잡해진다. 마르크스 사상은 실패했는가? 그렇다. 그렇다면 그것은 죽은 것인가? 그렇진 않다.

우리는 대단히 역설적인 이 상황으로 돌아가야 한다.

6. 니체와 니체의 사상(그것이 하나의 '사상'인 한에서)으로 가 보자. 우리는 그의 사상과 결부된 상황을 전형화하지 않으면서, 조심스러운 접근을 시도하려 한다. "데카르트적 정신은 니체의 세계에 들어서자마자 공포에 휩싸일 것이므로."[16]

---

15) 예를 들어 1973년 프랑스의 LIP 사태가 그렇다. 1968년의 사건들 또한 같은 의미로 해석할 수 있다. 그것은 '사회적인 것'이 경제적인 것을 넘어서고, 정치적인 것에 맞서는 돌파구였다. 이러한 상황은 혁명적 전통을 지닌 '선진' 산업 국가들에서 나타나는 오늘날의 계급투쟁의 주된 특징을 보여 준다. 즉 자주관리(L'autogestion)는 더 이상 '이상'이나 멀리 있는 가능성이 아니다. 투쟁은 자주관리의 현장으로, 활동의 장소 및 행동의 문제로 넘어간다. 마르크스의 사유에 따르자면, 오늘날 자주관리는 경제와 정치 사이에서(그것들에 맞서서) 사회적인 것이 무엇인지 정의한다.

덧붙여서 마르크스주의자들에게 **생산 관계**(생산 과정 속 노동의 **기술적 분업**에 따른)와 **생산의 사회적 관계**(위계질서 및 결정을 통제하는 자주관리적 경향을 지닌 연합을 포함하는) 사이의 끈질긴 혼동이 나타나고 있다는 것에 주목해야 한다. 이 혼동은 후자를 전자로 환원한다.

역사? 니체에게 역사는—마르크스에게서와 마찬가지로, 그리고 헤겔과는 반대로—지속된다. 역사는 이중의 형식을 띤다. 한편으로 어리석은 전쟁, 끝없는 폭력, 야만, 대량 학살이 나타나고, 다른 한편으로 지식이 점점 더 압도적으로 누적되면서 거대해진다. 지식은 무미건조하면서도 극도로 '이해관계'에 치우친 박학, 인용, 사실, 혼합된 표현들, 기억, 기술, 사변으로 조직된다. 따라서 지속되는 것은 헤겔이 말하는 역사(역사성)가 아니다. 헤겔에게 역사란 계속해서 복잡해지는 현실의 발생이자 생산적 역량의 생성이며, 그것은 궁극적으로 국가라는 구조물로 귀결된다. 또한 니체의 역사는 마르크스가 말한 역사와도 다르다. 마르크스에게서 역사는 신성으로도 국가로도 향하지 않으며, '인간성(l'humanité)', 곧 인간종의 완성으로서 인간 본질의 성취 및 물질에 대한 지배, 자연의 전유로 향한다. 그러나 니체가 보기에 헤겔의 가설(니체는 1873년 《반시대적 고찰》에서 이 가설을 인식하고 격렬하게 공격했다)과 마르크스의 가설(니체는 헤겔을 경유해 자기도 모르게 이를 거부했다)은 단지 신학적인 가설에 불과하

---

16) 피에르 부도(Pierre Boudot), 《니체와 자유 너머(Nietzsche et l'au-delà de la libertè)》, 오비에몽테뉴(Aubier-Montaigne) 출판사, 파리, 1970, 151쪽.

다. 이 가설들은 사유와 역사적 활동의 의미를 증명하지 못한 채 가정한다. 이 가설들은 인간성 속에, 혹은 세계 속에 내재적 합리성, 신성을 요구한다. 그런데 신은 죽었다!

포이어바흐, 슈티르너, 마르크스의 무신론은 이 주장[신의 죽음]의 중요성을 제대로 인식하지 못했다. 철학자들과 그 공모자들은 마치 신이 죽지 않은 것처럼 사유하기 ―철학하기(philosopher)―를 계속했다. 그러나 역사, 인간과 인간성, 이성과 합리성, 목적성과 의미는 신과 함께 사라졌다. 철학적 건축물, 체계, 교리, 교의를 지탱해 왔던 것은 신학자들이 상위 실체로 주장했던 신, 세속화되어 자연 또는 역사에 자리 잡고 있던 신이었다.

그렇다면 니체에게 역사란 무엇인가? 그것은 우연(hasards), 의지(volontés), 결정론(déterminismes)의 카오스다. 니체적 삼인조의 첫 번째 항인 우연은 그리스에서 계승된 것이다. 차라투스트라는 우연의 발견과 수용을 선언하며, 나아가 우연에 대한 옹호가 목적으로의 예속을 무너뜨림으로써 자유에 새로운 차원을 선사했다고 선언한다. 그에 따르면 힘들 사이의 결합이나 접합 없이 발생하는 사건은 없다. 힘들은 외적 상호관계에서 출발해 시공간의 한 지점에서 만나게 되는데, 이 만남으로부터 무언가가 발생하게 된다. 이때의 우연은 행운, 우호적인 결합([고대] 그리스의 카이로스)을 선사한다. 그런데 니체는 '우연이 결국 우리의 가장 개인적인 욕구에 따라 만들어진다'고 말하고 있다. 왜인가? 이는 [두 번째 항인] 의지와 연관되는데, 의지는 삶 속에서 그렇듯, 분석에 앞서 그 모습을 드러내 보인다. 니체가 말하는 의지는 고전 심리학에서 말하는 밋밋한 '능력', 즉 '나는 원한다'라고 말하는 주체의 의지가 아니다. 그것은 힘(puissance)에의 의지, 그러니까 권력(pouvoir)을 통해 다른 어떤 이익을 추구하는 것이 아닌, 권력 그 자체를 추구하는 의지다. 이 의지는 곧 지배를 향한 의지다. 헤라클레이토스를 잇는 헤겔의 관점처럼, 존재의 기반, 곧 역사의 과정에는 투쟁, 전투, 전쟁이 존재한다. 그러나 니체가 제시한 힘에의 의지를 향한 투쟁은 헤겔의 합리적 역사성 및 변증법적 전복(renversement, 이것은 마르크스가 수정해서 받아들인 헤겔의 용어다), 곧 노예가 승자(주인)를 꺾는 전복을 대체함으로써 역사의 의미 속으로 육박해 들어간다. 니체적 삼인조의 세 번째 항은 결정론, 곧 필연성이다. 니체에 따르면 내적 필연에 의한 배타적인 결정론(물리학적, 생물학적, 역사적, 경제적, 정치적 결정론 등)은 존재하지 않으며 존재할 수도 없다. 다양한 결정론들이 존재하며, 그것들은 사회와 자연 안에서 일정한 경로에 따라 역할을 수행하면서, 태어나고 소진되며, 확장되고, 소멸한다. 그러나 결정론의 작동은 대체로 유익하기보다는 재앙적이었다….

그러므로 역사를 카오스라고 말하는 것은 적절하지 않다. 역사는 분석되고 이해될 수 있다. 역사를 올바르게 이해하게 되면 역사가 예정된 진보나 내재적인 합리성으로 환원될 수 없음이 드러난다. 모든 역사적 연속성 속에는 강화되고 있는, 데카당스의 요소와 징후가 나타난다. 또한 폭력으로 인한 동요는 고정된 틀 속에서 확립되려는 모든 것을 뒤흔든다. 그에 따라 (생물학적, 물리학적, 사회적, 지성적인 것에 기반한) 지엽적인 결정론을 좇아 생산적 활동의 탄생(genéses)을 찾기보다는 특정한 가족, 발견, 이념이나 개념 등의 계보(généalogies)를 드러내는 방식의 역사 이해가 대두된다.

헤겔에 이어서 마르크스는 합리적인 것과 현실[실재]의 분리를 거부했다. 그들은 논리적-변증법적인 동일성(두 항 사이의 모순과 투쟁을 통한 통일, 투쟁 속에서 제제3의 승리)의 관점에 서 있다. 그런데 니체에 따르면 이러한 관점이야말로 근본적인 오류의 뿌리다. 그것은 사실과 가치, 즉 사실과 의미를 합리적으로 연결한다. 그렇지만 사실이란 산에 있는 자갈이나 외딴곳의 소음 이상일 수 없다. 자연? 자연은 의미를 갖지 않는다. 그 대신 자연은 잔혹함과 자비, 풍요와 인색함, 기쁨과 괴로움, 쾌락과 고통, 이름 없는 것들이 뒤섞인 혼합 속에서, 이루 셀 수 없는 의미의 가능성을 제공한다. '인간'은 선택을 통해 자연에, 자신의 자연적 삶에, 자연의 사물들에 의미를 부여한다. '인간'은 끝없이 질문만 해 대는 '존재'가 아니다. 그는 사물들에 이름을 붙이자마자 그것들에 대해 말하고 평가함으로써 의미와 가치를 창조하는 존재다. 분명 사실과 사물은 그러한 평가를 통해서, 그것을 위해서 존재한다. 지식은 대상들과 사물들에 가치를 전해 주고, 의미를 부여하는가? 니체는 헤겔에 맞서서, 그렇지 않다고 말한다. 니체는 더 나아간다. 그에 따르면 '순수'하고 추상적인 지식은 의미의 세계를 박탈한다. 노동과 관련해서 니체는 마르크스에게 동의하는 가운데, 노동이 의미와 가치를 지니고 부여한다고 보지만, 이때 노동은 생산물을 직조하는 것이 아니라, 오직 작품을 창조하는 노동을 말한다. '누가 평가하는가? 누가 이름을 붙이는가? 누가 가치에 따라 사는가? 누가 가치를 선택하는가?' 주체에 대한 질문은 이런 식으로 제기되며, 새로운 의미에 대한 탐색이 그 의미를 갖기 위해서는 이 질문을 통과해야만 한다. 물론 이것은 답하기 어려운데, 왜냐하면 그 대답은 '주체' 및 주체-의미의 관계를 낳는 원천을 [계보학적으로] 되돌아볼 것을 전제하기 때문이다. 이것은 니체에게서 [창조의 여지를 가진] 불확실성이 나타나게 한다(이는 그 자체로 중요하다). 때때로 니체는 민중이 의미를 발명하고, 가치를 창조했다고 답한다. 철학자, 시인은 사람들에게서 멀리 떨어져 있다. 하지만 그들은 민중 가운데에서 출현한다. 심지어 민중과 대립할 때조차 그렇다.[17] 지식과 정치는 의미와 가치를 발명할 수 없다. 국가나 민족, 계급도 마찬가지다. 창조하는 것은 다름 아닌 민중이다. 이러한 주장은 완전한 상대주의, 즉 '관점주의(perspectivisme)'를 상정한다. 관점주의는 창조적 역량, 평가를 통해 하나의 관점을 생성하는 역량을 민중에게, 나아가 '대중(masses)'에게 부여한다는 점에서 결과적으로 마르크스의 주장에 근접하게 된다. 물론 때때로 니체는 이러한 입장과 반대로, 오직 (천재적인) 개인이 이러한 역량을 지닌다는 '엘리트주의적' 주장을 하기도 한다. 니체는《즐거운 학문(Freundliche Wissenschaft)》에서 '우리, 끊임없이 지각하고 사고하는 우리야말로 아직 존재하지 않는 것을 쉴 새 없이 태어나게 한다'고 우쭐거리며 선언한다. 이는 니체의 사상이, 하나의 사상인 한에서, 모순과 비일관성에서 면제되지 않는다는 것을 보여 준다. 그렇다면 이 명제들 가운데 한 가지를 선택해야만 하는 걸까? 우리 앞에 놓인 것은 하나의 체계인가, 지식인가,

---

17) 다음을 참조할 것.《차라투스트라는 이렇게 말했다》중〈천 개 그리고 하나의 목표(des mille et une fins)〉. "한 민족에게 선한 것으로 간주되는 것이 다른 민족에게는 치욕이자 웃음거리다. … 민족마다 가치가 새겨진 서판이 있다. 이것은 그 민족의 승리가 새겨진 서판이다."

아니면 한 지식에서 다른 지식으로, 슬픈 학문에서 즐거운 학문으로의 이행인가?

헤겔의 절대적 학문과도, 마르크스의 비판적 학문과도 대립하는 니체의 즐거운 학문이란 대체 무엇인가? 이 핵심 지점에 대해서 신중한 재검토를 본격화하기 전에 지금 바로 《즐거운 학문》의 계보를 개괄해 두는 게 좋겠다. 이 계보는 서구의 깊숙한 곳으로부터 출발한다. 이 지하의 흐름 속에는 유대-그리스도교적 도덕성과 그리스-로마적 로고스에 맞서다가 매장된 것들이 나타난다. 이 틀은 니체 자신이 탄생한 근원이기에 그는 이 틀과 더욱 강렬한 전투를 벌인다. 즉 이 투쟁은 전형적이지만, 동시에 역설적인 성격을 띤다.

[지하의 흐름과 연관해] 그리스도교적 사고의 기원에서 널리 알려져 있긴 하지만, 오인된 작품이 있다. 그것은 공식화된 교리에 의해 그림자로 밀려난, 아우구스티누스주의다. 아우구스티누스는 그리스적, 플라톤적, 유대-알렉산드리아적인 철학의 모든 자원을 살폈으며, 로마적 전통의 여전히 신선한 기억들을 바탕으로 그리스도교의 고유한 특징을 이루는 타락의 교리와 죄악, 구원을 숙고했다. 아우구스티누스는 [고대] 이탈리아의 원천으로부터 문두스(Mundus)[세계]의 이미지를 고통이 주는 시련과 정화에 결부해 해석했다. 그 이미지는 구멍과 빈틈, 지상 깊숙

한 곳에 박혀 있는 심연, 좀처럼 찾기 어려운 출구의 빛이 새어 들어오는 어두운 통로, 영혼들이 다시 태어나기 위해 대지의 자궁으로 돌아가는 경로로 나타난다. 문두스는 새로 태어난 아기들이 아버지로부터 양육을 거부당해 버려지는 구덩이이며, 그들이 사형수, 배설물, 태워져서 하늘의 불로 돌려보내지 않은 시신들과 함께 있던 곳이기도 하다. 그보다 신성한 것은 아무것도 없다.[18] 다시 말해 그보다 저주스럽고, 순수하고, 불결한 것은 없다. 즉 세계(Le Monde)는 암흑 속에서 구원, 곧 빛에 다다르기 위한 시련의 장이다. 아우구스티누스는 그리스도교 세계의 여명기에, 그러니까 이교도 세계가 붕괴되던 그 순간에 '문두스는 더럽다'고 선언하고 이것을 그리스도교주의의 좌우명이자 표어로 삼았다.

서구인들의 원형으로서 아우구스티누스는 원칙적으로, 대상(소크라테스 이전 철학자들 대부분)이든, 주체(아낙사고라스의 누스, 아리스토텔레스의 능동적 지성)든, 절대적 지식(헤겔적 이념을 예언한 플라톤적인 이데아)이든, 지식에 연관된 '어떤 것'도 상정하지 않는다. 아우구스티누스에게 존재란 지식이 아닌, (굳이 말해 보자면) 의지

---

18) (옮긴이 주) 아우구스티누스에게 그리스도교적 신성은 가장 타락하고 어두운 곳에서 비롯된다.

와 욕망을 통해 정의되는 것이다. (신적인 것으로서) 존재는 욕망이며 그것은 무한하다. 그것은 그 자체로 완결될 수 없고, 고갈되지 않는 욕망이며, 무한한 것, 즉 무한한 다른 존재에 대한 욕망이다. 이것은—구름을 뚫고 태양이 비치듯이—신성한 삼인조, 즉 삼위일체의 신비를 드러낼 수 있게 한다. 신의 이미지를 본뜬 인간, 신성의 유사물(analogon)로서 인간은 처음에 무한한 욕망이었다. 그런데 타락과 죄악이 이 무한한 주체를 무한한 '대상'과 분리함으로써 그 무한성이 무너지게 된다. '세계'가 오물에 불과하다면, 이성은 욕망의 파열과 유한성 속에서 드러나게 된다. 유한한 것이 되어 버린 욕망은 유한한 대상을 손에 넣지만—욕망이 계속해서 감지하는—무한한 기쁨 대신에 불안과 좌절에 직면할 뿐이다. 욕망은 문두스의 어둠 속에 머무르는 가운데, 부서지고, 그 자신과 분리되어 자기 자신만 뒤좇는 것으로('자기애'로) 환원된다. 유한성으로 전락한 이 무한한 욕망은 어떤 고유함도 없는—삼중적인—리비도일 뿐이다. 아우구스티누스에 따르면 타락한 존재에게는 분리 불가능하면서도 구분은 가능한 세 가지 리비도가 있다. 그것은 앎의 리비도(호기심, 지식과 지식욕, 항상 실망하며, 항상 새로 태어나는 것, 자신의 심연과 곤경을 살피기보단 각각의 사물을 향하는 것), 감각적 리비도(살을 향한 욕망, 성적 욕구, 쾌락에 대한 끝없는 추구와 계속되는 실망, 무한한 사랑의 패러디), 마지막으로 **지배의 리비도**(야망, 명령하고 지배하고 싶은 욕구, 즉 힘에의 의지)다. 아우구스티누스의 삼중적 리비도는 유한성으로 타락한 신적인 삼중성을 우스꽝스럽게 재생산한다. 즉 참된 힘으로서 성부, 다음으로 참된 말씀이자 지식, 지혜로서 성자, 끝으로 진정한 사랑인 성령. 각각의 리비도는 무한한 욕망의 그림자이며, 유한한 대상들을 통해 자기 자신을 욕망할(자기애) 뿐이다.

추상적이라는 점을 빼고 이것이 니체와 어떤 관계에 있는가? 아우구스티누스주의는 어떻게 니체적 사고의 계보에 들어가게 되는가(이와 달리 아리스토텔레스에게서 연원하는 토미즘은 절대적 지식의 이론에 짓눌린 상태로, 별 손상 없이 데카르트적 비판의 체를 통과했고, 서구 로고스의 구성 요소로 존속하게 된다)? 여기에는 17세기 프랑스가 개입된다. 아우구스티누스주의가 형성한 물밑 흐름은 교회의 공식적 신학에 맞서는 영구적인 저항에 활기를 불어넣는다. 또한 그것은 국가 이성과 지식을 동원하는 중앙집권적 국가 및 절대 왕권에 대한 저항을 지탱한다. 즉 아우구스티누스주의는 루이 14세에 맞선 얀센주의를 지탱한다. 얀센주의는 얀센, 생시랑(Saint-Cyran), 파스칼(Pascal), 포르루아얄[19]의 사상에만 머물지 않았으며, 문학에서도 나타난다. 이와 관련해 라신(Racine)―라신에 대해서는 여기서 다루지 않는다—그리고 무엇보다 라 로슈푸코(La Rochefoucauld)가 중요하다. 그는 아우구스티누스적 리비도를 '자기애'로 이해하며, 《잠언들》에서 자기애의 모든 형식—야망, 쾌락의 추구, 호기심—을 잔혹하게 분석하여 그것들의 위선과 가면을 비난한다.[20] 세속적이었던 라 로슈푸코 공작은 세계를 이해했으며, 이를 위해 필요한 앎이 무엇인지도 알았다. 라 로슈푸코는 내면적으로도, 영적으로도 얀센주의자였다. 이 '도덕주의자(moraliste)'는 세계를 파괴한다. 즉 궁정, 고관들, 왕권을 파괴한다. 신랄한 명석함으로 가득 찬 비(非)지식의 금욕주의는 공식적 지식, 그러니까 데카르트적 (국가적) 로고스에 대립한다. 니체는 《잠언들》을 읽고 숙고했다. 그는 《잠언들》을 이해했을 뿐 아니라 그것을 모방했다. 《인간적인 너무나 인간적인》(1권, 1877~1888 ; 2권, 1879)의 아포리즘은 프랑스 '도덕주의자'—반도덕주의자

---

19) (옮긴이 주) 얀센주의의 중심이 되었던 수도원이다.

20) 이 대목과 관련해서 르페브르의 《파스칼(Pascal)》(전 2권, 에디시옹 나젤(Éditions Nagel) 출판사, 파리, 1950)을 참조할 것. 니체는 《인간적인 너무나 인간적인》을 볼테르를 기리는 데 바치지만, 니체는 여기에서 라 로슈푸코를 거듭해서 인용한다. 내용과 형식 모두에서 그의 모방은 분명하게 드러난다. 니체는 1878년 바그너에게 이 책과 관련해서 '자신의 기사들이 쫓아오는 줄 모르고 나아가는 전령과 같다'고 쓴다.

라고 하는 것이 더 적절할지 모른다—의 냉혹한 분석, 대담한 통찰, 슬픈 학문을 현대성 속으로 확장한다. 그 속에는 그들만의 말투, 신랄함, 열정이 있다. 만약 니체가 지배의 리비도, 즉 야심, 힘에 대한 투쟁으로서 자기애를 발견한다면, 실상 이는 그것을 뿌리까지 비난하기 위한 것이다. 즉 목사의 아들로서 니체의 프로테스탄티즘은 그 목적과 의미에서 멀어진 얀센주의에서 양분과 힘을 얻은 다음, '세계'의 파괴로 나아간다. 이어서 그 잔해를 처리할 줄 모르는 이들을 향한 저항으로 전환된다.

여기까지가 쓰라린 학문에 대한 이야기다. 《즐거운 학문》(1881～1882)에 대해서라면, 그것은 쓰라린 학문과 그 기원이 대동소이함에도 불구하고 (변증법적으로) 반대되는 의미를 지닌다.[21] 그리스-로마적 로고스(논리학과 법) 그리고 유대-그리스도교적 도덕(죄악이자 오점으로서 간주되는 쾌락, 즐거움에 대한 증오) 외에 서구는 무엇을 발명했던가? 사실들과 사물들에 의미를 부여하는 광기

---

21) 《파스칼》에서 같은 내용이 인용되었다. 다른 글들에서도 [《즐거운 학문》의 기원과 관련해서] 남프랑스 문명의 독창성과 기여가 나타난다. 남프랑스 문명은 도전적이었으며, 국가 권력 및 북부로부터의 사회적 압력에 맞섰다. 《사랑과 서구(L'Amour et l'Occident)》라는 우스꽝스러운 책을 쓴 데니스 드 루즈몽(Denis de Rougemont)은 이러한 관점에 맞서는 적(원탁 이야기에서 나오는)이다.

(folie), 곧 개인의 사랑, 광적인 사랑, 절대적 사랑이다. 그러나 서구는 그가 가진 최고의 것을 [단지 낭만적인 것으로] 오인했고, 무시했고, 짓눌렀다. 남프랑스 문명 – 거대한 정오와 태양왕의 낳은 문명 – 은 안달루시아의 아랍인들과 켈트족 전설[22]의 이미지, 비유, 개념에 받아들이면서, 사랑에 [궁정식] 구애의 개념을 더했다.[23] 그것은 단지 사랑받는 '존재(개인, 사람)'에 대한 정중한 처우에 그치지 않는다. 그것은 아름다운 대상에 대한 고대적 규범을 벗어나, 쾌락의 공유를 추구하는 것이다. 즐거운 학문? 그것은 단순히 사랑의 수사학이나 단어를 수집하는 감각적 기술이 아니다. 그것은 사랑 속에서, 사랑을 통해서 살아가는 기술, 즉 사랑하는 즐거움과 쾌락을 위한 기술이다. 연인은 사랑의 행위 속에서, 그의 부인을 존경한다. 그는 자신의 성욕을 위해 그녀를 이용하는 대신 그녀를 섬긴다. 즉 사랑하는 존재 – 아름다운 여성 – 를 존중하는 것은 그

---

22) [켈트족의] 원탁 이야기(Le romancero de la Table)에는 여러 에피소드들이 있다. 비비안에 대한 마술사 멀린의 사랑, 기네비어에 대한 랜슬롯의 사랑, 성배의 탐색과 퍼시발의 모험(켈트족은 미래에 프랑스령이 될 스페인 북부까지 침입했고, 그곳에서 고대에 '켈티베르'라는 이름을 지닌 민족을 형성했다) 등등.

23) (옮긴이 주) 중세 남프랑스에서 활약한 음유 시인들은 아랍 문화, 기사도 정신이 혼재된 궁정적 사랑을 주제로 한 작품을 유행시켰다.

녀를 대상으로 간주하기를 거부하는 것이며, 그녀의 의지에, 심지어 변덕에도 복종하고 그녀에게 즐거움을 주는 것이다. 정중하고 절대적인 사랑은 힘에의 의지를 넘어서 야망과 권력 위에 선포된다. '감각적 리비도'는 열정에 의해 해방되고 정화된다. 그리하여 욕망은 무한한 것으로 재발견된다. 욕망은 더 이상 눈앞의 유한한 대상이 아니라 신성한 존재, '지상의 하느님(deus in terros)'이다. 즉 그것은 아름답고, 활동적이며, 감각적인 것이자, 의식을 가진 것이다. 즐거운 학문은 죄악과 구원을 넘어선다. 즐거운 학문은 육체의 순결함과 위대한 활력을 재발견한다. 그것은 비판적 분석의 쓰라림보다 심오하며, 박학한 이들의 '순수한' 지식을 넘어서는 '진정한' 인식(connaissance)을 담지한다. 그것은 사건과 사실과 사물에, 노동보다도 훌륭하게, 지식보다 더 많이, 의미와 가치를 부여한다. 이는 가히 영구적인 축제다.

니체는 쓰라린 학문과 즐거운 학문을 통합하고, 후자로써 전자를 극복한다. 즉 명석함을 저버리지 않으면서 명석함이 기쁨에 복속되도록 하며,[24] 마찬가지로 인식함

---

24) 《잠언들》에서 이러한 기획의 징표를 발견하는 것은 어렵지 않을 것이다. 절대적 사랑의 전통은 많은 프랑스 문학 작품을 남겼는데, 특히 《클레브 공작 부인(La princesse de Clèves)》은 《잠언들》의 저자가 참

을 저버리지 않으면서 그것이 삶에 복속되도록 한다. 니체는 이러한 통합이 빚는 갈등 상황에서 제3항이 솟아날 가능성에 대해 사유했다. 제3항이란 슬픈 학문과 즐거운 학문을 초월하는 시적이고 육욕적인 삶을 뜻한다.

살아 있는 것과 체험은 필요하다면, 힘을 통해서라도, 폭력을 통해서라도 재확인된다. 누구를 향한, 무엇을 향한 힘과 폭력인가? 그것은 가장 냉혹한 괴물인 국가에 대항한다. 또한 슬픈(개념적인) 지식, 압제적이고 억압적인 폭력에 대항한다. 그것은 일상에 대항하고, 받아들일 수 없는 '현실'에 대항한다. 그것은 노동과 노동 분업, 사물 생산에 대항한다. 그것은 문명이 결핍된 채 모든 수단을 동원해 스스로 영속화하기를 원하는 사회의 도덕과 강제에 대항한다. 1885년, 마르크스가 죽은 지 얼마 안 되었을 때, 시인 니체, 과대망상증 환자 니체는 불안과 기쁨에 울부짖었다. 니체는 야만으로 빠져드는 세계와 유럽을 구하고자 했다. 서구 사회, 곧 로고스(그리스-로마적인 로고스, 곧 논리학과 법) 및 도덕(유대-그리스도교적인 도덕, 곧 청교도주의)에 기반한 사회는 모든 표현과 수단을 초

고했을지 모르는 이야기다. 더불어 성배의 신화와 절대성의 탐구에 대해서는 니체가 자이들리츠(Seydilitz)에게 보낸 호기심 어린 편지(1878년 1월 4일)를 참조하라.

월하는 괴물이 되어 버렸다. 파괴하기 위해 생산하고, 전쟁을 위해 아이를 낳고, 인민을 지배하기 위해 지식을 축적하는 것, 니체는 이성의 징표 아래 벌어지는 이러한 어리석음을 독일에서 목격했다. 그는 헤겔에게서 철학적으로 축성되고 정당화된 본질적 오류를 감지했고, 나아가 그것들을 비난하고 낙인찍었다. 그 오류란 지식과 권력, 추상적 인식과 힘이 현대 사회의 국가 및 국가 모델 안에서 연결되고 융합되는 양상을 가리킨다. 오늘날이라면 니체는 ('인간' 외부의 그리고 내적인) 자연의 파괴가 힘에의 의지에 대한 부정이 아니라, 그것의 공포스러운 분출이라고 했을 것이다. 인간종의 우발적인 자기 파괴(핵 위협 등)에 대해서도 마찬가지일 것이다.

서구는 자신의 가치를 논리, 법, 국가(헤겔), 노동과 생산(마르크스)에 대한 거대한 주장들을 통해 시험했지만 그 결과는 인간종의 곤궁으로 이어진 것으로 보인다. 이 거대한 결과의 이면이자 대립항은 병리적이라 할, 숨겨진 허무주의(nihilisme)와 악의(méchanceté)다. 그러니까 유럽의 허무주의는 비판적 사유의 산물이라기보다는 그러한 사유에 내재한 무력함에서 비롯되었다. 그것은 역사, 민족, 조국의 거부에서가 아니라, [이성중심적, 직선적] 역사의 곤궁에서 나왔다. 그 비밀과 수수께끼가 무엇일까? 그것은 로고스에 대한 주장 자체—풍부해 보이지만 빈곤한 것으로 드러나는—에 내재해 있다.

니체가 노동, 산업, 노동 계급, 자본주의와 부르주아를 무시했던가? 니체가 그것들에 대해서 직접적으로 언급하는 경우는 드물다. 니체는 문화와 지식에 대한 비판을 경유해서만 그것들에 대해 말한다. 니체가 그것들을 멀리하는 것은 그와 관련된 어떤 항목, 어떤 '현실'도 하나의 관점을 형성하지 못한 채, 허무주의 이외의 다른 것을 보여 주지 못했기 때문이다. 헤겔주의가 이성의 승리를 목도한 곳, 마르크스가 대안적인 사회의 조건을 보려 했던 그곳에서, 니체는 오직 '현실'을 보았다. 그러나 니체는 현실을 있는 그대로 인정하지 않았으며 대신 그것을 반박하고 거부했다. 왜냐하면 그 현실은 진흙탕과 피에 잠길 것이기 때문이다.

니체를 아나키스트로 정의해야 할까? 그렇기도 하고, 아니기도 하다. 니체가 우월한 현실로 여겨진 '실재'와 그에 대한 지식을 전체적으로 거부했다는 점, 또한 니체가 전복(subversion)과 혁명을 구분했다는 점에서는 그렇다고 볼 수 있다.[25] 그러나 스스로를 의식이자 지식으로 규정하는 슈티르너, 바쿠닌(슈티르너는 비정치적이며, 바쿠

---

25) (옮긴이 주) '전복'이 기성 질서의 파괴를 강조한다면 '혁명'은 새로운 질서의 구축을 강조한다.

닌는 본질적으로 정치적이다)과 니체는 공통점이 없었다. 이런 점에서 보면, 그는 아나키스트가 아니라고 할 수 있다. 아나키스트는 그들이 맞설 대상과 사람들이 있는 '현실'의 영역에 남아 있다. 그들은 단 하나뿐일지언정 자신들만의 '자산'을 소유하게 되길 원하며, 혹은 '현실'을 소유한 이들에게서 그것을 징발하길 원한다.

니체는 육욕의 심오함에 호소하는 시로써 현실을 극복하길—초월하길—원했다. 니체가 억압받는 이들을 위해 싸우는가? 그렇진 않다. 니체에 따르면, 항상 그렇진 않지만, 억압받는 이들이 억압하는 이들보다 종종 더 잘 체험한다. 달리 말해 억압받는 이들이 더 강렬하게, 열렬하게 체험한다. 심지어 승자의 '가치'에 복속된 상황일지라도, 이들은 자신들의 고통과 분노를 울부짖는다. 이들은 자기 방식대로 발명한다. 그게 무엇일까? 이 발명이 주인들을 파멸시키고 상황을 역전했는가? 그렇진 않다. 그들이 발명한 것은 대지의, 패배자의, 억압받는 이들(여성, 노예, 농민 등)의 신과 신화인 디오니소스에 보다 가깝다고 할 무언가다.

즉 니체에게는 개시하는 행위로서 해방, 극복이 있다. 힘에의 의지를 거친 다음에 그 의지를 포기하는 것, 그러니까 억압하고 착취하는 정치적 행위를 포기하는 것으로부터 미래의 최초의 행위가 시작된다. 삶에 대한 의지? 만약 누군가('주체') 단순한 직관과 의도에만 얽매여 쇼펜하우어, 슈티르너 등의 의지주의적인, 생기론적인 철학을 배제한다면 이는 웃음거리가 될 뿐이다. 고전 비극은 [얽매임으로부터] 해방되는 장소다. 고전 비극은 희생을 반복함으로써 영웅의 운명이 어떻게 완성되며, 무엇이 그를 소멸로 이끄는지 제시한다. 그것은 힘에 대한 추구를 원하는 모호한 의지로부터 관객-배우를 해방한다. 그리스, 곧 도시적 삶, 합리적 법이 관습을 대체하는 이곳에서 대중적인 축제로서 고전 비극은 새로운 가능성을 열었다. 한편 음악은 언제나 놀랄 만한 변형의 예술로 나타난다. 음악은 아리스토텔레스적인 '카타르시스'보다 심오한 정화의 과정을 통해 불안과 욕망을 기쁨으로 변형한다. 즉 음악은 의미를 창조한다. '주체?' 철학자들이 지닌 주체에 대한 선입견은 웃음거리가 된다. 육체 외에 다른 주체는 없다. 육체는 그 자신의 심오함을 지니며, 음악은 육체로부터 태어나 육체로 되돌아온다. 음악의 소리는 오직 눈에게만 말을 거는 빛보다 훨씬 밝다.

예술에서 나타나는 이러한 고양을 바탕으로, 신화와 종교를 웃음거리(미신)로 취급하는 대신 그것들을 새롭게 해석해야 한다. 신화와 종교는 해방을 추구했지만, 그 원래 목적에서 벗어나게 된다. 왜냐하면 그것들이 힘의 의지를 가리고, 관행(제의), 제도(교회)를 만드는 데 동원되었기 때문이다. 실로 종교가 제대로 이해되고 해석되면, 데카당스의 원인이 종교 자체에 있다는 것이 드러난다. 특히 유대-그리스도교주의가 자본주의와 부르주아를 만들어 낸 서구에서 그렇다. 더욱이 이 파생된 현상들은 데카당스를 가중했다.

니체적인 극복(Überwinden)은 헤겔적이고 마르크스주의적인 극복(Aufheben[지양])과 근본적으로 다르다. 니체의 극복은 아무것도 보존하지 않으며, 그것은 이전 상태와 조건들을 상위의 수준으로 끌어올리지 않는다. 니체의 극복은 그것들을 공허로 던진다. 혁명적이기보다는 전복적이라 할 이 극복은, 파괴함으로써 혹은 자기 파괴를 통해서 이루어진다. 이렇게 해서 니체는 로고스에 대한 유럽의 긍정성과 그 이면, 역방향인 허무주의를 같이 넘어서길 원했다. 육욕적 삶을 바탕으로, 그것을 위해서 유대-그리스도교적 허무주의에 대항한 영웅적 투쟁이 쾌락주의(hédonisme)와 별 상관이 없다는 것을 굳이 덧붙여야 할까? 여기에는 삼중적 관계(세 개의 항)가 나타나지만 투쟁 과정에서 새롭게 태어난 것은 다른 것들을 공허 속에 내던진다(하이데거가 말했던바 근원으로 보내는 것). 그런데 이렇게 내던져진 것은 '기초들', 근원들로 떠오르게 된다. 변증법적이라고? 그렇다. 하지만 이것은 헤겔적인 변증법과도, 마르크스주의적인 변증법과도 근본적으로 다른데,

니체의 변증법은 부정성(négatif)의 의미가 지닌 역할, 영향력, 그리고 비극의 강도에서 구분된다.

초인(Surhumain)? 초인은 '인간적'이라는 명목으로 존재하는 모든 것의 파괴와 자기 파괴로부터 태어난다. 이것은 가능성-불가능성의 극한이다. 초인이 최초의 해방과 해방의 개시, 힘에의 의지에 대한 거부, 즐거운 학문과 유쾌한 비관주의를 함축한다는 것은 이미 드러났다. 당위(sollen)? 도덕이 아닌, 삶을 위해서 절대적으로 요청되는 것이라고? 이것은 [현실로부터] 멀리 떨어져 있는 가능성인가? 그렇지 않다! 이것은 누구에게나 너무 가까이 있어서 붙잡을 수 없는 것이다. 즉 초인은 신체 안에 머무른다.[26] 잠재적인 것, 알려지지 않은 것들이 풍부하게 담지된 신체는 예술 속에서 그 힘의 일부분을 펼쳐 낸다. 회화에서 눈과 시선, 조각에서 촉각, 음악에서 청각, 언어와 시 속에서 말하기가 그렇다. 총체적 신체는 신체가 선호하는 특정한 국면에서, 극장과 건축, 음악과 춤 속에서 전개된다. 총체적 신체가 가능성 전체를 전개함으로써 초인은 '현실'에 침투하여 그것을 변형한다. 이 변신(métamorphose)은 '현실'을 반복하는 가운데서도 그와 전적으로 다른 신체

---

26) 〈신체를 경멸하는 사람들〉에서 차라투스트라의 언급을 참고할 것.

를 생성한다. 시와 음악이 그런 것처럼 말이다. 그러나 이것은 영원회귀라는 끔찍한 관념, 즉 과거의 재생산, 절대적 반복 또는 반복의 절대성, 우연과 필연이 어지럽게 결합된 시련 없이는 이루어질 수 없다….

7. 지금의 우리, 20세기 후반의 인간인 우리에게 [세 철학자의] 광범위한 대질에 필요한 전체 요소, 거대한 과정의 전체 조각들이 갖춰져 있는(고소인, 피고인, 증인이 누구인지, 판사와 변호사가 누구인지 지정하기만 하면 되는) 그런 상황인가? 그렇지 않다. 자료들은 완성되지 않았다. 아직 멀었다.

세계의 위대한 '비전'이나 '개념'을 조사해 보면(다소 부정확한 방식으로라도 살펴보자면, 신학과 신통계보학, 신지학과 자연신학과 형이상학과 철학, 재현들과 이데올로기들이 있다), 우리는 그것들이 적은 개수로 된 '원칙들'에 따르고 있음을 알게 된다. 하나, 둘, 셋 정도. 그 이상은 드물다.[27] 신성한 숫자에는 7, 10, 12, 13이 포함됨에도 불구

---

27) 쇼펜하우어는 충족이유율의 '사중적 근원'을 끌어낸다. 또한 횔덜린의 일부 시들, 하이데거의 텍스트 일부는 네 가지(요소들?)에 대해 의미심장하게 말한다. 고대 중국에서는 숫자 5가 특권적이었다(공간의 네 방향에 제왕적 사고의 장소로서 중심과 수직성이 더해진 것이다).

하고. 철학적-형이상학적 원칙들은 일자(l'Un), 이중적인 것, 삼중성에 제한된다.

가장 강력하고 엄격하게 통일적인 개념은 동양에서 비롯된 것인가? 아마 그럴 것이다. 《역사철학》에서 헤겔은 이미 그렇게 생각했다.[28] 그것은 마르크스가 불완전하게 정의한 '아시아적 생산 양식'에서도 나타나는가? 아시아적 생산 양식은 국가, 도시, 주권자의 역할뿐만 아니라 사회적 기반(농업 공동체)의 안정성 측면에서도 서구적 생산 방식과 다르다. 그에 따르면 아시아적 생산 양식에서는 전체 공간—정신적-사회적 공간, 농촌과 도시—이 단일한 법칙에 따라 할당되었다. 내재적인 것이든(자연과 감각 속에 있는 것), 초월적인 것이든(존재 혹은 영혼) 어떤 경우에도 일자가 다양한 세계관들 가운데 스스로를 절대적 원리로서 드러낸다. 반면에 다른 많은 이들은 일반적으로 투쟁에서 두 가지 원리를 인정한다. 남성적 원리와 여성적 원리, 혹은 선과 악, 선행과 악행, 빛과 어둠, 신과 그 대적자인 악마 같은 것들 말이다. 이러한 이중적인(이원적인) 개념들에 관한 가장 정교한 표현들은 마니교에서 나타난다. 그들은 거의 모든 곳에서 대중 종교의 마

---

28) 《역사철학》 106쪽 등. 아시아적 생산 양식에 관련해서는 비트포겔(Karl August Wittfogel) 이후 이 주제를 다룬 저작들이 몇몇 있다.

술적이고 제의적인 내용을 활용한다. 지중해와 중동 부근은 이러한 이원론이 태어난 장소 혹은 이원론을 특히 선호하는 장소로 보인다. 바다와 땅, 평지와 산, 정주와 유목 사이의 충돌하는 관계들 때문이었을까? 아마 그렇겠지만, 이런 조건은 중요하지 않다. 여기서 우리는 그들의 역사가 아니라, 세계관의 차이에 초점을 맞추고자 한다.

서유럽은 삼원적 혹은 삼위일체적 사고에 집중했던 것으로 보인다. 선사 시대를 연구한 학자들과 인류학자들의 말에 따르자면, 아주 이른 시기부터 그렇다. 그러한 양상은 아주 일찍이, 즉 땅에 정착해 안정적인 농업과 촌락을 구축하고, 오랜 세기에 걸쳐 유럽에서 대규모 이주가 진행될 때부터 나타났다. 실로 그리스인들은 일찍부터 우연, 의지, 결정론이라는 삼중성을 사고했다. 또한 서구에서는 단일성(그리스도 단성론 교리)을 따르거나 이원론(마니교는 중세에도 계속해서 카타르교에 영향을 미쳤다)을 따르는 이교도를 물리치는 과정에서 삼위일체에 대한 그리스도교적 교리가 형성되었다. 어떻게 해서? 어떤 조건에서? 어쩌면 농업 공동체의 삼중적 구조(집과 정원, 개인 소유의 경작지, 집합적으로 소유하는 방목장과 숲) 때문일지 모른다. 혹은 시초에 나타났던 과정, 그러니까 농업적 기반 위에 도시가 형성되고 그 결과 도시가 촌락과 부락, 친숙한 장소와 멀리 떨어진 낯선 장소들을 통합해 상위 단위로 등극한 과정 때문일지도 모른다. 마지막으로 어쩌면 유클리드 기하학과 삼차원 공간 이론에서 나타난 삼중적 모델 때문일지도 모른다(비록 그것이 과학의 외부에서, 과학보다 앞서서 존재한 것처럼 보일지라도). 하지만 어째서 그 이유와 원인을 사회적 혹은 정신적 공간에서 나타나는 지배적 재현으로부터 찾아보지는 않는가? 여기에서는 이 문제를 언급만 해 두고 넘어가자.

그리스도교에는 아우구스티누스주의보다 보다 심원하고, 깊이 은폐되어 있으며, 그만큼 더 이단적인 지하의 흐름이 있다. 이는 나무뿌리에 물을 대고 수원지 표면의 구멍으로 솟아오르고, 우물을 채워 주는 지하수에 빗댈 수 있다. 그 흐름의 일부인《영원의 복음(L'Évangile éternel)》은 피오레의 요아힘만큼이나 아벨라르두스에게 영향을 받아 형성되었음이 분명하다. 이 복음은 그리스도교적 삼위일체의 인물들을 현실화한다. 즉 그 인물들은 불가사의하고 신비스러운 실체, 영원성에서 벗어나 '현실'과 역사성 속으로 들어온다. 아버지[성부]? 그것은 자연과 그 불가사의다. 그것은 창조와 창조된 것, 의식과 무의식, 고통과 즐거움, 삶과 죽음을 제대로 구분하지 못하는, 무한하고 끔찍한 번식력이다. 시련은 자연적 존재에 덧붙여지는 것이 아니라 그 속에 이미 내재해 있다. 아들[성자], 곧 말씀은 아버지의 실존과 영구적 동일체가 아니다. 아들은 그 실존으로부터 출현하고, 그 실존의 지속 가운데 태어나는 것이다. 언어, 의식, 인식이 아들의 탄생과 성장과 함께 출현한다. 아들이 상승하는 과정에서 지식은 자신감을 얻지 않을 수 없다. 이 믿음에는 의심을 넘어선 의식과 불안한 확신이 동반된다. 그에 따라 말씀은 자신이 세계를 구원할 것이라고 믿었지만 결국 실패하고 만다. 지식은 구원에 이르기에 충분치 않다. 불행한 의식의 고통도 미흡하긴 마찬가지다. 그리스도(말씀)는 헛되이 죽었을 뿐 아니라 그 죽음은 최악의 힘인 교회의 설립을 가능케 했다. 교회는 매일 말씀을 죽임으로써, 사유를 죽임으로써 말씀의 죽음을 기념한다. 구원이 달성되려면, 세 번째 항, 즉 영원하면서 일시적인, 내재적이면서 초월적인 성령이 세계를 뒤집는 가운데 육화되어야 한다. 전복적이지 않다면 성령은 아무것도 아니다. 그것은 이단자, 반항자 속에서, 그리고 불순한 것에 맞서 싸우는 순수함 속에서 육화한다. 성령은 반란과 기쁨을 가져온다. 오직 성령만이 생명이자 빛이다.

영원의 복음은 시간을 율법, 믿음, 기쁨이라는 세 시기로 나눈다. 율법은 아버지에게 속하며, 그로부터 유래한다. 그것은 자연의 가혹한 법칙이자, 자연을 확장하는 힘이다. 믿음은 그 필연적 귀결인 기대, 자비와 더불어 아들과 말씀에 속한다. 성령은 기쁨, 현존, 의사소통, 절대적 사랑과 완전한 빛을 가져온다. 그러나 그것은 또한 투쟁, 모험, 전복, 그러므로 폭력에 맞선 폭력의 모습으로 나타나기도 한다….

관습적인 철학사와 사회사에서 제대로 이해되지 않았던 이 삼중 도식은 이루 말할 수 없을 정도로 중요하다. 특히 삼중 도식—현실의 도식이자 사유의 모델—이 이원적 도식이나 일원적 도식보다 훨씬 유연하다는 것에 주목해야 한다. 그것은 리듬을 지니며, [현실의 진행] 과정에 상응하며, 데카르트적 사유—신적인 무한이 유한한 존재의 두 양태, 곧 연장과 사고를 포괄하는—를 관통한다. 나아가 그것[삼중 도식]은 헤겔에게서 그 정점에 도달한다. 헤겔주의는 무엇인가? 그것은 고차원적인 셋째 항, 즉 이념(성령)이 발산되고 복귀하는 삼인조의 얽힘 관계(entrelacement)다.

3항 구조는 다음과 같이 전개된다. 첫 번째 삼인조는 자연, 역사, 개념이다. 두 번째 삼인조는 암묵적이거나 명시적인 주장과 확신, 다음으로 그 안티테제로서 부정, 마지막으로 종합 혹은 실증적(긍정적) 극복으로 구성된다. 세 번째 삼인조는 필요, 노동, 향유 혹은 만족이다. 네 번째 삼인조는 주인, 노예, 그리고 노예의—주인보다 우월해지는 전환을 가져오는—승리다. 다섯 번째는 역사 이전, 역사, 역사 이후이다. 이하 등등. 마르크스에 관해서라면 그의 삼원적 도식은, (마르크스와 엥겔스의 말에 따르자면) 헤겔적 도식을 수정하면서도, 보존하며, 그것을 더 높은 수준으로 고양한다. 이는 긍정, 부정, 부정의 부정이라는 과정을 거치며, 부정의 역할을 강조한다.[29] 그에 따르면 (미래의) 발전된 공산주의는 '발전된 모든 부'와 더불어 원시적 공산주의를 회복한다. 생산 수단의 사적 소유가 수단(땅)의 집합적 소유를 대체했지만, 그것은 사회적인, 그러니까 집합적인 소유와 관리, 그리고 자동기계에 자리를 넘긴다. 심지어 마르크스는 부르주아적 삼위일체도 제시하는데, 그것은 자본, 토지, 노동(이윤, 지대, 임금)이다.

이상한 일이지만, 모든 철학적 사변에 맞서 싸우는 실증주의도 삼중적 도식을 채택한다. 오귀스트 콩트(Auguste Comte)와 그의 유명한 삼단계의 법칙에 따르면, 신학적 시대에 이어 형이상학적 시대가 도래하고, 그 뒤를 과학적 시대가 잇는다.

니체와 관련해서, 만약 니체를 그의 대변인인 차라투

---

29) 마오쩌둥은 모순에 대한 글에서 유럽적 사고의 삼중적 리듬 내지 도식을 방기한다. 그로 인해 마오쩌둥은, 무엇보다도, 삼중적 사고가 상정하는 근본 문제인, 논리와 변증법의 관계에 대한 문제를 무시하게 된다.

스트라와 동일시할 수 있다면, 그 또한 삼중적 도식을 채택하는 것으로 볼 수 있다. '나는 영혼의 세 가지 변신을 말하려 한다. 영혼은 낙타가 되고 낙타는 사자로, 사자는 어린아이가 된다.' 낙타는 가장 무거운 임무, 가장 무거운 법을 주장한다. 사자는 자신을 발견하고 창조할 수 있게 됨으로써 자유를 얻고 자기 자신을 내세우려고 한다. 또한 사자는 자기 자신과 미래에 대한 믿음을 갖고 있다. 어린아이는 순진무구함이자 망각, 개시함, 놀이, 스스로 굴러가는 바퀴, 곧 기쁨이다. 차라투스트라는 얼룩젖소라는 이름의 도시에 머무르면서 이렇게 말했다. 이때 니체는 성배(절대자)와 피시벌(파르시팔) 이야기 속의 젊음, 순수함, 영혼의 단순함을 떠올렸던 것일까? 멀린(신적-악마적 존재)과 랜슬롯(인간이자 초인적인 영웅) 다음에는 아이의 영혼이 도래한다.

우리의 삼인조인 헤겔, 마르크스, 니체에게도 동일한 삼중성 모델을 적용할 수 있지 않을까? 헤겔이 아버지, 법이고 마르크스는 아들이자 믿음, 니체는 성령이자 기쁨인 셈이다! 물론 이것은 일종의 패러디다….

어째서 삼인조들에 대한 반성과 회고를 하는 것인가? 왜냐하면 이 모델의 항구성이 보장되지 않기 때문이다. 삼인조 모델도 낙후되지 않을까? 이 모델 역시 소진되지 않을까? 현재 시점에서, 우리는 이 삼인조를 세세하게 검토한 다음, 지양(Aufheben)이나 극복(Überwinden)을 통해 그것을 거부해야 할까? 아니면 '우리의' 현실, 우리의 인식과 결부된 신성한-저주받은 몫으로 그것을 남겨 두어야 할까?

이러한 평가(지금으로서는 전술적 가정의 단계에서 행해진 평가)가 이전 모델, 그러니까 실체론적 모델(절대적 통일의 모델) 내지 이항적 모델(형식적 대립, 비변증법적인 대조 및 이중성 모델)로의 회귀로 이어질까? 그렇게 되기란 쉽지 않으며, 이는 개연적이지도 않다. 필시 우리는 다른 길을 택해야 할 것이다. 즉 더 많은 계기들, 요소들, 수준들, 차원들, 간단히 말해 다차원적인 사고를 고려한 접근 방식이 필요하다. 그런데 반대로 더 많은 것들, 더 많은 특질들, 변수들, 차원들, 흐름들을 고려하다가 사고 체계가 길을 잃는 것은 아닐까? 꼭 그렇진 않을 것이다!

8. 서구적 로고스를 구축하는 정언적 주장들의 블록은 문제들의 네트워크에 둘러싸여 있으며, 그 가운데 인식적 문제라는 산맥과 심연이 출현한다. 그것은 18세기 말 철학에서 드러나, 유럽의 이론적 상황에 개입했다. 이전의 데카르트적 사고, 18세기 프랑스의 백과전서 학파의 비판적 작업, 그리고 영국의 경험주의와 실증주의 과학에서는 지식(savoir)과 연관한 어떤 의심도 나타나지 않았다. 인식

의 이름으로 종교와 정치적 레짐에 대한 비판이 시도되었고, 로고스에 대한 의문이 나타났지만, 그 자체로 문제시되진 않았다.

이러한 상황은 칸트의 비판 철학과 더불어 변화한다. 곧 '인식이란 무엇인가'라는 단순한 질문이 질문을 던지는 사고방식 자체에 균열을 만들었다. 이로부터 사유는 더 이상 절대자(신화의 성배)를 찾지 않으며, 인식에 관한 질문에 답함으로써 자신의 길을 탐색하게 되었다. 말하자면 그것은 지평의 변화를 보여 주었다. 이렇게 균열을 겪은 사유는 합리주의와 '고전적' 휴머니즘, 그리고 괴테에게서 이어받아 공식화된 휴머니즘과 낭만주의 사이에서 망설이게 된다. 때로는 반응적이기도 하고 때로는 혁명적이기도 한, 그 자체로 이중적인 것들 사이에서 말이다.

그런데 불행히도, 철학과 전문 철학자들은 인식의 문제틀을 제한했다. 이는 문제틀을 보다 명확하게 하고, 그것을 전문성을 표방하는 자신들의 '학과(discipline)'에 속하도록 만들기 위해서였다. 그들은 과학을 논란의 여지가 없는, 필요충분적인 활동으로 보았다. 그 결과 철학은 인식론으로, 다시 말해 획득된 지식(savoir)과 불확실한 표상(représentations) 사이의 세심한 분류에 맞춰 축소되었다. 즉 칸트 이래로 철학은 인식의 문제를 다음과 같은 물음으로 표현한다. '지식의, 잠정적인 혹은 확정적인 한계는 어디인가? 어떻게 경계를 넘어갈 수 있는가? 어떻게 하면 더 많이, 더 잘 인식할 수 있는가? 즉 어떻게 더 많은 양의 지식, 더 확실한 지식을 얻는가…?'

이렇게 해서 철학은 인식에 관한, 보다 광범한 맥락에 놓인 본질적인 질문을 놓치게 된다. '지식은 필요하지만, 그것으로 충분한가? 개념, 방법, 이론과 같은 결과로서 인식이 아니라 활동으로서 인식의 가치는 무엇인가?' 이에 대한 다양한 대답들이 곧 나타나기 시작했다. 지식의 충분성에 대해서, 지식이 필연적이지만 불충분하다는 주장이 제시되었고, 필연적인 비지식을 내세우는 관점도 등장했다. 인식은 그 너머 혹은 그 아래로 되돌려졌고, 직관, '박학한 무지', 혹은 순수하고 단순한 믿음과 결부되었다.

인식의 문제틀이 지닌 풍부한 전모를 드러낸 사람이 누구일까? 바로 괴테다. 그것은 《베르테르》나 《빌헬름 마이스터》[30]가 아닌 《파우스트》에서, 소설이 아닌 비극에서

---

30) 루카치는 위대한 휴머니즘 고전인 괴테의 작품을 바탕으로, 마르크스주의 휴머니즘을 구축했다. 그는 괴테의 소설들 중에서도 교육과 양성을 다룬 이야기의 모델인 《빌헬름 마이스터의 견습 시대》를 참조했다. 루카치는 소설적 장르와 그 비판적 교훈을 과대평가하면서, 시와 연극은 무시하거나 오인했다. 즉 그는 《파우스트》를 잘못 이해했다. 이에 따른 다른 여러 가지 오류도 있지만, 무엇보다 중요한 것은 그것이 니체에 대한 잘못된 인식으로 이어졌다는 점이다.

드러난다.

이 희곡(특히 좀처럼 상연되지 않는 《파우스트》 2부)은 인식에 정향된 삶을 반대한다. 당대에 알 수 있었던 모든 지식을 지닌 파우스트는 뒤늦게야 그가 체험하지 못한 것들의 존재를 깨닫는다. 그의 행복과 불행은 악마적 원리가 그에게 다가간 데에서 비롯된다. 절대적 타자, 즉 신에게 저주받은 자[악마]는 열정, 망상, 광기, 범죄, 한마디로 악(죄악) 등 파우스트가 모르는 것을 알고 있으며, 삶의 비밀을 손에 쥐고 있다. 메피스토펠레스는 (상급자인 성부의 허가를 받아서) 파우스트가 지식의 시련을 거친 뒤에 삶의 시련을 통과하게끔 한다. 먼저 메피스토펠레스는 파우스트를 수동적이지만 아름다움을 지닌(아름다운 대상인) 여인, 고통을 견디고 불평할 수 있는 여인인 마르가레테에게로 인도한다. 나중에는 더 아름다우면서 활동적이지만 이해하기 어려운 여인인 헬레네와 만나게 한다. 여기서 여성은 '신-인간-악마'라는 오래된 삼막극에 덧붙은 네 번째 인물이다. 그녀는 영원한 처녀와도, 영원한 어머니와도 다르며, 두 측면으로 분리된다. 쾌락의 희생물이자 노예(마르가레테), 그리고 아름다움, 기쁨, 즐거움의 여왕(헬레네)으로. 그러므로 영원한 여성성은 [파우스트가 겪었듯] 오직 통과의례, 시련을 거친 다음에야 모습을 드러낸다.

그러나 '현대적 인간(l'homme moderne)'으로의 노정에서 드러나는 심연과 같은 거대한 질문 앞에 괴테는 시적인 응답을 내놓을 뿐이다. 그에 따르면 일어나는 모든 일들은 상징이자 상형 문자일 뿐이며, 영원한 여성성만이 구원의 길을 불러내고 보여 준다. 그러니까 서구의 위대한 이념은 로고스의 대적하는 절대적 사랑의 길을 따라간다. 이 위대한 이미지는 중세 서사시들에서 《위대한 몬느(Le Grand Meaulnes)》[31]에 이르기까지 서구를 관통하게 되며, 아름다운 영혼의 흐릿한 빛 속에서 서서히 사라진다. 되돌아올 가능성이 없진 않지만….

괴테가 여전히 살아 있던 그때, 헤겔은 지식을 신격화했다. 헤겔에게 부정성은 긍정성, 곧 절대적 지식(Savoir absolu)에 봉사하는 수단이 된다. 그에 따라 괴테(메피스토펠레스)가 제시한 악마성은 그 역할의 모호성에도 불구하고 부정성에 대한 강조로 해석될 수 있었다. 헤겔에게 신은 곧 개념이며, 개념은 신성과 동일시된다. 또한 역사의 개념과 개념의 역사가 일치한다. 자연으로부터 로고스와 말씀이 출현하며, 이어서 그 둘은(과학과 의식, 언어와 논리) 재발견된 성령, 곧 절대 정신(l'Esprit absolu)에 통

31) (옮긴이 주) 알랭 푸르니에(Alain Fournier)가 1913년에 쓴 소설로 유년기의 모험과 환상을 그린 작품이다.

합된다. 신-지식(Dieu-savoir)과 역사는 국가로 수렴한다. 그리하여 원리이자 목적으로서 절대 정신과 로고스는 마침내 개념(성부), 생성(성자), 국가(성령)라는 철학적 삼위일체로 정의된다. 역사 속으로 육화한 삼위일체로서의 신은 (철학을 통해 공표된) 최후의 심판의 영광에 도달하고자, 변증법적 시련의 골고다 언덕을 오른다. 사변적 성금요일의 이러한 의미를 냉소한 키르케고르는 결코 틀리지 않았다.

헤겔의 죽음과 함께 헤겔주의도 붕괴한다. 헤겔과 괴테 이후, 칸트와 쇼펜하우어 이후 유럽적 사고가 처했던 기이한 상황이란! 청년 헤겔주의자들과 함께, 또 그들에게서 벗어나서 마르크스는 지식과 행동 사이에서 머뭇거렸다. 그는 모든 반박에 맞서서 (부르주아적, 자본주의적) 사회의 본질에 도달하는, 시효 없는 지식의 구축이라는 기획을 보존하는 동시에 '태초에 행위가 있었다'는 프로메테우스적-파우스트적 정식을 받아들였다. 그러니까 마르크스는 역사의 기저에 있는 합리성, 실천에 대한 분석에 담지된 철학적-과학적 확신, 인과성과 필연성을 휘하에 두는 목적론으로서 헤겔적 이념을 유지했다. 그러나 동시에 마르크스는 이 도식이 말하는, 사회와 현존하는 실재에 내재한 합리성 앞에서 망설였다. 부르주아가 얼마나 오래갈 것인가? 부르주아는 그 내적 합리성을 소진할 것인가? 국가와 더불어, 그리고 사유 재산 관계와 더불어, 이러한 이성 자체도 무너져야만 하는가? 부르주아는 그들의 역사적 소명인 필연적인 질적 도약에 이르기까지 생산력 성장이라는 소명을 얼마나 오랫동안 실행할 것인가? 자본주의의 내적 한계는 어디에 있는가? 모든 곳에 합리성이 있다면, 불공정하고 비인간적이며 손쉽게 불합리한 것으로 규정되는 이 사회에서도 그것은 발견될 것이다.

마르크스는 생성의 의미, 즉 역사의 의미를 증명하지 않은 채 상정했으며 헤겔적(서구적) 로고스를 근본적 비판 없이 수용했다. 여전히 신학적인 헤겔의 가정이 '단절'이라는 마르크스 사상의 체를 통과했던 것이다. 마르크스는 서구 합리성의 기원과 계보에 대해, 즉 유대-그리스도교주의, 그리스-라틴적 사고, 산업과 기술에 대해 질문을 던지지 않았다. 이런 점에서 보자면 그는 헤겔보다 더 나아간 것이 아니었다. 마르크스는 헤겔적 신학(자연신학), 그리고 이념의 서사시에 일종의 차단막을 던지는 것에 만족했다. 그에 따라 마르크스와 엥겔스는 그들의 도식화를 통해서 환원되지 않는 몇몇 개념들과 마주쳐야 했다. 논리와 법이 그 예다. 어째서 (그리스에서 태어난) 논리가 서구적 사회들과 생산 양식들을 관통하게 되는가? 한편으로 논리와 이데올로기와의 관계, 다른 한편으로 논리와 변증법과의 관계는 무엇인가? 법과 관련해서는, [고대] 로마에서 정교화된 법체계는 민주주의적-부르주아적 혁명 속에서 프랑스 민법전(le Code civil)을 통해 재탄생할 때까지 유지된다. 그 결과 공산주의를 향한 사회주의적 이행은 법 혹은 법들 없이는 불가능한 것이 되었고, 그에 따라 삼중적 [이행] 도식—원시 공산주의의 무의식적 관습들에서 역사적 과정상에 나타나는 법의 발전으로, 나아가 '발전된 공산주의'의 의식화된 관습으로—은 추상적인 것으로 남는다. 때문에 마르크스는 미래 사회(공산주의)에 대해 기나긴 전환에 끝이 있다는 것 외에는 별다른 것을 말할 수 없었다. 그 목록에는 혁명을 통한 자본주의의 종언, 보이지 않는 힘의 지배를 통한 역사의 종언, 자동화에 의한 노동의 종언, 관습에 의한 법의 종언, 국가, 민족, 정당, 노동 계급, 부르주아 계급, 분리된 경제와 지배적 정치의 종언 등이 있었다. 이후 니체는 이 목록에 신과 인간의 죽음을 덧붙일 것이다.

십자가와 난파선들이 암초처럼 이어진 모양으로, 종언과 죽음이 표시된 이 경로를 되짚어 보면 한 가지 질문이 떠오른다. '로고스 자체가 종언을 맞이하고 소진되며, 글쓰기와 글들 속으로 사라지는 것 아닐까? 심지어 살아 있는 말하기와 말씀으로부터 태어난 글쓰기 자체도 함께 소진되진 않을까?'

헤겔은 비할 데 없는 정력과 엄격함으로 지식을 '실재'

의 코드로 주장했다. 다시 말해 그는 이론, 체계, 개념의 우위를 주장했다(균열, 분리, 분할, 충돌로 인한 손실을 어느 정도 감수하면서). 반면 마르크스는 이미 인식—부분적으로 생산으로 이행된—과 창조적 활동, 삶과 실천적 체험 사이에서 고민했다고 볼 수 있다. 그 유명한 《1844년의 수고》는 이러한 관심사로 채워져 있다. 마르크스에게 교의적 통일성을 보증하는 것으로서 생산적 활동은 두 부류로 나뉜다. 첫째, 물질적 사물, 교환 가능한 재화, 상품, 기계, 즉 생산 수단의 생산(제조). 둘째, 사회적 관계의 생산, 작품, 이념, 제도, 인식, 언어, 미적 대상, 개혁적 활동의 창조. 헤겔이 지식이라는 협소한 틀 안에서 통일적인 개념을 고수하면서 성공을 거두었다면, 마르크스는 행동(l'action)이라는 더 큰 틀 속에 있었지만 통합을 이뤄 내지 못한 채 실패했다. 이로써, 마르크스의 노력에도 불구하고 생산과 창조는 분리되어 각각의 길을 가는 위험 속에 놓이게 된다.

9. 이상과 같은 과정을 거쳐 전위(avant-garde)적인 유럽적 사유는 '니체적' 위기로 회고되는 양상에 이른다. 인식의 문제는 결국 답을 얻지 못했다. 1848년의 혁명 그리고 뒤이은 1871년의 혁명은 실패했다. 헤겔이 말하는 국가 내재적 합리성 그리고 마르크스가 말하는 사회적(산업적)

합리성은 결국 무엇을 발생시켰는가? 바로 전쟁이다. 랭보는 니체와 같은 시기, 그와 비슷한 이유를 대면서 삶이 변화해야 하며, 사랑이 재발명되어야 한다고 선언한다. 그러나 헤겔적 국가는 프랑스 대혁명이 낳은 보나파르트주의적 국가를 그 오만함과 힘의 측면에서 능가하면서 위풍당당하게 서 있었다. 뛰어난 역량을 지닌 정치 전략가로서 비스마르크는, 국가를 변형하는 대신에 그것을 공고히 함(예를 들면 민족 통일을 통해)으로써 민주주의 혁명의 특정 목표들이 '위로부터' 실현될 수 있다는 것을 이해했다. 또한 비스마르크는 형성 중인 새로운 계급인 프롤레타리아를 국민국가에 통합하고자 했다. 이 시기부터 철학을 현대 세계로 들여온 독일은 최고로 갑갑한 사료편찬적 박식함, 즉 속물주의를 추구했고, 이는 유럽을 정복하겠다는 위협으로 이어졌다. 처음에는 문명을 부정하는 '문화'에 대한 옹호에서 시작했다. 가령 신화에 대한 의존(바그너)은 서구 로고스의 이러한 데카당스를 드러냈는데, 이는 겉보기에 양립 불가능하지만 실제로는 결합된 두 측면—지식과 권력, 편협한 이성과 고삐 풀린 비합리성, 인식과 폭력—을 의미했다. 그리하여 지옥으로의 하강이 시작되었다. 그 출발점은 의식, 정신현상, 무의식, 의지, 욕망의 심연으로의 하강이었다. 쇼펜하우어와 니체가 말하고 보여 주었듯이 그것들은 헛된 매혹이었다….

뻔뻔하고 경솔한 로고스는 축적된 지식과 자신의 방법들을 과시하면서, 자신만의 신화를 퍼뜨린다. 그 첫 번째는 로고스의 이름으로 최악의 협박을 가하는, 비합리성의 신화다. 이 신화는 이성에 대한 모든 비판이 비이성적인 것이 되고 폭력에 대한 옹호로 귀결될 것이라고 말한다. 하지만 로고스야말로 그 이면에, 그 반대항이자 대위법으로서 잔인함을 갖고 있다. 이러한 맥락에서 개념적 지식에서 벗어나 인식이라는 더 높은 형식을 향한 호소는 중요한 의미를 지닌다. 우리는 이 호소를 경청해야만 한다.

물론 니체가 로고스, 힘, 인식의 실행에 놓여 있는 신화, 조작, 공갈의 목록을 끝까지 파헤친 것은 아니었다. 니체로서는 자기 시대에, 그것들을 전부 인식할 수 없었다. 또 그 가운데에는 니체가 영향 받은 것도 있었을 것이다. 이를테면 거대한 사회적, 정치적 기계를 부숨으로써 노동계급을 열광케 한 거인족－현대의 프로메테우스－신화는, 니체에게 망치로 철학하기라는 나름의 방식으로 수용된 것 아닐까? 한편 거인족 신화에서 파생된 신화이면서, 그에 대립하는 신화도 있었는데, 그것은 교활한 작은 악령이 기계의 작은 톱니를 망가뜨려 기계를 멈추고 기능을 정지하는 이야기다.[32] 이 신화는 부정의 힘(저항, 논쟁) 자체가 분열되는 양상과 결부되며, 그로부터 또 다른 이야기가 펼쳐진다….

10. 현대성을 파악하려 한 삼인조, 헤겔-마르크스-니체 사이의 대질을 지속하기 위해서, 그러니까 현대성에 대한 세 가지 주도적 사고를 따라가 보기 위해서, 정치적 난관과 가설들을 제거해야 한다. 바로 이 지점, 이 부분은 강조할 가치가 충분하다.[33]

a) 우리는 헤겔과 헤겔주의를 순수하고 단순한 반동으로 비난할 수 있다. 그것은 우파 정치가 단지 현실 정치로서가 아니라 이론적 진실로서 주장되는 것을 말하며, 헤겔은 이를 '실재'에 대한, 실재하는 국가와 민족, 필연적 제도들에 대한 분석을 통해 정당화한다. 이는 국가와 국가 장치, 그리고 정치적 장치는 물론이고, 지식과 문화 등등의 모든 '계기들' 위에 군림하는 정치가의 우위를 정당화하는

---

32) 두 신화, 즉 거인족 신화와 교활한 악령의 신화는 계속해서 영향력을 행사한다. 그에 따라 프로이트와 그 계승자들(라이히를 비롯한)은 때로는 거인족으로, 때로는 교활한 작은 악령으로 여겨진다. 다른 곳에서 연구된 신화들 중에서는 파운데이션의 신화(아시모프)와 타자 치는 원숭이[무한 원숭이 정리] 신화(영원회귀와 무관하지 않은 생산적 조합의 신화, 우연과 필연의 신화)를 살펴야 한다.

33) 《역사의 종언》 그리고 그 이전에 《니체(Nietzsche)》[에디시옹 소시알 앵테르나시오날(Éditions sociales internationales) 출판사, 1939]를 통해서 르페브르는 전쟁 이전에, 니체에 대한 정치적 고발, 특히 루카치의 고발을 반박했다.

것이다.

즉 헤겔은 정치적 사실을 이론화하고 합리화한다. 그 속에서 국가가 정당화되며, 그에 따라 현실의 총체성이 멈추고, 정체되며, 고착화되는 '사물 상태'가 정당화된다.

단지 이것뿐이라면 헤겔을 대질에 포함할 만한 가치가 있을까? 심리를 진행할 명분과 이유가 있을까? 물론이다. 먼저 헤겔주의는 이와 같은 정치적 이론화와 함께 '현실적 상태'에 대한 자백과 규탄을 포함하고 있는데, 이는 분석을 가능하게 한다. 둘째 자유를 갈구했으며, 스스로를 자유의 수호자라 믿었던 헤겔은 이러한 극단적인 양상, 즉 정체 상태, 성취된 것들의 과시를 거부하고 거절했다. 헤겔은 권위와 자유 사이의 조화를 찾아가는 타협을 고안했다. 그에 따르면 오직 자유주의 국가만이 그 '계기들' 및 구성원들의 융통성이 발휘될 여지를 남긴다. 오직 이러한 국가만이 자율적 동학(auto-dynamisme)의 내재적이고 합리적인 활력을 통해 재생하고, 재생산한다. 헤겔주의에 따르면 기성 질서에 대한 회고적 의지, 견제되지 않는 폭력의 발생은 최종적인 균형에 도달하지 못했다는 신호다. 말하자면 그것은 불완전하거나 실패한 것이다. 다만 지난 한 세기 반 동안 국가가 헤겔이 이론화한 '최악의 면모'를 드러냈다고 하더라도, 그 책임을 헤겔주의에 물을 것은 아니다. 헤겔의 교리는 원인이나 이유가 아닌 증상으로 보아야 하며, 그것은 예컨대 사비니(Savigny)의 역사법학처럼 간단하게 폐기할 수 있는 성질의 것이 아니다. 실로 헤겔주의는 역사주의, 민족주의, 나아가 쇼비니즘을 통해 회고주의를 정당화하기 위한 용도로 활용되기도 했는데(그것이 금지된 적은 없었다) 그것이 파일 구성 자체를 막을 사유가 될 수 없으며, 이 철학자의 전체 파일에는 이와 같은 해석과 변질이 포함되어야 할 것이다.

b) 마르크스에게도 스탈린주의의 문제가 있다. 마르크스 사상의 '수정주의' 이데올로기는 바로 이 먹구름에서 비롯된다. 알다시피, 스탈린주의 신비주의자들이 '수정주의자'라는 수식어를 덧붙인 것은 그들의 이데올로기적 조작(이는 당연히 레닌 이후의 소련이 처한 경제적 · 사회적 · 정치적 현실에 기반한 것이다)을 은폐하기 위해서였다. 예를 들어 스탈린주의자들은 헤겔을 '봉건적 반동 철학'으로 간주해 교묘하게 그 흔적을 덮었다. 하지만 실상은 그들 자신이 헤겔주의자이고 심지어는 초(超)헤겔주의자들이었다. 프롤레타리아 혁명 이후 계급투쟁이 국가의 강화 및 중앙집중화로 이어진다면 이는 '역사적 필연'에 따른 것일 수도 있고, 혹은 저개발 국가의 사회적-정치적 실천에 의한 불가피한 상황일 수도 있다. 하지만 그것은 마르크스 사상과는 아무 공통점이 없다. 나아가 이러한 주장이 이른바 이론적 의미의 진실이라면, 마르크스주의

사상은 붕괴된다. 선의를 가진 이들이 그 조각들을 모으고 잔해들을 어떤 식으로 재구성하려고 하더라도 그것은 산산조각 난다.

가짜 이론에 맞서서, 우리는 마르크스, 엥겔스, 레닌의 텍스트를 인용할 것이며, 그것만으로도 여러 권의 책을 쓸 수 있을 것이다. 더욱이 스탈린주의와 반스탈린주의 사이의 폭력적 논쟁은 혁명적 운동과 노동자 운동 자체의 내적 모순을 드러냈다. 이러한 모순은 생시몽과 푸리에에게서 이미 나타난 바 있다. 푸리에는 대범하게도 국가를 건너뛴다. 반면 생시몽은 못지않게 대범한 방식으로 '산업가(생산자와 학자)'들이 운용하는 효율적인 국가를 주장하기도 하고, 국가의 제약을 사물들에 대한 직접적인 관리로 대체할 것을 주장하기도 하면서 스스로 모순에 빠진다. [국가를 둘러싼] 이러한 모순은 1870년 무렵 유럽에서 터져 나왔다. 역사가들과 정치적인 연설가들은 모순을 근절하거나 혹은 최소한 완화할 요량으로 노동자 운동에 부드럽게 대응하려 했으나, 이들은 프랑스에서 코뮌이 나타나고, 독일에서 사회민주당이 나타나는 이중적 과정을 놓치게 된다. 프랑스의 운동을 보면, 1871년 파리 노동자들은 '천상을 향한 공격(l'assut du ciel)'을 위해 행진하면서 국가를 단호하게 공격하고 쓰러뜨렸다. 반대로 헤겔주의자인 라살레의 영향을 받은 독일의 사회주의는 국가를 수용하고 국가에 통합되었다. 잘 알려진 대로, 이 통합을 구상한 이는 탁월한 정치적 전략가인 비스마르크였다. 이 대목에서 마르크스의 《고타 강령 비판》의 내용과 그의 신중함을 다시 한번 상기해야만 할까? (마르크스의 정치적 유언으로서) 이 중요한 텍스트에서 마르크스는 그가 전적으로 찬동한 파리 코뮌을 거의 언급하지 않았다. 이렇듯 마르크스의 사유와 작품 속에서도 모순은 분명히 나타난다.

그에 따라 이 텍스트의 마지막 줄에는 끔찍한 고통이 표출되고 있다. "나는 말하였고, 그리하여 나의 영혼을 구하였노라(Dixi et salvavi animam meam)."[34]

유럽과 세계의 노동 운동에서 국가 사회주의의 승리는 이 운동이 마르크스주의와 레닌주의를 포기했다는 것을 의미한다. 다시 말해 그것은 라살레주의를 수용하는 것으로, 마르크스주의가 하나의 이데올로기이자 국가에 종속된 철학이 되고, 헤겔적 의미의 공공서비스가 된다는 것을 의미한다. 마르크스에게 이 상황에 대한 책임이 있다고 할 순 없다. 그는 단지 결정적으로 중요한 이 갈등을 그림자 속에 방치했을 뿐이다.

---

34) (옮긴이 주) 《고타 강령 비판》의 가장 마지막에 인용된 성경 구절로 자신의 사상이 왜곡되는 현실 속에서도 진실을 말함으로써 책임을 다했다는 의미다.

c) 마지막으로 니체와 히틀러의 파시즘도 마찬가지다. 광폭한 변조로 인해 니체의 텍스트는 왜곡되었고 파시스트 이데올로기로 끌려갔다. 분명 모호한 부분들이 없지 않다. 힘에의 의지를 분석하면서 니체는 논쟁적인 영웅들, 즉 모험가들, 용병들, 정복자들에 대해 탄복한다. 하지만 이런 식이라면 사람들은 마르크스 역시 《유태인 문제》를 근거 삼아 그를 유태인 배척자로 분류할 수 있을 것이다! 니체는 급진적 비판, 근본적 반박, 지배적 리비도에 대한 거절과 부인을 해 나가면서 정치적이든 비정치적이든, 그 모든 측면들, 모든 가면들을 고찰했다. 한편으로 제왕적이고 제국주의적인 행위, 마키아벨리즘, 호전적인 야망과 활동의 면모도, 한편으로 선함, 자비로운 활동, 자선 사업들, 나아가 포기와 겸손의 면모도 고찰했다.

니체의 성공, 그러니까 그의 이론적 분석이 이데올로기로 수용되는 양상에는 의미 변화가 나타난다. 즉 20세기 초의 아나키스트와 반도덕주의자들, 뒤이어서 파시스트와 정치인들, 그리고 오늘날의 정치인들까지 '니체 지지자들' 혹은 이를 표방하는 이들은 몰이해를 조장했다. 이러한 해석 오류들은 파일에 실려야 하지만, 그 오류들이 직접적으로 저자의 책임은 아니다.

니체 사상에서 나타나는 정치적 평가에 대한 거부는 정치 자체의 평가절하를 의미한다. 이는 강조되어야 할 부분이다. 실제로 (스탈린과 파시스트의 시대에) 절대적 기준으로서 제시되었던 정치적 기준은 결코 최종적인 기준이 아니었으며, 변화와 추락을 겪었다. 잠시 동안이었지만 이 정치적 기준은 이데올로기적 설득과 폭력이라는 이중의 강제 수단에 의해 '전체'적인 외양을 띠기도 했다. 하지만 그렇게 강요된 기준은 결국 나중에 조롱거리가 될 오류들을 낳았다.

11. '당신이 세 작품, 세 명의 사상가에 집중하는 것은, 삼중적인 것에 대한 애착 때문인가, 아니면 그런 모델을 풍자하려는 것 때문인가? 그리고 현대성의 입구와 그 문턱에 헤겔, 마르크스, 니체를 둔 이유가 무엇인가? 다른 사람들은 왜 안 되는가…?'

그림자 그리고 그림자의 왕국이 프로이트, 하이데거와 함께, 혹은 레닌, 마오쩌둥, 나아가 라이히, 바타유 등과 함께 끝났다고 주장할 수도 있으며 그것은 자유다.

프로이트와 그의 작품을 보자. 어째서 그를 여기에 끌어들여, 현대성의 주요한 성좌에 위치시키지 않는 것인가?

프로이트의 사상과 분석은 임상적 관찰과 치료 관행에 연관되어 큰 영향력을 발휘한다. 대체로 효과적이었으며, 이따금 무용하거나 해롭기도 했지만 이러한 의학적 실천은 '실재'적인 것이다. 실로 오랜 기간 보이지 않는 영역이었던 섹슈얼리티를 언어화하고 개념화한 것은 이 실천이 거둔 성과다. 실천의 문제에서라면, 마르크스 사상과 사회적 · 혁명적 실천(그러한 시도들, 실패들) 사이의 연관성은 이른바 '실천가'를 위한 기반이 되어 준다. 반면 니체 사상은 오직 말하기(parole)라는 실천에, 혹은 평범한 글쓰기 실천에 기반하기 때문에 이런 비교에 불리하다. 정신분석학의 경우에는 노동의 사회적 분업 속에서 하나의 일, 직업으로 자리 잡으면서 시작부터 제도화되는 경향을 보인다. 이러한 상황에서 정신분석학의 부분적 실천(임상)은 그것을 정당화하는 이데올로기를 탄생시키고, 그 이데올로기는 모든 문제에 접근하고자 하면서 스스로 총체적인 것이 되고자 한다.

그러므로 정신분석학의 결함은 다음과 같다. 그것은 언어 기술과 파편적 인식, 그리고 (환원-외삽에 의해) 타당한 범위를 넘어선 표상들이 빚어내는 무정형의 혼합물이다. 정신분석학의 이데올로기는 자신에 대한 신화, 곧 그 무의식을 전달한다. 그것은 신체, 기억, 개인적 · 사회적 역사, 언어, 문화와 그 결과 혹은 잔재 등을 모두 담고 있는 요술 주머니다. 마지막으로, 가장 중요한 지점으로 프로이트가 오직 감각적 리비도에 대해서만 쓰고 분석했다는 점이 지적되어야 한다. 프로이트 이후 정신분석학은

지배의 리비도, 니체가 심화했던 이 리비도를 간접적으로 다루었을 뿐이다. 또한 정신분석학은 **앎의 리비도**, 그러니까 인식의 지배 및 지식의 사회적 지위에 대한 문제를 전적으로 무시한다. 어째서일까? 이는 프로이트가 심연의 탐구(쇼펜하우어)에 영향 받았음에도 불구하고 지식에 대한 헤겔적 도식을 포기하지 않았기 때문이다. 그러니까 프로이트는 지하의 거대한 전통을 제대로 이해하지 못했다. 이 전통은 유럽적 사유의 위대함을 형성하고, 로고스의 죽은 가지, 썩은 가지들을 부활시키는 은밀한 유산을 의미한다. 그러므로 정신분석학의 분석은 아우구스티누스, 얀센, 라 로슈푸코, 파스칼, 니체보다 멀리 나아가지 않는다. 성과 섹슈얼리티가 곤궁이자 드라마, 파토스라는 것, 그러니까 그것들이 병리학적 문제를 낳는다는 놀라운 대목을 프로이트가 발견했을 때, 이는 '**불화 속의 조화, 혹은 조화 속의 불화**'라는 매우 고대적인 테마를 차용한 것으로 볼 수 있으며, 신경증을 치유하려는 임상적 노력 외에 그가 여기에 더 추가한 것은 없다. 정신분석학자의 시도는 성공하는가? 그들은 언어를 통해서, 언어의 **부정적인** 끔찍한 힘을 다스리는가? 이것은 다른 차원의 [더 근본적인] 문제를 낳는다.

만일 인식이 욕망을 심연에 있는 '존재'의 본질로서 감지했다면, 그 인식은 인식 자체에 대한 질문과 마주하게 된다. 니체는 이러한 문제틀 속에서 자신의 관점을 끝까지 추구했다. 그에 따르면, 욕망은 총체적인 것으로서 신체(단지 섹스 속에서가 아니라) 속에 힘(l'énergisme)을 숨기고 있는, '최고의 위대함'이다. 그것은 신체로부터 태어나고 신체 속에서 태어나 춤, 노래, 나아가 영원성, 영원 그 자체에 대한 욕망으로 표출된다. 이 욕망은 빈곤한 성적 리비도와도, 플라톤적 에로스와도 상관이 없다. '나의 지혜로운 동경(Meine Weise Sehnsucht)'에서 차라투스트라는 이렇게 말한다. "포용하는 지혜, 산을 향한 욕망, 떨리는 날개에 대한 욕망, 이 열렬한 이성은 울고 웃는다."[35)]

이 책의 탐구에서 보다 흥미진진한 연구 대상은 다소 거만한 '모더니스트' 이데올로기인 정신분석학이 아닌 종교와 종교 제도, 특히 가톨릭교회를 동요시킨 운동이다.

니체 또한 정신분석학의 성공에서 악화된 병증이자 유럽적 허무주의의 형식으로서 데카당스의 또 다른 징후를 보았던 것일까? 틀림없이 그렇다. 유대-그리스도교주의의 이 새로운 분신에는 모종의 질환이 있다. 그것은 성에 대한 저주를 만회하고 재조정하려고 하면서도, 언어와 개념 속에 있는 모든 '비(非)육체의 기호'를 보존한다. 이론

---

35) (옮긴이 주) 한국어판 니체, 《니체 전집》 13권, 앞의 책, 325~326쪽 참조.

이자 이데올로기, 실천이자 (담론) 기술로서 정신분석학은 총체적 육체를 회복하는 것에도, 그 '객관적' 실존을 추구하는 남근성(le phallique)에서 벗어나는 데에도 성공하지 못했다.[36] 더욱이 정신분석학의 이데올로기적 돌파는 니체 사상을 은폐하고, 그것을 섹스라는 맹목을 대체하는 새로운 맹목, 즉 **지배의 리비도**로 내몰았다. 결과적으로 정신분석학은 국가와 권력에 대한 비판에 훼방 놓기, 사유를 전치시키기, 중심을 대체하기 등의 방식을 통해 이중, 삼중으로 기성 질서에 기여한다.

'하이데거는 왜 안 되는가'라는 악의에 찬 질문이 제기되기도 한다. 하이데거 철학이 성좌에 포함될 수 없는 여러 이유가 있다. 하이데거 철학이 삼중적 모델을 따르는 방식-존재, 존재의 은폐, 존재의 부활 혹은 재등장-은 가장 순진한 방식이다. 이러한 존재의 역사(창조적 힘, 말씀, 성령)는 [피오레의 요아힘의] 영원의 복음에 무지한 사람들에게나 독창적이다. 이 역사는 헤겔과 마르크스가 제시했던 구체화된 역사를 모호하게 하며, 니체의 역사 비판이 지닌 의미에도 도달하지 못한다. 거의 세속화되지 않은, 은폐된 자연신학으로서 하이데거 철학은 급진적 비판

---

36) 구스타프 르네 호크(G. R. Hocke)의 《환상 예술의 미로(labyrinthe de l'art fantistique)》에 나오는 언급들을 참조할 것.

의 체를 거치지 않은 채 철학적 전통을 구제하고자 한다. 하이데거는 메타철학의 개념을 건드리면서도, 그것을 회피한다. 하이데거는 메타철학을－사람들이 원하든, 원하지 않든 간에－이른바 근본적인 존재론, 즉 형이상학의 변종으로 대체한다. 물론 하이데거는 현대성의 비판적 분석에 기여하는 바가 있다. 하이데거는 기술의 야만성을 인지하고 예측했던 선구자 중 한 명이다. 하이데거는 (지식과 기술을 통한) 자연 지배가 인간 지배로 변화하며, 나아가 이러한 지배의 파괴적 경향으로 인해 그것이 자연에 대한 전유와 구별되어야 한다는 것을 이해했다. 하이데거는 극히 아름다운, 경탄할 만한 언어를 구사했다(그런 글을 썼다). 하이데거에게 언어(말씀) 그리고 건축(사원, 궁전, 기념비 혹은 건물을 짓는 건축술)은－존재를 끝없는 방황으로부터 지켜 주는－존재의 집이었던 것이다. 이처럼 놀라운(반어적 의미에서) 생각으로부터 이 철학자는 독일어에 대한 미덥지 않은 변명을 끌어냈으며, 이는 하이데거로 하여금 서구(유럽의) 로고스에 대한 급진적 비판－비록 그가 이러한 비판을 건드리기는 하지만－에 나서는 것을 저지했다. 하이데거가 니체에 대해서, 니체에 반대하면서 말하는 바－니체가 더 멀리, 더 깊이 나아갈 수 있었고, 또한 그가 의식의, 반짝거리고 사실적인, 그리고 기만적인 표면을 따라가지 않을 수 있었다는 것－가 그 전임자[니체]보다 설득력을 지닐 순 없다.

동시대의 다른 '사상가들'에 대해서라면, 그들은 헤겔, 마르크스, 니체가 남긴 잔돈을 위조 화폐와 함께 유통하기 시작한 것 외에 무엇을 했는가![37] 이러한 평가는 가혹한 것일 수 있으나, 경멸적인 의미는 아니다. 단지 여기서 말하려는 것은 이론적 투쟁과 이데올로기적 시험에는 고생이 따를 수밖에 없다는 것이다.

12. 같은 어조로 또 다른 문제 제기가 나타난다. '당신은 독일 사상가만 거론한다. 특정한 문화와 언어를 경솔하게 특권화하는 것을 걱정하지 않는가? 또 그러면서도 당신은 어떤 권리로 하이데거가 과감하게 주장한 그 특권화를 거

---

37) 이 성좌에는 최초의 위대한 별, 클라우제비츠가 빠져 있다. 정치적 전략가로서 클라우제비츠는 정치에 대한 새로운 연구와 급진적 비판을 요청한다. 레닌과 마오도 마찬가지다. 오늘날 비판적 분석의 대상이 되고 있는 레닌주의는 무엇인가? 마르크스주의가 농업 중심의 비개발 국가들로 방향을 튼 것에는 근원적인 이유가 있었고, 이는 중대한 결과로 이어졌다. 마오에 대해서라면 모순, 실천 등에 대한 텍스트를 남겼음에도 불구하고, 그의 비범한 정치적 행위가 그만큼의 이론적 진척으로 이어지지는 않는다. (작품, 인격에 대한) 물신주의보다 불쾌하고 비생산적인 것도 없다.
주의 : 이 글을 쓰는 이[르페브르]는 1973년 가을에 스스로 친중파라고, 그러니까 전략적으로 '마오주의자'라고 선언했다. (다음에 계속.)

부하는 것인가?'

마르크스는 이런 주장에 대해서 자신의 성찰 과정과 헤겔 사유의 전개를 서술하는 가운데, 단호하게 응답한다. 19세기 전반 경제적 · 정치적 후진성으로 인해, 독일의 사유는 [영국, 프랑스와] 일정한 거리와 격차를 둘 수 있었고, 철학자들이 영국(경제 성장, 자본주의, 부르주아 계급)과 프랑스(정치적 혁명, 로베스피에르와 나폴레옹에 의한 국민국가의 성립)에서 일어난 일들을 제대로 이해할 수 있게 했다. 위대한 독일인들은 다른 곳에서 행해지고 일어난 일을 언어와 개념으로 드러낼 줄 알았고, 그렇게 할 수 있었다. 이처럼 불균등한 발전이라는 '나쁜 측면'에는 (때로) 비옥한 대응물이 주어진다.

그런데 이러한 특권과 격차는 독일의 경제적 · 정치적 발전으로 인해 사라진다. 이는 니체의 《반시대적 고찰》(1873)에서 잘 나타난다. 전통과의 갈등 속에서 위대한 독일 사상을 연장해 나갔던 마르크스는 이미 독일과—그의 사상을 중대한 오인 속에서 받아들이던(라살레주의, 국가 사회주의, 국가 물신)—그의 정당을 떠났다. 독일 사상에 대한 가장 혹독한 비판은 어디에서 나타나는가? 바로 마르크스와 니체의 작품들에서다. 그들은 전문적인데, 니체는 마르크스 이상으로 프랑스 사상에 영향을 받았다. 공식화된 데카르트적 전통이 아닌 지하의 흐름을 중심으로 말이다. 잘 알려졌듯이, 마르크스는 영국의 위대한 사상가, 애덤 스미스와 리카도로부터 근본적인 자극을 받았다.

프랑스에 대해서라면, 생시몽과 푸리에 이후 프랑스 사상의 쇠퇴를 인정하지 않을 도리가 있는가? 약화된 것은 무엇인가? 바로 데카르트적 합리성이다! 그러나 그것은 스스로를 지키면서 미미하게 반격한다. 잘 알려진 대로, 쇼비니즘적 민족주의로 약화된 이 보편주의는 변증법, 급진적 비판 및 자기비판을 통한 확장을 거부했다. 그에 따라 그것은 서구 로고스—필요에 따라 데카르트적 이성과 혼동되는—를 옹호하는 긍정성, 그리고 좋든 나쁘든, 야생, 야만에 의존하는 불확정적인 부정성 사이에서 동요했다. 이어서 외부 논의들이 그 속에 뒤섞이는 가운데, 로고스에 대한 긍정성이 반복적으로 강조되고, [급진적인] 해방의 시도들이 경제주의와 국민국가 속으로 흡수되게 했다.

전복적이고 불확정적인, 그리고 아나키스트적이면서 지식을 파괴하는(대체하는 것이 아니라) 부정성에 대해서라면, 그것은 제도화된 정신분석학을 포함해서, 문학, 철학과 이데올로기에 흡수되었다.38)

곧이어 한 세기 반 동안 프랑스의 이론적 사유는 이론적 가능성의 선을 돌파하지 못한 채 그 가능성 아래에, 즉 정치적 실천과 사건들 아래에 머물렀다. 말하자면 프랑스의 이론적 사고는 1848년, 1871년, 1968년의 혁명들(1919년과 1944년의 '해방'을 빼놓을 수 없다)에 뒤처지게 되었다. 이 정치적 사건들은 이미 정치적 현실과 성찰을 능가한(극복한) 것이었다. 그럼에도 프랑스 사상은 환상적 탁월함과 가망 없는 길로 이어지는 노선에 머물렀다. 마르크스는 일찍이 이러한 지체에 주목한 바 있는데, 그에 따르면 '근원적인' 이성과 원인을 내세우는 관점으로부터 말미암은 지체는 오직 프랑스에서만 나타난 것이 아니었다. 때때로 지연된 사상은 실천과 분리된 철학의 언어적 깊이 속으로 자신을 내던졌다. 이는 코기토, 즉 사유하는 '주체' ―고립된 지식, 주관적으로 추상적인 지성에 부합하는― 에 부착된 데카르트적 로고스를 재발견하는 것으로 이어졌다. 데카르트 시대에 사유하는 주체에 대한 철학적 주장은 전복적인 의미를 지녔고 당시에 그것은 공세적인 개인주의와 (사회적이고 정치적인) 실천을 이해하는 문제와

---

38) 오직 바타유만이 어느 정도 이런 평가를 비껴갈 수 있다. 파일에는 프랑스에서 현대 사상(헤겔적, 마르크스주의적, 니체적)이 처한 곤궁에 대한 단편들이 실리지만, 그 내용이 과도하게 늘어날 수도 있어서 전부 실리지는 않는다. 프랑스에서 (사회적 · 정치적) 실천이 성찰을 뛰어넘는다는 주장은 1973년 'LIP 사건'으로 공고해졌는데, 그것은 단지 '사건' 자체를 넘어 이 사건의 특별한 반향 때문이라고 할 수 있다.

결부되었다. 그러나 세 세기가 지난 다음 그것은 단지 편리한 도피처가 되어 버렸다.

그렇지 않으면 이런 식의 사유는 정보와 [진정한] 인식 사이의 혼동을 인정하거나 가정하면서 일종의 저널리즘으로 추락한다. 사람들은 먼 나라들, 즉 러시아, 스페인, 중국, 이탈리아, 체코슬로바키아, 제3세계, 칠레 등에서 벌어지는 일에 (열정적이면서도 수동적으로) 관심을 기울인다. 사람들은 일반적으로 이들의 곤궁으로부터 프랑스에 적용 가능한 수용 방식이 나타나길 기대한다. 그러면서도 손이 닿는 곳, 눈앞에서 일어나는 일에 대해서는 거의 관심을 기울이지 않는다. 마르크스와 엥겔스는 프랑스가 혁명이 일어난 '고전적인' 국가이며, 정치적 실천이 사고보다 앞서 나간 곳이었다고 말했지만, 사람들은 이를 기억하지 못한다.

19세기 초 독일의 철학자들이 독일의 외부, 유럽의 다른 지역에서 일어난 일들을 이론적으로 고찰했는데, 이들은 독일의 지체된 상황을 악화시키는 것이 아니라 그것을 보완하는 역할을 수행했다. 그것이 이 철학자들의 이론적 기능이었고, 이는 마르크스와 니체에 이르기까지 계속되었다. 더욱이 독일 자체에서는 큰 이론적 중요성이 있는 일이 벌어지지 않았는데, 비스마르크의 역할 또한 실은 헤겔이 정교화한 나폴레옹의 국가 모델을 새로운 상황에 적용하는 것이 전부였다.

사람들은 1871년 코뮌 이후 지난 세기까지(드레퓌스 사건에 이르기까지!) 프랑스 사상의 결함을 생각한다. 성공했던 최초의 혁명[프랑스 혁명]을 제외하고, 아마도 가장 최근의, 유산된 혁명(1968)에 이르기까지 프랑스에서의 혁명들은 정치적 성찰과 비판(정치 자체에 대한 비판을 포함해서)을 불러일으키지 않았다. 하지만 사유와 일상생활 모두에서 공개적으로 반동적인 프랑스, 곧 비잔틴적인 프랑스와 대담한 프랑스(때때로 앞장서서 탈주하는 프랑스) 사이의 은밀한 전투는 결코 멈춘 적이 없다.

13. 이제 제목의 의미를 살펴보자. '그림자의 왕국'이 무엇인가? 그것은 이 책에서 소환하는 저술들에 대한 무조건적인 옹호를 뜻하지 않는다.

헤겔은 국가의 편재성(omniprésence), 전능함(omnipotence)을 보았고 예측했다. 헤겔은 특정된 사회적 계급과 계층, 즉 중산층, 관료제, 기술 관료, 군대, 국가 장치 등에 의해 지탱되는 국가 합리성을 묘사했다. 또한 헤겔은 이로부터 비롯되는 극도의 권태를 묘사했는데, 그것은 이념의 태양이 대지에 드리운 그림자 그리고 국가라는 어두운 건축물을 가리킨다. 곧 권태란 임무를 마친 성령의 만족, 적합한 노동과 대상을 통한 모든 욕구의 만족, 최종적으로 의식적인 '주체'의 만족, 곧 모든 충만함을 달성한 자기만족이며, 그것은 결국 갑갑하고 평탄한 부르주아적 행복을 의미했으며 그 핵심은 절대적인 것이 되어 버린 소유에 있었다. 그리하여 헤겔은 과학과 고유한 지혜가 모든 철학과 함께 황혼을 맞이한다고 선언한다. 미네르바의 새인 올빼미처럼, 지식은 밤이 오고 나서야 모습을 드러낸다. 국가? 그것은 세계의 노후화, 역사와 창조적 의식의 종언, 철학 · 체계 · 지식 · 지혜를 통해 널리 선포되고 선동된 고갈이다. 철학? 철학은 '회색 위에 회색'을 칠한다. 이 무미건조함 속에는 특권적인 상징과 징후가 담겨 있다.[39] 그것은 예술의 종언, 그리고 젊음에 대한 인간 어리석음에 대한 미화다. 젊은 시기와 성숙한 시기를 보낸 다음에는 **세 번째 시기**가 오는데, 이 시기에 이르러 비로소 최종적인 균형이 달성된다.

마르크스에게 원리이자 출발점이 되는 가설은 헤겔이 내세운 '실재'나, 이미 달성된 것이 아닌 **가능성**에 대한 것이었다. 마르크스는 혁명적 가능성의 근거와 함께 실재를 전복하고 그 속으로 진입하기 위한 근거를 발전시켰다.

---

39) 의식과 과학이 그 종결이 이르러 소진되었다는 것과 관련해서는 헤겔의 《정신현상학》, 《역사철학》, 《미학》 등의 결론을 참조하라. 낭만주의 이후 예술은 죽는다. 실은 낭만주의 자체가 죽음을 찬미한 것 아닌가.

즉 마르크스는 가능성에 대한 믿음을 합리적으로 확립하고자 했다. 그는 청년 시절의 글에서 찬양했던 갈리아의 수탉처럼, 혁명의 불멸하는 청춘, 영원한 새벽을 부르짖는다. 그러나 무엇이 '실현'되었는가? 바로 그림자다. 그것은 마르크스가 선언한 가능성의 정반대에 있는 것으로서, 마르크스의 단어, 그의 어휘 아래에 놓인 그림자를 가리킨다. 마르크스가 종결을 선포한 것 가운데 정말로 끝이 난 것은 아무것도 없었다. 심지어 낡은 철학까지도! 노동 계급은 어느 곳에서도 (집합적이고 혁명적인) 정치적 '주체'의 지위, 곧 정치 너머로 사회를 이끄는 주체의 지위를 정복하지 못했다. 헤겔이 맞았던 것인가? 그렇다. 하지만 도처에서 중앙집중화된 국가의 탈구, 침식, 부패가 나타나며, 대립, 호소, 탈중앙화가 나타난다. 도처에서 국가적 상부 구조가 흔들리고 재구성된다. 세계 곳곳에서 마르크스가 선언한 바를 향해 나아가는 경향이 나타나지만, 실상 그것은 잘못된 경로, 불확실한 지평선을 보여 줄 뿐이다. 이것은 마르크스 스스로 이미 예감한 거대한 환멸을 드러낸다. "나는 말하였고, 그리하여 나의 영혼을 구하였노라(Dixi et salvavi animam meam)."

니체? 그의 생애와 작품에는 의미와 목표가 있었다. 그것은 말할 수 없는 것을 말하고, 이해할 수 없는 것을 파악하고, 생각할 수 없는 것을 생각하며, 깊이를 알 수 없는 것을 헤아리며, 불가능성을 실현하는 것이었다. 다시 말해 그것은 죽어 가는 혹은 이미 죽어 버린 '실재'를 새로운 생명으로 변형하는 것을 의미한다. 이 시인은 가장 가까이 존재하는 것이면서 너무 가까워서 말할 수 없고, 생각할 수 없고, 깊이를 헤아릴 수 없는 그것, 바로 신체로부터 구원에 도달하고자 했다. 차라투스트라가 '당신의 지혜보다 더 많은 이성이 당신의 신체 속에 있다'고 말했듯이 말이다.[40] 니체가 한 일이란 결국 자신의 몸에 대해서 꿈꾸고, 몸의 공상을 크게 외치는 것 아니었던가? 현대 세계의 최후와 죽음, 즉 소진된 세계의 가치, 자기 파괴로 가득 찬 세계의 현실을 겪어 낸, 니체의 프로메테우스적인(거대한) 노력은 그를 어디로 이끌었는가? 바로 초인이다. 그러나 그 또한 여전히 의식의 - 의식의 불만족과 불편의 - 형상화, 그러니까 신의 변형이자 이념의 비유인 것은 아닐까? 혹은 주문, 주술, 기도인가? 최악의 경우, 그것은 엘리트를 위한 오페라 이미지에 불과한 것 아닐까? 여전히 신을, 여전히 이념을, 여전히 의식과 '문화'의 불행을 말하는 것은 아닌가…. 니체는 앞으로 나아갔다. 그가 앞을 향해 탈주할 때 그림자도 그를 따라갔다.[41] 차라투스트라는 누

---

40) (옮긴이 주) 한국어판 니체, 《니체 전집》 13권, 앞의 책, 52쪽 참조.
41) 《인간적인, 너무 인간적인》의 최종장인 〈방랑자와 그의 그림자〉를

구인가? 병자이자 의사인가? 교량인가, 아니면 또 다른 강인가? 국가가 위로부터 사회를 통합하면서 집어삼키는 것이 사실이라면, 국가가 제도화된 지식과 인식을 이용한다면, 문명(civilisation)은 이에 저항한다. 그러나 이 저항은 점점 더 협소해지고 위협받는 엘리트 안에서만 나타난다.

니체의 광기는 그의 진정성을 입증하는 것으로서 정당하게 여겨진다. 그러나 의미와 진리가 파괴되어 버린다면, '진정성'이 무슨 소용인가? 어쩌면 그는 변신의 신인 디오니소스와 결합하기 위해서 일부러 미친 것일지 모른다. 니체적 광기는 헤겔적인 무미건조함, 마르크스적 환멸에 대한 (고통에 찬) 응답이다. 밤은 낮보다 심오하다! 이로부터 어떤 결론을 내릴 수 있을까?

14. 이제 이 파일들은 광범위하게 개방되어 펼쳐지게 되므로, 관심을 가진 더 많은 대중의 접근이 가능하다.

서론에서의 예비적 작업은 이 저작이 전개되는 과정, 개념, 구성을 결정한다. 우리는 방법 대신 과정(démarche)이라는 표현을 사용하는데, 이는 데카르트의 영향으로, 방법이라는 말이 알리바이이자 은신처로 남용되고 도처에서

참고할 것.

사용되기 때문이다. 구성(composition)의 측면에서 현재의 방식이 최고의 방식이며, 유일한 가능성인가? 그렇진 않다. 이 구성 방식은, 착오가 있지 않은 한, 이 저작에 적합할 뿐이다. 모든 작업물, 모든 책에는 나름의 차이, 즉 고유한 과정과 구성 요건이 있는 법이다.

이 저작은 '부채꼴' 형태로 전개된다. 시작 부분과 중심에서 구심점이 되는 것은 '헤겔-마르크스-니체'의 연결이다. 첫 부분에서 그들의 차이와 나름의 역할이 나타난다. 책이 전개되면서, 그것은 부채꼴처럼 확대된다. 펼쳐 낸다는 것은, 단순히 풀어내고 명료하게 하는 것을 넘어서서 더 나아가는 것을 의미한다. 이 책은 [특정한 결과에 내포된] 함축과 [그 원인에 대한] 설명을 모두 포함하며, 암시된 차이들을 끝까지 드러내면서 전개된다. 또한 이 책에서는 잘 규정된 방식의 내용 전개, 복잡성에 대한 포착, 실제적인 것과 개념적인 것 사이의 접근이 모두 나타나며, 어느 하나가 다른 것보다 우선시되지 않는다. 그것은 사유의 세 계기들인 범주(개념들), 문제틀(제기된 질문들), 주제(제시된 지술들, 정교화된 명제들)를 서로 분리하지 않는 것을 말한다.

펼쳐진 표면 위에 (아마도) 현대성의 상, 그 경로와 지평선의 상이 나타날 것이다. 달리 말해 현대 세계의 끔찍한 복잡성이 그 모든 모순들과 함께 나타날 것이다.

이러한 과정은 재인식을 전제한다. 재인식은 차이에 대한 새로운 조명을 함축한다. 그렇다고 해서 재인식의 과정 속에서 반복의 요소가 전혀 없다고 할 수는 없다. 이 책 자체가 다른 곳에서 이미 제시되었던 주제들과 문제들을 다루는 것이다. 다만 이 책은 이전의 것들을 다르게 재검토함으로써 다른 중요성과 지평을 드러내고자 한다.

이러한 전개 방식의 끝에 단 하나의 상이 나타나게 될까? 현대성에 대한 하나의 지도, 즉 경로, 장애물, 지평선, 막다른 길을 보여 주는 지도 말이다. 아마도 그 속에는 모종의 결단이 포함될지 모른다.

15. 이 책은 누구에게 부쳐지는가? 어떤 '대중'을 초대해서 그로 하여금 이 파일들을 살피고, 가능하다면, 판단을 내리게 할 것인가?

이 책은 '우리'에게 부쳐진다. '우리'처럼 손쉽게 남용되는 말도 없겠지만 말이다. 니체는 이 말의 남용을 만류하면서도 널리 사용한다. "우리, 새로운 유럽인들, 철학을 극복하는 새로운 철학자들, '감각자들-사유자들', 탐구자들-유혹자들, 소속이 없는 자들… '다른 사람들'이 아낌없이 퍼뜨리는 아름다운 말들에 대한 존경과 대비했을 때, 우리가 매우 저열한 속셈을 지녔다는 것은 얼마나 슬픈지…."[42]

니체의 이 언급은 실용주의(기능주의)의 침략 이전의 것이다. 실용주의의 공개적인 지지자든 암묵적인 지지자든 그들은 '우리'를 거부하는가? 아주 좋다. '우리'에게는 적도 필요하다. 만약 실용주의자들과 경험주의자들이 스스로 그림자를 벗어나 빛 속으로 들어갈 수 있다고 믿는다면, 사람들은 아마도 그들이 입을 떼자마자 웃음을 터뜨릴 것이다.

'우리'라는 단어는 여기에서 무엇을 의미하는가? 자신들의 고유한 자산인 로고스를 심문하고 질문을 던지는 서양인인가? 기술을 사랑하는 현대인인가? 현대성의 한 끄트머리 혹은 다른 끄트머리를 붙잡는 철학자들인가? 이 목록은 끝이 없다. 모든 우리 말이다! … 우리, 곧 역설적인 세계, 불확실성 속에서 암중모색 중인 이들. 만일 이 세계가 건축물처럼 강렬한 윤곽과 모서리, 각도를 가진 형태로 드러난다면 얼마나 좋을까! 하지만 우리는 세계가 '복잡하다'고 말하면서 그것을 떠받들 것이다. 그것은 고도로 모순적이다. 오늘날 모순은 무뎌지거나 다양한 논리들에 동화되는 것처럼 보이지만, 그 논리들은 이 모순들이 놀라움과 역설로 재등장하는 상황에 직면한다. 그리하여

---

42) 《즐거운 학문》[(옮긴이 주) 니체, 《니체 전집》 12권, 안성찬 · 홍사현 옮김, 책세상, 2005, 329쪽 참조].

그림자가 그림자 속으로 합류한다.

세 개의 별들이 더 미약하거나 보이지 않는 별들을 제거하면서, 그림자들이 춤추고 있는 이 세계 위로 끌려온다. 그림자들은 바로 우리다. 지성이라는 태양이 단지 상징에 불과해진 공허한 하늘의 별들. 어쩌면 그 별들조차 밤과 다를 바 없는 어둑한 구름들 뒤로 사라지고 있는지 모른다….

호메로스의 시부터 《신곡》에 이르기까지, 그림자의 왕국에는 신화적인 방식에 따른, 입구와 출구가 존재했다. 그것은 여정을 안내했으며, 매개하는 힘을 지니고 있었다. 그곳에는 지상의 도시와 신의 도시에 지배받는, 지하 도시의 문이 있다. 오늘날 그림자 왕국의 문은 어디에 있는가? 출구는 어디인가?

2장
헤겔 파일

1. 19세기 이전, 프랑스와 유럽에서 지식의 사회적 지위는 어떠했는가?

통상적인 철학사―이념과 이데올로기의 역사로 이루어진―는 추상적 구축물의 '내부'에서 접근하는 방식을 따르기에 이 질문에 제대로 답할 수 없다. 인식론적 질문, 곧 지식의 이론적 지위는 이와 다른 차원의 것이며, 그것은 사회적 지위에 부차적이고 파생적인 것이다. 말하자면 이론적 지위는 사회적 지위로부터 파생되어 흘러나온다.

귀족, 성직자, 제3신분이라는 낡은 삼중성, 이 삼중적 질서 내지 '신분 구조(독일어로 Stände)'에서, 지식은 성직자에게 속했다. 전쟁, 축제, 시합, 쾌락의 행위는 귀족의 것이었고, 생산적 노동, 즉 농경, 수공업, 상업은 제3신분에 속했다. 그리고 성직자에게는 묵상, 지식, 휴식이 주어졌다. 이때 지식은 무엇을 말하는 것인가? 신학적 비유와 철학적 개념의 잡종인 이 지식은 이데올로기로 공식화되고 교회 안에서 제도화되었다. 극도로 다양한 수단을 통해서 견고하게 유지되는(통제되는) '자료체(교리 체계)'에서 인식의 문제는 [중심부가 아닌] 주변부에서 겨우 나타날 수 있다. 그에 따라 인식은 본질적으로 비판적인 성격을 지니게 되며, 그 계보는 아벨라르두스에서 시작해서 라블레와 몽테뉴, 케플러와 갈릴레이, 데카르트와 뉴턴에 이른다.

이념의 일반적인 역사는 지식의 증대는 잘 보여 준다. 그러나 지식의 주변부에서 일어나는 이교와 배교, 모든 권력에 맞선 저항 그리고 다양한 위상(신분) 사이의 갈등은 제대로 보여 주지 못한다. 이념의 역사는 갈등 관계를 '권위에 대한 비판'으로 축소하는데, 이로 인해 갈등은 더욱 증폭된다. 이처럼 인식의 불확실한 지위는 사회적 · 정치적 틀 속에 보장되어 있는 지위들을 동요시켰다. 지식은 누구의 것인가, 누가 지식을 관리하는가? 교회와 그 제도들, 성직자 집단과 종교 지도자들은 그와 같은 비판적 지식을 가질 수도 없었고, 전달할 수도, 확장할 수도 없었다. 이들은 그것을 이데올로기로 변형했다. 이제 인식은 누적적인 성격을 지니게 되고, 관리를 요구하게 된다(이 관리의 책임자는 학자들이다). 또한 인식은 모순을 통해서 '전부 아니면 무'라는 식으로 자신의 논리적 판단을 선언한다. 인식의 사회적 지위는 인식의 내용 자체만큼이나 기성 사회를 동요시킨다. 이는 정확히, 부르주아 계급의 대두와 생산력 발전이 지식과 그 관리를 통해서 영향력을 행사한 것과 같은 방식이었다.

누구나 사실을 인식한다고 하지만, 사실을 해석하고, 평가하고, 연결하는 것에는 결함이 뒤따른다. 17세기, 이른바 '위대한 세기'이자 프랑스에서 중앙집권적인 국가가 공고해진 이 세기에 지식(savoir)과 권력(pouvoir) 사이에는 심연이 생겼다. 인식은 정치적 측면에서, 종교적 이단 못지않게 이단적이었다. 외관상으로는 수학이, 그리고 그 이상으로 물리학은 전복적이었다. 데카르트는 대수적 기호의 연관이 스콜라적인 추상, '실질적 형식'의 속성과 아무런 공통점이 없음을 보여 주었고 굴절 이론을 통해 무지개의 오래된 상징성을 무너뜨린다. 이후 데카르트적 이성은 점진적으로 국가 이성과 결탁해 나갔지만, 결과적으로 그는 암스테르담으로의 망명을 택했다. 과학적 이단은 파스칼 및 얀센주의의 종교적 이단과 연결되었다. 부분적으로 서신(편지)에 의존해 작동하는 지식인 '사회'는 거의 비밀스러운 사회였으며, 지식의 자주관리를 실천했다. 이에 대응해 국가는 아카데미와 학문적 전통주의(académisme)를 통해 인식을 제도화했다. 18세기에 지식의 부상이 부르주아의 부상을 동반했음을 길게 설명할 필요는 없을 것이다. 그로 인해 인식은 뜻밖의 지지대를 찾았고, 사회정치적 관행 속으로 침투했다. 인식은 물리학적 · 수학적 · 기술적 발견에 뒤이어 한편으로 엄청난 비약을 이룬 예술과 음악에, 다른 한편으로는 생산에 영향을 주었다. 다만 초기에 그 영향은 (프랑스에서 여전히 미약했던 산업이 아니라) 농업 분야(개선과 완성을 요구하는)에서 강하게 드러났다. 《엔치클로페디》에서 간파했듯, 기술을 매개로 한 과학과 산업의 연결은 지식과 생산 활동의 연계를 강화했는데, 영국에서는 이미 세기말부터 그러한 양상이 현실화되고 있었다.

《엔치클로페디》(디드로의 《엔치클로페디》도 함께)는 신기원을 이루는 작품이다. 그 이유는 그것이 하나의 철학, 곧 유물론을 낳았다거나 교회와 군주제를 혁신적이고 지성적인 기업 앞에 뒷걸음치게 만들어 낸 것에만 있지 않다. 핵심은 학문(science)의 사회적 지위를 변화시켰다는 데 있다. 학문은 성직자 집단과 종교 지도자에게서 떨어져 나와, 하나의 새로운 '계층'인 지식인들에게 맡겨지는데, 이들은 국가의 통제 바깥에서 그 대부분을 관리했고, 이로 인해 학문은 정치적 권력으로서 힘을 갖게 되었다.

여기에서 나타나는 단절 역시 철학적이거나 인식론적이라기보다는 정치적인 것으로 봐야 한다. 즉 후자는 전자를 포괄한다. 예컨대 정치경제학 같은 새로운 학문은 기존 '학문적 체계(corpus scientiarum)'를 대체한다.[43] 이는 인식 내적인 변화로 이어지지만, 더 중요한 것은 인식의 사회적 지위가 변화하며 이 사회적 지위가 인식을 좌우하게 된다는 점이다. 지식과 관련해서 보자면, 이 시기

---

43) 푸코, 《지식의 고고학(L'Archéologie du savoir)》 195쪽 등. 이 저자는 [지식의] 사회적 지위를 등한시한다. 이는 그가 '순수한' 상태의 인식론적 지위에만 관심을 두기 때문이다.

에 지식에 대한 사회정치적(sociopolitiques) 요구와 명령은 근본적으로 변화한다. 프랑스 혁명은 이 변화를 신성화했으며, 나아가 당시 시작되고 있던 지식, 부르주아, 국민국가 사이의 연결을 더욱 강조하고 지속해 나갔다. 그런데 여기에 개인('인간'이자 '시민'으로서)의 권리와 국민국가의 권리 사이의 불가피한 충돌 같은 새로운 모순이 등장했다. 이는 위대한 혁명의 모순적 성격—한편으로 부르주아적이고, 다른 한편으로 민주적인—을 확인할 수 있게 했다. 즉 서로 모순된 용어인 부르주아적인 것과 민주적인 것 사이의 타협은 곧 험난한 시련에 휩쓸리게 된다.

부르주아적-민주적 혁명이 지식의 **사회적** 지위를 재검토하고, 지식을 **국유화**(nationaliser)했다는 것은 역사적 사실이다. 즉 혁명은 인식이라는 건축물 전체를 종교와 분리하고 세속화했을 뿐 아니라 그것을 합리화했다(즉 국가화했다). 또한 혁명은 인식이 자주관리되지 못하도록 그 뿌리를 뽑아냈다. 심지어 당사자가 책임지려고 할지라도 그렇게 했다(그것은 나폴레옹 아래 '이데올로그들'이 써 온 드라마다). 프랑스 혁명은 공식적으로 서로 분리된 다양한 학문적 기관을 만듦으로써 공식적으로는 '백과전서주의'를 유지했다. 그러나 동시에 프랑스 혁명은, 가령 보편주의와 민족주의처럼, 자체적인 경로로 나아가게 될 모순을 만들어 냈다.

이성에 대한 숭배와 축제는 종종 조롱받지만, 여기에는 중요한 의미가 있다. 그것은 지식과 권력이 통합을 지향하며, 지식이 투쟁 속으로 엄청난 에너지를 끌어들인다는 것, (혁명적) 권력이 (외관상으로) 이성에 복종한다는 것을 가리킨다. 헤겔은 틀리지 않았다.[44] 헤겔에게 프랑스 혁명은 역사의 종언에 근접하는 가운데, 개념과—기존의 토대를 정리하고 자신의 존재를 천명하는—절대적 지식의 부정적 힘을 드러낸 사태였다. 프랑스 사상과 프랑스 혁명 속에서 헤겔은 세 가지 측면을 구분한다. 첫 번째 측면은 파괴적이고 부정적인(négatif) 측면으로, 이는 제대로 이해되거나 수용되지 못했으나 가장 중요한 측면이다. 다음으로 실정적이고(positif) 구성적인 측면, 다음으로 철학적이고 형이상학적인, 그러므로 초월적인 측면이 있다. 헤겔은 부정적 측면을 올바르게 평가한 다음, 이 초월적 측면을 추출해 냈다. [이러한 관점에서 혁명을 낳은] 프랑스 철학과 프랑스 정치는 살아 있는, 유동적인 것이며 정신 자체(존재론적 긍정)로 간주된다. 즉 헤겔에게 혁명은 개념이 행동으로 발현되는 것이며, 나아가 '공인된 이념과

---

44) 《역사철학》, 403쪽 등 참조. 《헤겔 선집(Morceaus choisis de Hegel)》(갈리마르 출판사, 파리, [1939])에 실린 단편 〈철학의 역사(L'histoire de la philosophie)〉 295절 참조.

경직된 사고의 지배에 전면적으로 맞서는 절대적 개념'을 의미했다. 말하자면 혁명은 의식과 학문을 기만적으로 지배하던 실체들의 몰락을 가져왔다. 선과 악, 신과 그 섭리에 대한 믿음, 부가 가진 힘, 신적 혹은 자연적 권리가 지닌 힘, 지식 외부에서 오는 명령에 대한 의무와 복종이 몰락했다. 프랑스 철학과 프랑스 혁명, 그리고 특별히 나폴레옹에 이르러 절대 정신은 정신의―부정적이고 실정적이며, 파괴적이고 창조적인―운동을 수용하고 자기 내부로 통합함으로써 자기 생성과 그 계기들을 실현한다. 헤겔은 '객관화된 본질' 즉 국민국가의 실현 속에서 차이의 소멸이라는 중대한 위험을 피할 수 있다고 자신한다.

이런 의미에서 헤겔은 다른 독일 철학자들(칸트, 피히테)보다, 프랑스 혁명을 더 강조한 사상가라고 할 수 있다. 헤겔은 낙후된 독일을 배경으로 나폴레옹의 서사시를 지각하고, 성찰했다. 이 독일 철학자는 정치적 사실을 자신의 언어로 옮겨 적는 것에 만족하지 않았다. 그는 이 사실들을 통해 장래를 전망하며, 이를 위해 자신의 언어, 즉 개념의 언어를 창조했다. 그것은 궁극적인 수준으로 보이는 명확성이 솟아오르게 했다. 이러한 개념적 언어는 유럽에서 당대의 언어들에 조응해 이 언어들의 수준을 높이고, 잘 이해될 수 있게 했다. 나아가 개념적 언어는 혁명의 미래를 선포함으로써 혁명의 본질을 추출하고 공식화했는데, 이 과정은 민주적 측면보다 부르주아적 측면을 앞세웠다.

절대적 지식을 향한 상승 운동은 단지 학문과 의식의 모험, 제도의 점진적인 진보에 의해서만 진행되지 않았다. 헤겔적 로고스는 서구적 로고스를 집약하고 집중시켰는데, 그것은 전 세계가 모방하게 될 생산물, 즉 국민국가라는 생산물로 표출되었다. 그러니까 헤겔주의는 스스로를 철학, 학문, 역사에 대한 이차적인 담론으로 제시하지 않았다. 그것은 직접적으로 표현되지 않는 정치적 행위에 대한 일차적 담론으로 드러났다.

이 철학자는 클라우제비츠만큼 광범위한 범위를 다루되, 그와 다른 언어를 써서 펼쳐 냈다. 그는 전략적 담론을 끌어들였고, 절대적 정치와 정치적 절대성을 향한 전략을 규정했다.

2. 그러므로 헤겔에게 중심이자 축이 되는 것은 바로 지식이다. 말하자면 그것은 개념, 혹은 더 정확하게는 개념의 개념, 즉 객관적으로 숙고된(이것은 주관적인 반성이 아니다. 주관적 반성은 '나는 내가 생각한다고 생각하는 것을 생각한다'는 식으로 주관적 환상의 악무한에 빠진다. 헤겔에 따르면 주관적 자유는 개념 속에서 그 본질을 구축한다) 개념의 본질을 가리킨다.

개념, 그러니까 부정적이기도 하고 긍정적이기도 한 진리의 힘은 적합하지 않은 오류, 환상, 거짓, 외양, 우발적인 재현을 제거함으로써 길을 터 낸다. 일반적으로 개념은 무력한 추상으로 간주되지만 헤겔은 개념에 모든 가능성을 부여한다. 그에 따르면 개념은 살아 움직이면서, 노동하는 것이며, 생산하고, 투쟁한다. 그러나 1844년부터 마르크스는 헤겔적 개념의 이러한 활동성을 조롱했다. 이 살아 있는 개념은 똑같은 방식으로 광기, 비정상적인 것, 병을 일으키는 것, 병리적인 것을 제거한다. 그에 따라 의식이 변모하는 과정에서 나타나는 취약성, 즉 불행한 의식의 절망과 아름다운 영혼의 희망은 논리적으로 소멸된다. 반면, 지식은 감각적인 것에서 이성적인 것으로 상승하면서 그 가장 사소한 흔적까지도 보존한다.

정확히 헤겔식의 표현은 아니지만, 개념적 지식은 이데올로기를 제거하고 그와 함께 시적 망상, 말하기의 망상 또한 제거한다. 개념이 겪는 극적인 시련에는 이러한 투쟁과 의미가 포함되어 있다. 즉 이 시련들은 궁극적으로 인식론적인 심급을 정화(cathartique)하는 기능을 수행한다. 그런 까닭에 헤겔의 철학에서 핵심과 주변의 구분은 불필요하다. 그에 따르면 중심의 둘레를 따라 그려진 원 속에는 지식이 포함되는데, 이 지식은 그 시작부터 끝까지 완전히 생동하는 것이며, 절대적인 것을 포함한다.

헤겔도, 헤겔주의자도 지옥의 순환이자 악순환, 그러니까 기괴한 동어반복에 대해 아무런 의심을 하지 않았던 것이 분명하다. 그에 따르면 지식은 실재의 인식이며 실재가 곧 지식이다. 이것은 동어반복인가 마술인가? 언어유희인가 주문인가? 둘 다다. 구체적인 것과 추상적인 것은 일치하며, 사실과 이념도, 그러므로 지식의 목적과 수단도 일치한다. 사람들이 알고 있는 현실이 지식을 정의하고, 지식은 비현실적인 것－그 속에는 표면적인 것뿐 아니라 체험된 것(vécu)도 포함된다. 체험된 것은 외관에 대한 규정에 따라 현상, 우발적인 재현, 주관성의 환상과 동일시된다－을 거부하면서 현실을 정의한다. 오늘날에 이르기까지, 어떠한 헤겔주의자도 체험된 것과 인지된 것 사이의 깊어진 심연과 갈등이 중대 결과로 이어진다는 것을 알지 못한다. 헤겔주의자들은 아무도 필연성만으로 충분하지 않다는 것과 지식의 그와 같은 자기도취가 하나의 가정(본질적인 것으로 선언된 하나의 우발적 표상)에 불과하다는 것을 인정할 수 없었다. 이들의 관점에서 지식은 축적되는 것이다. 헤겔은 오직 지식만이 누적적인 특성을 지닌다고 본다. 그에 따르면 기억, 회상, 재인식, 상징에는 어떤 자율성이나 기발함도 없기에 지식이 이것들을 지배한다. 과잉된 자기의식으로서 성찰성(사물과 자기 자신에 대해 숙고하는 능력)은 이미 인식의 축적하는 힘을 예고한다. 축이 되는 기둥을 중심으로, 지식의 구성 요소들은 서로 연결되어 서로를 붙잡아 지탱하고, 수평과 수직 두 차원으로 쌓인다. 지식은 이 중심을 둘러싸면서 확장되며, 이념과 영혼의 고지를 향해 높아진다. 이 과정에서 발생하는 불연속성, 분리는 그 응집성과 질서를 해치지 않는다. 환상과 외관이 사라지는 것과 달리, 지식을 구성하는 실체적인 계기들 가운데 어떤 것도 무로 사라지지 않는다. 지식의 건축물은 규칙적으로 상승한다. 그 조각들은 조정되고, 견고해진다. 반면에 가령 주관성을 강조하는 예술 혹은 의식의 현상학 속에서는 불연속성이 우세하다. 하지만 엄밀한 의미의 지식은 이런 불편함을 회피한다. 지식은 역설을 없애려고 하는 대신, 그것을 설명하려 한다. 이와 연관해 헤겔은 혁명(부르주아적-민주적 혁명으로서 프랑스 혁명)을 앞세우면서 그것을 이론화한다. 하지만 헤겔에 따르면 혁명은 몇몇 환상을 빼고는 아무것도 폐지하지 않는다. 가족, 조합과 직업, 도덕, 종교, 요컨대 지식에 연관되거나 연관된 것으로 보이는 본질적인 '계기들'이 지속되고 존속한다. 헤겔도, 헤겔주의자도 그들의 논리학주의(logicisme)에 내재된 자기모순(paralogisme)을 제대로 이해하지 못했다. 때로는 논리학, 즉 일관성과 응집성의 이론이 변증법, 그러니까 모순의 이론으로 용해된다. 하지만 때로는 논리학이 변증법적인 것을 흡수하며 응집성이 모순보다 우세해지기도 한다. 그럼에도 헤겔은 되풀이해서, 변증법적 과정의 우선성, 선행성, 본질성을 주장한다. 그에 따르면 생성, 곧 구체적인 최초의 사유, 최초의 관념이 공허하고 추상적인 것으로서 존재와 무를 능가한다. 순수한 존재와 순수한 무는 일치하며, 진리는 존재 속에도, 무 속에도 있지 않다. 일찍이 《대논리학》에서 선언했듯이, 진리는 '실로 존재는 사라지는 것이 아니라 무가 되며 무가 존재로 이행한다'는 데에 있다.45) 원리적으로 존재로서의 존재, 무로서의 무에서 출발하는 철학들은 **추상적인** 동일성의 체계로 볼 수 있다. 그러한 철학은 운동을 무시한다. 그 속에서 개념의 힘과 운동, 곧 변증법적 운동은 서로 일치한다. 헤겔은 다음과 같이 말한다. "나는 개념의 운동 원리를 **변증법**이라고 부른다." "변증법은 주관적 사고의 외적 활동이 아니라 유기체적으로 가지와 열매를 산출하는 내용의 독자적인 혼이다."46)

헤겔의 그 유명한 변증법적 방법이란 무엇인가(많은

---

45) (옮긴이 주) 여기서 헤겔은 'Ex nihilo nihil fit'의 동어반복을 지적하면서 "실로 생성이란 무가 한낱 무에 그치지 않고 오직 그의 타자, 즉 존재로 이행해야만 한다는 것을 의미한다"라고 말한다. 한국어판 헤겔, 《대논리학》 1권, 앞의 책, 78쪽 참고.

46) 《법철학》 31절[(옮긴이 주) 한국어판 헤겔, 《법철학》, 앞의 책, 110쪽].

이들이 이 방법을 사용한다고 주장하지만, 이 방법은 누적된 어려움들로 인해 빈약하게 정의되거나 제대로 정의되지 않았다)? 첫째 헤겔에 따르면 지식, 말하자면 개념은 **진보하며**, 내재적 방식에 따라 자신의 규정(détermination)을 **생산한다**. 둘째 **지성[오성]적 능력**으로 일컬어지는 분석은 분석된 사물들 속에서 규정들을 발견하지만, 그것들을 분리해서 서로의 외부에 둔다(스피노자의 표현에 따르면 **부분 밖의 부분**을 의미하며 이것은 스피노자가 말한 인식의 세 유형 가운데 일종 인식으로서 열등한 인식을 특징짓는다). **변증법적 이성**은 이러한 지성의 규정들을 통일적으로 파악함으로써 그것들을 해소하며, 실정적으로 보편(l'universel)을 **생산한다**. 그것은 감각과 지성 너머에 있는 가장 고양된 수준을 자처한다. 그리하여 '이것이 저것이다', 'A는 B다'처럼 처음에는 구분을 상정했던 지식은 구분을 부정하게 된다. 이제 A와 B는 그것들의 관계, 생성, 나아가 그것들의 갈등 속에 위치하게 되며, 오직 이러한 방식으로만 지식은 '변증법적인' 것이 된다. 이를테면 '나뭇잎이 초록색이다, 연필이 빨간색이다'—나뭇잎 혹은 연필의 개념—가 '나뭇잎이 더 이상 초록색이 아니며, 말라 간다' 등으로 변형되는 것이다. 개념의 보편성에 따라,[47] 이성은 출발점이었던 'A'라는 분리된 규정을 관계와 운동 속에 있는, 구체적으로 파악된 특수성으로 재확립한다. 셋째, 변증법에서 참과 거짓에 대한 대립은 더 이상 단일한 형태로 고정되지 않는다. 상식 혹은 지성적인 것은 주장이나 체계를 일괄적으로 승인하거나 거절하는데, 이때 (철학적) 체계들의 차이는 진정한 발전으로 간주되지 않는다. 왜냐하면 다양성이 부조리함, 곧 수용 불가능한 모순을 뜻한다고 보기 때문이다. 가령 "꽃이 피면 싹이 떨어지는 것을 보고, 사람들은 싹이 꽃에 의해 반박되었다고 할 수 있다. … 하지만 이는 단순히 형식들이 구분되는 것이 아닌, 양립 불가능한 것에 의한 대체다. 이때 그것들의 운동하는 본성이 유기적 통일의 구성 요소가 되며, 각 요소들은 충돌하는 것이 아니라 한쪽이 다른 쪽에 필연적인 것이 된다. 이러한 균등한 필연성이 전체의 생명을 이룬다."[48][49]

---

47) 《대논리학》 서문[(옮긴이 주) 여기서 헤겔은 《정신현상학》에서 시도한 의식에 대한 서술이 이런 방식을 따르는 것이었음을 밝히고 "이러한 대상이 전개, 발양되는 운동은 온갖 자연적 내지 정신적 생명의 전개와 마찬가지로 논리학의 내용을 구성하는 순수한 본질성이 의미하는 것에 기초한다"라고 말한다. 한국어판 헤겔, 《대논리학》 1권, 앞의 책, 84쪽].

48) 《정신현상학》 서문 10쪽[(옮긴이 주) 한국어판 헤겔, 《정신현상학》 1권, 임석진 옮김, 한길사, 2005, 36쪽].

49) 다음에 주목할 것. 레닌은 그의 《철학 노트》에서 《대논리학》에 관해 이야기한다. 그에 따르면 헤겔은 변증법적 운동을 설명할 때, 은유

그렇다면 이 지점이 고해성사를 위한 장소이자 순간－계기－인 것일까? 헤겔은 상황을 뒤집고 자신의 운동 또한 되돌린다. 헤겔의 사유는 변증법을 전제하고 정립함으로써 시작하는데, 이는 수학적 방법을 공허한 양적 논리로 취급함으로써 이를 뿌리치는 궁극적인 역설로 이어진다.[50] 이 관점에서는 오직 변증법적 방법만이 구체(실재)에 접근하게 해 주며, 헤겔은 운동의 영구성을 거의 디오니소스적인 용어로 서술한다. 그에 따르면 운동은 '만취하지 않는 이가 없는' 디오니소스 축제이며[51] 이는 명시적으로 헤라클레이토스와 결부된다. 하지만 갑작스럽게 무대와 관점, 본질의 변화가 나타나며 논리학의 우세가 표출된다. 논리학은 건축물의 응집성을 보증하며, 자신으로 인해－외양을 배제하고 표면적인 것과 실재(구체) 사이의 갈등을 배제함으로써－깊어진 모순들을 스스로 해소하고자 한다. "변증법이 지성으로서 사고의 구성 법칙이며, 사고가 그 자신을 부정하고 모순을 빚는다는 것, 이것

적으로 유기체적인 자연을 언급하고, 이를 만족스러운 사례로 취급한다(《헤겔 선집》 60쪽 등). 그런데 레닌의 사고는 그렇지 않으며, 자연주의적 언급은 정치적인 언급으로 대체된다.

50) 《정신현상학》 38~39절[(옮긴이 주) 한국어판 헤겔, 《정신현상학》 1권, 앞의 책, 80쪽].

51) (옮긴이 주) 한국어판 헤겔, 《정신현상학》 1권, 위의 책, 84쪽.

이야말로 논리학의 한 가지 본질이다."[52] 우리는 이 모든 단어들, 진행상의 모든 단계에 주의를 기울여야 한다. 《소논리학》 혹은 《엔치클로페디》 서문에서 인용한 텍스트에 따르면, 사유가 자기 자신과 모순을 빚는 것은 **지성**의 수준에서다. 그리하여 변증법적 이성이 분석적 차원의 모순, 즉 분석적 지성이 사물의 측면들 · 계기들을 분리하면서 발생한 모순을 종결짓는다. 텍스트의 이 구절은 다음으로 이어진다. "논리적 사고, 즉 자신이 자초한 대립들의 화해를 끌어내는 데 좌절한 논리적 사고는 정신(l'esprit)에 호소한다. 다른 형식을 통해서 대립들의 화해를 제시하는 것은 정신의 소관이다."[53] 그에 따르면 논리학은 정신이라는 보다 고차적인 수준에서 재정립되고 다시 승승장구한다. 정신은 분리된 규정들과 그것들 사이의 모순을 사라지게 한다. 말하자면 정신은 갈등을 해소한다. 그것은 모순을 과정 내부로 용해하는 것을 의미한다. 그에 따라 어떤 모순도 정신에 영향을 미치지 못한다. 체계화된 헤겔주의에서 모순은 마치 소외와 더불어, 소외로부터 태어나는 것처럼 작동한다. 마찬가지로 절대적 이념은 그

---

52) (옮긴이 주) 한국어판 헤겔, 《엔치클로페디》, 이신철 옮김, 도서출판b, 2024, 61쪽.

53) (옮긴이 주) 한국어판 헤겔, 《엔치클로페디》, 위의 책, 61쪽.

자신으로부터 빠져나와 자연 속에서 소외되지만 역사와 개념적 지식을 경유해서, 충만한 의식과 인식 가운데 스스로를 발견하고 재인식한다. 혹은 재생산한다. 이러한 탈소외(désaliénation)는 모순을 사라지게 하며, 그렇기에 변증법적이다. 이 수준에서 부정의 역할은 무엇인가? 부정은 사라졌다. 부정은 절대 정신 안에서 무한과 유한 사이의 매개로 기능했을 뿐이다. 즉 절대 정신은 유한과 무한을 동시에 포함하고 극복한다. 유한과 무한은 절대 정신 안에서 서로를 통해서, 서로에게 의존해서 존재하지만, 그럼에도 불구하고 순차적으로 나타난다.[54]

《정신현상학》에서 헤겔은 끊임없이 자연에 대한 비유적 언급을 제시하는데(꽃이 싹을 대체하고, 열매가 꽃을 대체하며, 유기적 전체가 가지, 꽃, 열매를 **생산한다**), 이러한 언급은 우리의 비판적 분석을 공고하게 해 준다. 그것은 헤겔이 언급하는 과정이 변증법적이기보다는 순환적인 규정(특성)을 지니고 있음을 보여 준다. 그에 따르면 싹이 꽃을, 꽃이 열매를, 열매가 다시 낟알과 싹을 낳는 과정이 계속된다. 즉 과정이 재생산된다. 그러나 이것은 문

---

54) 《대논리학》 2장[(옮긴이 주) 여기서 헤겔은 스피노자의 '규정성이란 그 모두가 부정이다'라는 명제를 논평한다. 한국어판 헤겔, 《대논리학》 1권, 앞의 책, 137쪽].

제를 일으킬 것이다. 유기적 존재(식물, 동물)는 (상대적으로) 안정된 총체다. 헤겔은 자연을 이념의 첫 번째 생산물로 보면서(이념이 그 자신으로부터 나와서 물질 속에 투사되는 것으로 보면서), 이를 균형 잡힌 발전으로 지각할 뿐 그 속에서 모순은 깨닫지 못한다. 이러한 상황은 [모순으로 가득 찬] 역사와는 반대되는 것이다. 정신은 가장 고양된 수준으로 재확립되지만, 결과적으로 헤겔과 헤겔주의는 그들이 낳은 변증법의 자기 파괴로 들어선다. 이는 마르크스가, 이어서 엥겔스가 어째서 헤겔과 헤겔주의에 맞서서 사유 및 변증법적 방법의 권리를 '세상을 거꾸로 뒤집는'[55] 특별하고, 특권적인 것으로 재정립하려 하는지 이해할 수 있게 해 준다. 이러한 혹독한 작업[재정립]을 거친 다음에 헤겔주의에 남아 있는 것은 무엇인가? 우리가 '그의 변증법'을 옹호하는 순간 오히려 그것을 추락시키고 있을 가능성은 없는가? 변증법적 사고가 내용에 무관심한 것으로 정의될 수 없음에도 불구하고, 그러한 사고 자체를 여하간의 모든 내용에도 무관심한 형식으로 해체하고 있는 것은 아닌가? 그렇다면 차라리 헤겔을 통해 절정으로 치달은 삼중적 체계를 [자기 파괴에 이르지 않도

55) 이는 〈마르크스 파일〉에 실릴 중요 부분이다.

록] 수정해서 유지하는 편이 더 나은 것인가? 논리학과 변증법 사이의 정확한 관계는 어떤 것인가? 논리학은 변증법 속에서 산산조각 나는가? 그것은 이어지는가? 혹은 다른 것과 연결되는가?

니체가 말하길, 세계에서 사라지는 모든 것은 자기 파괴로 인한 것이다. 변증법에 대한 헤겔의 자기 파괴는 그 자신을 심히 당혹스럽게 만든다. 그것은 차이에 대한 하나의 역설, 아포리아를 만들어 낸다. 차이란 무엇인가? 헤겔은《대논리학》2권에서 이 물음을 오래도록 다루지만, 답을 찾는 데 어려움을 겪는다. 동일성은 반복한다. A는 A다. 그러나 두 번째 A는 처음의 A와 다르다. A는 A를 재생산하지만 더 이상 동일한 것이 아닌데, 이는 그것이 두 번째이기 때문이다. 그러므로 A는 그 자신과 구분되며, 이 차이는 동일성으로 돌아간다. 그럼에도 이 차이는 동일한 것 자체의 비동일성을 드러낸다. 즉 차이 속에서, 하나(l'Un)는 같은 것으로부터, 같은 것(le Même)은 다른 것(l'Autre)으로부터 분리된다. 그러나 이후에 차이는 '~인 한에서'라는 조건에 따르는 대립으로 변화한다. 다시 말해 차이는 지성적 능력이 상정하는 다양한, 분리된 규정들 속에서, 이성에 의해서 극복되어야 할 규정들로 나타난다. 그러므로 헤겔에게 차이는 부정적 힘이 부재한, 변증법적 모순의 약화로써 나타날 뿐이며 헤겔은 '모든 것이

다르다'라는 명제가 진정 흥미로운 것인지에 대해 자문하게 된다. 그에 따르면 다양성 없이는 어떤 사물도 있을 수 없다. 그러나 이 명제는 결국 동어반복으로 환원된다. 게다가 이런 식으로 표현된 차이는 일반적이고, 추상적인 데다가 모호한 까닭에 불확정적인 것으로 전락한다. 라이프니츠가 여인들을 초대해 나무에 달린 잎들 중에 동일한 두 나뭇잎을 찾게 했을 때는 철학의 행복한 시기였다. 그때 사람들은 나무의 잎들 말고는 다른 증거를 필요로 하지 않았다.56)

---

56) 나무와 잎을 둘러싼 차이에 대한 반대 해석에 대해서는 《신성가족(Die heilige Familie)》에서 나무와 열매를 통해 헤겔적 이념에 반박하는 유명한 구절들을 참고하라. 이어서 니체의 《철학자의 책》을 참고하라 [(옮긴이 주) 《신성가족》의 다음과 같은 언급을 참고할 수 있다. "사변철학자는 실제로 존재하는 사과나 배 등에 보편적으로 알려진 성질을 부여함으로써 이러한 지속적인 창조를 수행하고 있음은 말할 나위도 없다. 즉 그는 그 보편적인 성질을 날조하고 실제 사물에 오로지 추상적 이성만이 할 수 있는 '이름'을 붙인다. 그리고 그는 하나의 사과라는 관념에서 하나의 배라는 관념으로 '진행하는' 자기 '자신만의' 활동을 '절대 주체'인 과일의 자기 활동이라는 이성의 추상적 공식으로 주장한다." 마르크스 · 엥겔스, 《신성가족》, 편집부 옮김, 도서출판 이웃, 1990, 97~102쪽. 한편 《철학자의 책》 단편 150에서 니체는 인간의 인식이 객관 그대로를 수용하는 것이 아니라 인간이 임의로 만들어 낸 해석 구조를 따른다고 말하고 있다. 니체, 《철학자의 책 : 이론 연구(Le livre du philosophe : études théorétiques)》, 앙젤 크레메르 마리에티(Angèle Kremer-Marietti) 옮김, 플라마리옹(Flammarion) 출판사, 파리, 1991, 97쪽].

[수사적인] 아이러니가 헤겔의 당혹감을 사라지게 할 순 없다. 그는 극히 교묘한 공식을 통해서 빠져나간다. 차이는 동일성에도, 비동일성(모순)에도 모두 **무관심**하지 않을까? 이것은 뒤늦게 여러 가지 문젯거리들을 발생시킨다. 차이는 어떻게 해소되고, 해결되는가? 동일성의 측면인가, 아니면 갈등의 측면인가? 차이는 단지 소멸해 버리는 매개인가? 차이가 하나의 중심적인 위치, 특정한 활동(분화하는 활동)일 수 없는가? 차이들 가운데, 체계 내부에서 환원되는 것들과 환원 불가능한 것들-모든 환원적 작용에 저항하며 잔재로 남겨지는 것들, 그리하여 구분된 체계들 혹은 비체계들을 특징짓는 차이들-사이에 결정적으로 다른 점이 있는가?

3. 절대 정신은 건축물의 응집력을 확고하게 하기 위해 어떤 형식을 취하는가? 바로 **정치적** 형식이다. 이 건축물은 낱낱의 블록과 계기들로 구축된다. 그것은 (순수하고 절대적인) 지식의 건축물로 보이지만, 실제로는 국가 외에 다른 것이 아니다. 왜냐하면 지식과 국가는 서로 일치하기 때문이다. 보다 엄밀하게 말하면, 이것은 한 대상의 동일한 두 측면을 이루는 것으로서 이상적인 것과 현실, 이론적인 철학과 실천적인 행위만큼이나 서로 분리 불가능한 두 측면, 두 '계기'다. 이 전체 과정을 총괄하는 필연성

은 **조건**(과정을 통해서 실제화되는 것으로, [어떤 것이 생성되기 위해서] 전제된 바), **사물**(내용이자 외적 실존으로 생산되어 나오는 것), **활동**(조건으로부터 사물로 향하는, 즉 조건으로부터 사물을 생산하는 운동)이라는 세 계기로 구분된다.

본질적으로 합리적인 것은 유기적 자연에서 시작되어 정신(이념, 따라서 국가이자 이념의 육화)의 수준에서 복원된다. 여기서 필연성은 많은 일을 한다. 그것은 차례차례 조건을 설정하고, 이어서 그 조건으로부터 가능해지는 것, 그러니까 사물(현실)과 활동(노동, 정치적 행위와 같은 생산적 활동)을 정립한다. 이 삼중적 효과는 서로 분리되어 있는 인과성의 차원과 목적성의 차원보다 더 멀리 나아간다. 각각의 활동을 떼어 놓고 보자면 그것은 주관적인 것이며, 그 실현을 위해서는 특정 조건이 충족되어야 한다. 또한 각각의 사물은 어떤 관심도 끌지 못하며, 어떤 의미도 지니지 못한다. 설명 또한 불가능하다. 물론 아무도 사물을 만들어 내지 않는다면, 그것은 존재할 수 없다. 오직 이 세 계기들의 유기적 전체만이 지성적인(정신적인) 의미와 필연성을 갖는다. 즉 이 필연성은 세 계기들을 통해서 작동하며, 지식, 생산적 활동, 그리고 정치 행위 속에서 물질적으로 인식된다. 달리 말해, 전체의 제3항적 리듬이 각각의 항 안에 존재하고, 유기적 전체를 보증한다.

이 전체가 각 영역에서 불러들인 활동은 자신의 고유한 조건을 발견한다. 이때부터 활동은 그 자신을 (주관적으로) 주장하고 그와 동시에 (객관적으로) 사물을 형성할 수 있다. 그리고 이 사물은 – 상호적인 행위로서 – 조건에 반작용하는데, 이는 처음에는 조건들을 공고히 하며, 나중에는 극복하게 된다.

국민국가를 구축하고 제도화하는 역사적 · 혁명적 과정의 합리화로서 헤겔주의는, 이미 로베스피에르의 이데올로기에서 나타난 바 있듯이, 지식을 권력의 기초로 삼는다. 지식은 (신중하게) 권력을 종속화하면서 정당화한다. "우리 시대에 이르기까지, 제국의 얼굴을 바꾼 혁명들은 오직 왕조의 변화만을 목표로 삼았다. … 프랑스 혁명은 이론에 기초한 최초의 혁명이다…."[57] "만일 분파들이 사라지길 원한다면, 그러니까 마키아벨리의 진부한 표현대로, 공적 자유의 잔해 위에 스스로를 일으켜 세우려는 이가 아무도 없기를 원한다면, 정치를 무력화하라…."[58] 처음에 헤겔은, 나폴레옹의 경험을 인정하지 않는 것처럼 보였고, 나중에는 그것을 오인했다. 나폴레옹은 국가를 사회와 그 '계기들' 위에 건립함으로써 [이상이 아니라] 냉혹

57) 로베스피에르의 마지막 의회 연설이다.

58) 같은 날 생쥐스트의 말이다.

한 현실을 재확립했다. 그러나 헤겔은 처음에 그것을 부정하고, 또 오해하는 것처럼 보인다. 헤겔에 따르면 나폴레옹은 복종이 아닌 존경을 통해 통치했으며, 이어서는 그 힘을 외부로 돌려 자유주의적 제도를 도처에 확산했다. 헤겔은 이런 나폴레옹에게서 세계정신의 육화로 특징지어지는, 거대한 활력을 목격했다. 이후에 헤겔은 단지 나폴레옹이 '승리의 무력함'으로 이르렀고, 역사의 아이러니가 그에게 불리하게 작용했다고 언급했을 뿐, 보나파르티즘에 대해서는 아무 말도 하지 않았다.

헤겔은 정치적 계급을 국가의 중심이자 기축, 그 핵심에 놓는다. 그들은 지식을 담당하며, 유능하다. 그들은 국가 안의 진정한 '국가', 권력을 지닌 엘리트, 합리적 방식(경쟁)으로 모집된 집단으로, 사회의 기능적 작용을 보증하는 역할을 수행한다. 종교적이든 세속적이든, 이 계급이 활용하는 이데올로기의 측면은 헤겔에게 그다지 중요한 것이 아니었다. 그는 《법철학》에서, 선택받았으며 안정적인 이 사회 계층 내지 계급이 온갖 찬사를 받을 만하다고 옹호한다. 어째서인가? 바로 그들에게 앎이 있기 때문이다. 즉 그들은 사회 전체를 인식하고, 그것을 작동할 줄 안다. 이 기능 가운데 어떤 부분에도 결정론이나 맹목적인 자동주의, 자의적인 지배는 개입하지 않는다. 핵심은 지식이며, 그것은 정치적 계급이라는 중심으로부터 출발해서, 국가를 지탱하고 그것이 유지되게끔 한다. 내재적 합리성은 '사유하는 계급'—즉 중간 계급(중산층)—의 상층부에 집중되는데, 이들은 통치하는 이들과 명목상 권력을 행사하는 이들을 떠받치는 하층부에 해당한다. 그러므로 헤겔주의는 다음과 같은 전제를 포함한다. 사회 전체에 확산되고 주입되는 합리성이 그 상층부에 집중되기 때문에, 그로 인해 정치적 결정 기관들은 하위 수준에서, 그러니까 건축물의 조각과 부분인 '계기들' 사이에서 발생할 수 있는 모든 모순, 모든 갈등을 (지식을 통해) 인식하고, (결단과 행위를 통해) 해소할 수 있다. [하위 수준의] 갈등이 있더라도 그것은 소소한 것일 뿐이며, 국가적 · 민족적 틀을 흔들지는 못한다. 지식-권력은 이러한 갈등을 감소시킬 줄 알고, 갈등을 없앨 해결책도 갖고 있다. 혹은 그것들을 사라지게 할 방책을 찾아낼 수도 있다. 그렇다면 이 관점에서 모순은 환원 가능한 것이며, 실재적이기보다는 표면적인 것일 뿐이다. 바꿔 말해 모순은 일관성 있는 전체 속에 포함된 순간적인 비일관성일 뿐이다.

이처럼 헤겔이 상정한 문제는 19세기와 20세기를 지배하게 될 문제로, 새롭게 등장한 이른바 인간적인 혹은 사회적인 학문과 철학—형이상학적 실체에도, 존재와 의식에도, 사고와 삶에도, 직관과 성찰 일반에도 종속되기를 거부한—을 모두 지배하게 된다. 그 문제란 무엇인가? 그것은 전체의 문제 혹은 인간적 현실의 총체성에 대한 문제다. '때때로 경쟁하는, 서로를 알지 못하고 서로 대결하기도 하는 다양한 활동들이 어떻게 하나의 전체를 구축하는가? 이 전체는 혁명이나 전쟁과 같은 문제를 겪은 후에 어떻게 재구축되는가? 왜 그것은 조각들, 단편들로 전락하지 않는가? 그것이 개인들, 집단들로 원자화되지 않도록 하는 것이 무엇인가? 인민을 인민으로, 민족을 민족으로, 계급을 계급으로 만드는 것이 무엇인가…?'

헤겔의 대답을 조롱하기란 어렵지 않다(굳이 마다할 이유가 있겠는가?). 헤겔은 이렇게 답한다. '그것이 전체이기 때문에 전체가 존재한다!' 명백한 동어반복이다! 세심한 비판 이후에는 틀림없이 우리는 다음과 같은 사실에 도달해야 한다. 즉 총괄적 논리(logique globale), 체계, 정합적인 전체에 대한 헤겔적 전제가 바로 이러한 동어반복으로 요약된다고 말이다. 하지만 터무니없는 반복으로 보이는 이 명제는 다음과 같은 방식으로 다르게 진술했을 때, 또 다른 모습을 보인다. '전체가 존재하는 것은 총체화하는 이성(raison totalisante)이 존재하기 때문이다.' 헤겔주의가 그 힘을 드러내는 것은 이런 대목이다. 이성? 지식? 개념? 그것들은 존재하며, 맡고 있는 역할, 기능, 행위가 있다. 그러므로 전체가 성립되는 가운데 어떻게 그것들을 전제로 삼지 않을 도리가 있겠는가? 어떻게 그것들을 축의 중심, 핵심에 위치시키지 않겠는가? 전체라는 것은 그것을 인식함으로써 구축되고 유지될 수 있는 것 아니겠는가?

헤겔 이전과 이후에, 다른 철학자들과 학자들은 전체를 다른 방식으로 정의했다. 생기론자와 낭만주의자들에게 유기적 전체의 속성은 사유(la pensée)보다 앞선 것이었다. 오직 살아 있는 존재만이 전체이며, 그것은 생명의 힘으로써 생성되고 유지된다. 그 생명이 포기될 때까지 말이다. 사유는 생명의 고양에 불필요한 것이었다. 즉 사유는, 생명의 고유한 형식에 따라, 다시 말해 생명의 질적 특성을 확증하고 완성하는 데 불필요했다. 무엇보다도 사유는 그 특성들을 직접성 속에서 수용해야 하는데, 최초의 본질과의 관계에서 보면, 반성적 사고(réflexion)는 사후적인 것이자 낯선 것이다. 이러한 관점에 따르는 철학에서 출발점이 되는 것은 인식의 알파요, 오메가인 직관이다. 절대적인 것은 인식되거나 지각되는 것이 아니다. 그것은 감각된다. 그러나 헤겔은 《정신현상학》의 시작 부분에서 셸링과 낭만주의의 신비한 자연주의를 일축한다. "예언적 담론은 스스로 중심에, 심층부에 있다고 믿는다. 그들은 명확한 규정을 경멸적으로 바라보고, 고의로 논리적 개념과 필연성을 멀리한다. 그들에 따르면, 논리적 개념과 필연성은 유한성 속에 자리 잡을 뿐인 반성적 사고의 영역에 있다. 그러나 비어 있는 표면처럼, 비어 있는 깊이도 있다. … 이러한 직관주의는 인간성의 뿌리를 짓밟는다."[59] 왜냐하면 인간성의 본질은 학문을 통한, 합리적인 합의, 의사소통, 의식의 공동체에 있기 때문이다. 셸링을 겨냥하는 이 텍스트의 내용은 쇼펜하우어까지도 해당될 수 있다. 이들이 니체의 전임자라고 말할 수 있게 된 것은 그로부터 한 세기 반이 지나서였다.

헤겔 이전에, 영국 경제학자들(애덤 스미스 등)과 동시대의 다른 이들(생시몽)이 신비성을 배제하고, 한층 '현실주의적'인 방식으로, 경제적-사회적-정치적 선체를 인식했던 것은 사실이다. 애덤 스미스에게 시장, 생산적 노동과 노동 분업, 생산물의 교환은 전체의 응집을 설명하기에 충분한 것이었다. 또한 생시몽에게 합리성은 개념이나 지식 같은 것이 아닌 생산적 노동, 즉 산업 속에 존재하는 것이었다. 프랑스 혁명과 제3신분의 부상은 이전에 부정되거나 은폐되었던 이러한 기저의 합리성이 떠오르게 했다.

경제학자들에 의하면, 시장은 수요와 공급이라는 거대한 상호작용으로부터 나타난다. 마르크스가 교환가치의 분석을 통해 드러낸 바와 같이, 이 '자발적' 과정은 맹목화

---

59) (옮긴이 주) 한국어판 헤겔, 《정신현상학》 1권, 앞의 책, 43쪽, 108쪽.

된다. 말하자면 이 과정은 (신비로운 내적 통합에 따르지는 않지만) 물리 법칙에 따르는 것처럼 보이는 특정한 규제를 끌어들인다. 그것은 우연도, 모순도, 어려움(위기)도 배제하지 않는 합리성으로 귀착된다.

생산적 활동? 산업? 그것들의 합리성은 대상적 활동의 실제적인 관계로부터 귀결된 것이다. 즉 이 합리성은 사람이 손으로, 신체로, 도구로(부싯돌, 뼈, 막대기) 대상을 가공할 때부터 시작되었다. 최초로 이성적으로 움직인 '인간'은 두 번, 세 번 이어서 그 움직임을 할 수 있다. 그는 도구를 어디에 둘지, 어디서 재료를 구할지, 자기 손가락을 어떻게 움직여야 하는지 안다. 개인적 활동에서의 이러한 양상은 집합적 활동, 즉 작업장과 기업에서도 마찬가지로 나타난다. 헤겔이 살아 있던 때에, 생시몽은 원시적인 것으로 인식된 이러한 실천으로부터 합리성이 출현한다는 것을 깨닫고 이해했다.

그렇다면 이제 우리는 헤겔주의를 부정해야 하는가? 그것을 조롱해야 하는가? 그렇지 않다. 왜냐하면 헤겔주의는 바로 이 대목에서 그 힘을 드러내기 때문이다. 헤겔은 영국 경제학자들의 작업을 알고 있었고, [자신의 작업에] 고려했다. 하지만―그 개념의 힘과 영향력에서 헤겔의 라이벌인―생시몽은 그들을 제대로 이해하지 못하거나 무지했다. 물론 그럼에도 불구하고 생시몽을 '비현실주의'라고 치부할 수는 없겠지만 말이다.

헤겔은 동시대 생시몽주의자들에 버금가는 실정성을 바탕으로, **욕구의 체계**와 **노동 분업의 체계**를 제시했다. 그에게 두 체계는 퍼즐 조각처럼 정확하게 맞춰진다. 즉 두 하위 체계가 전체 체계에 삽입되고, 그 속에서 통합되는 것이다. 그것들은 객관적 측면에서(정치적 계급이 국가의 주관성을 구축하는 것과 달리), 서로 일치하면서, 법과 권리에 응집력 있고 균형 잡힌 기반을 보장한다.

이 대목에서 헤겔의 논증은 단단한 기반 위에 서 있다. 우선 함께 살아가는 개인들의 욕구가 필연적으로 정의되어야 하지 않을까? 서로 파괴하는 것이 아니라 조화를 이루는 개인들 말이다. 욕구는 우선적으로 주관적인 존재다. 그러나 욕구는 주관이 스스로 대상화하려고 시도함으로써 (합리적이고 변증법적인) 보편적 운동을 따라가게 된다. 이때 이 대상화는 대상을 주관성으로 변형함으로써만 달성된다. 우리는 이 운동이 지식(개념, 대상과 주관의 상위에 있는 통일체)을 통해서 절정에 이른다는 것을 안다. 욕구는 대상을 추구하고, 추구된 대상으로부터 나오기도 한다. 그렇다면 욕구는 그것이 추구하는 것으로부터, 그리고 추구된 대상으로부터 무엇을 기다리는가? 바로 만족이다. 욕구는 어떻게 만족을 얻는가? 욕구는 대상의 소유를 통해서, 나중에는 그 대상의 파괴(소비)를 통해서 만족을 얻는다. 그렇지만 이 대상은 다른 사람들에 의해 생산된 것이다. 즉 그것은 다른 욕구들, 다른 의지들, 다른 활동들에 연관되어 있다. 이러한 관계로부터 정치경제학이라는 영역이 구축된다. 헤겔에 따르면 이 학문은 "[욕구와 노동에 대한] 이러한 관점으로부터 영감받은 학문으로, 집단들의 관계와 운동을 그것들의 양적 · 질적 특성으로 설명해야 한다". 이어서 헤겔은 다음과 같이 쓴다. "그것은 현대적 시간이라는 땅 위에 태어났다. 중요한 것은 사실들의 무한한 덩어리로부터 규정되는 지배의 원리, 즉 그것을 다스리는 지성의 원리를 발견하는 것이다."[60)]

상식에 따르자면 제빵사, 석공, 교사 등이 존재하고, 그들의 활동들이 그들 자신을 유지하고 재생산하는 결과를 낳는다. 즉 그것은 가족, 직업, 집단, 마을 혹은 도시의 일상생활을 구축한다. 요컨대 헤겔에 따르면 이것이 시민사회의 삶이다. 내부의 소소한 다툼이 있을지언정, 이것은 단순하다. 경제학자는 이를 다소간 복잡한 것으로 보며, 시민사회 활동에서 나타나는 '부조화 속의 조화'가 분석과 이론을 요구한다고 생각한다. 철학자 헤겔은 그가 상식 – 스스로에 대해 알지 못하는 지성의 영역 – 의 측면과 다른

---

60) 《법철학》 189절[(옮긴이 주) 한국어판 헤겔, 《법철학》, 앞의 책, 367쪽].

특수 학문, 즉 정치경제학을 모두 넘어선다고 선언한다. 그에 따르면 정치경제학은 근원을 알지도 못한 채 합리성을 발견한다. 철학자로서 헤겔이 한 일은 욕구의 체계와 노동의 체계의 기원과 그 상호보완적인(비록 우연히 갈등들이 발생하더라도) 관계를 드러냄으로써 정치경제학의 기반을 제공하는 것이었다. 욕구와 노동에는 무슨 일이 생기는가? 둘은 — 각각의 측면에서, 즉 한편으로 사회적 욕구의 측면, 다른 한편으로 사회적 노동의 측면에서 — 필연적으로 추상이 된다. 그것은 자연에서 개념으로 나아가는 것을 뜻한다(보다 정확히 말해, 이는 직접성과 자연 그대로의 상태에 내재한 개념적 합리성을 드러내는 것이다). 자연적이고 주관적인 특성은 규정된 욕구, 그러니까 일반적인 욕구로 대체된다. 어떤 경로를 통해서? 의사소통, 교환, 욕구들 서로 간의 재인식을 함축하는 상호행위를 통해서. 만약 주체 A가 자신의 욕구를 주체 B에 강제한다면, B는 A를 위해서 아무것도 하지 않을 것이며, 이들의 의식들은 죽을 때까지 대립하게 될 것이다. 이 끝없는 대결을 끝내기 위해서 A는 B의 욕구를, B는 A의 욕구를 인정한다. 그들은 사물(대상)들을 교환하는 것뿐 아니라, 그들의 (주관적) 욕구를 교환한다. 이러한 상호재인식을 거쳐서 B의 욕구는 A의 욕구가 되고, 그 역도 성립하게 된다. 이러한 상호행위(의사소통과 교환) 속의 욕구는 사회적으로 분할되고 증식되며, 그것을 만족시키는 양식 또한 다양해진다. 이로써 개인적 욕구는 일반적으로 인정된 욕구 속으로 들어간다. 다시 말해 개인적 욕구는 추상적이고도 규정된(특수화된) 형태로, 보편성(전체)의 한가운데로 들어간다. 물론 개인 A는 그만의 취향, 비밀스러운 성향을 가질 수 있다. A는 이것을 좋아할 수도 있고, 저것을 좋아할 수도 있다. 그러나 그의 욕구는 사회적인 것이 됨으로써, 오직 사회적 노동의 생산물—음식, 의복, 주거 등—을 통해서 충족된다. 즉 사회적 계기가 특이하고, 고유하고, 소통 불가능한 것으로부터 개인을 해방하는 것이다. 이처럼 (언어를 통한) 의사소통과 (사물의) 교환은 (지성과 표상 차원의) 지식이 자연적 필연성을 지배하는 결과를 향해 함께 나아간다.

(대상과 주체 사이의) 상호작용 과정에는 노동이라는 중요한 매개가 개입한다. 노동은 욕구와 동일한 과정을 거쳐 사회적 추상이 된다. 개별적인 노력, 자연스러운 제스처들, 즉 개인의 특수한 선호들—놀이, 유아기의 행위—은 여기서 그 의미를 잃는다. 헤겔에 따르면 생산으로부터 규율된 제스처가 집합적 활동에 부과되며, 실천적 문화를 구성한다. 그것은—이미 사용 중인 대상들로부터 형성된—이론적 문화의 보완물이 되며, 이때 언어가 조화를 보장해 준다. 사회적 노동은 욕구와 마찬가지로 분할

되고 증식되는데, (헤겔이 결코 비판하지 않는) 노동 분업은 이러한 변증법적 측면을 동반한다. 그 결과, 욕구의 체계에 대한 보완물로서 (생산적) 노동의 체계가 나타난다. 두 체계 사이의 이러한 조화에 따라서, 사회적 욕구는 외관상 자발적으로(자동적으로) 생산되고, 재생산되는데, 이 자발성은 체계들의 기원과 관계를 망각하게 만든다. 마찬가지로 노동 또한 생산되고, 재생산된다. '노동의 보편적 요소이자 그 목표'로서 추상화는 수단과 도구의 영역으로까지 확장된다. 기술이나 일손과 마찬가지로, 도구들 또한 점차적으로 지식으로 편입되고 그에 대한 인식을 요청하기 때문이다. 즉 도구들—욕구와 노동에 이은 세 번째 항으로서—은 그들 나름의 방식으로 추상이 된다. 이로써 전체는 자연적인 것과 직접성으로부터 빠져나와 구체적 추상(l'abstraction concrète)으로 들어간다. 헤겔은 '생산 양식의 추상화가 노동을 점점 더 기계적인 것으로 만든다. 그리고 마침내 인간은 물러나게 되고 기계를 작동시키게 된다'고 선언한다.[61] 이 각별한 진리는 《엔치클로페디》에서도 반복된다. 추상적 노동은 통일적이고 간편한 것이 된다. 그것은 단편적인 기술적 활동을

---

61) 《법철학》 206절[(옮긴이 주) 실제로는 198절의 내용이다. 한국어판 헤겔, 《법철학》, 위의 책, 375쪽].

사회적 전체에 종속시킴으로써 생산의 증대를 가능케 한다. 헤겔은 "기술 자체가 이런 방식에 따라 기계화되고 기계는 노동하는 인간을 대신하는 역량을 지니게 된다"[62] 라고 말한다.

그렇다면 최종적인 양상에서, '보편적 행운'이 작용해서 (욕구의) 일반적 만족, (생산하는) 노동의 기계화, 그리고 사회 전체의 자기 조절(개인과 집단 각각의 주관적 활동을 다른 모든 이들의 만족에 필연적으로 기여하도록 변형함)이 동시적으로 가능할 수도 있을 것이다.

이로써 합리적 낙관주의는 안정되고 균형 잡힌 '사물의 상태'를 예견한다. 말하자면 그것은 국가다. 국가는 부분적 체계들, 계기들과 요소들, 하부 체계들 자체가 서로를 지탱하는 가운데, 확실한 균형과 안정 속에서 생산되고 재생산된다. 이것은 추상, 그러니까 수평적인 것(상호보완적인 요소들) · 수직적인 것(생산이라는 토대에서 정치 지도자라는 상층으로)이 긴밀히 결합된 건축물 내부의 완전한 **자동주의**를 함축하는 것이기도 하다. 이 구조가 모든

---

62) 《엔치클로페디》 525, 526절[(옮긴이 주) 여기에서 헤겔은 노동 분업으로 추상화된 노동이 궁극적으로 기계에 의한 인간 노동의 대체로 이어질 것으로 전망하고 있다. 한국어판 헤겔, 《정신철학》, 앞의 책, 409쪽].

시련에 견딜 정도로 안정적일 것으로 보이는가? 토대에는 농민과 노동자라는 두 생산 계급이 있다. 그 위에 사유하는 계급인 중간 계급, 관료가 있는데, 이들로부터 관리자, 고위 관료, 전문가, 유능한 자들이 배출된다. 국가가 이 건축물을 굳건히 하고 왕관을 씌운다면, 이는 바로 국가가 지식과 권력의 최고 정체성이기 때문이다.

이러한 분석, 이러한 그림의 탁월함을 어떻게 강조해야 할까?

첫째로, 이 그림으로부터 사회적 노동의 개념과 그 함축(교환, 상업, 노동 분업) 그리고 그 결과(자동기계)가 나온다. 헤겔은 애덤 스미스가 발견한 것, 그리고 새로운 학문인 정치경제학의 이론적 요소들을 다듬었다. 이어서 마르크스가 이것을 온전히 다시 끌어들였는데, 그는 애덤 스미스가 발견했지만 헤겔이 오인했던 결정적 측면(노동 분업이 개인을 약화하고, 생산 과정을 모호하게 하며, 이것이 결과적으로 사회적·정치적 전체에 대한 인식까지도 모호하게 만든다는 대목)을 무시하지 않는다. 즉 마르크스는 소외된-소외하는 노동이라는 틀을 유지한다. 이는 정치적 비판이 가미된 헤겔적 노선이라 할 수 있으며, 마르크스는 이로부터 **구체적 추상**, 상품, 노동의 개념을 제시한다.

둘째로, 헤겔이 제시한 내용의 경악할 만한 현실성을

어떻게 부정할 수 있겠는가? 현대 국가는 전문 정치가, 기술 관료(때때로 둘은 일치한다)가 형성한 '정치적 계급'에 의해 운영된다. 이러한 현대 국가는 자신의 고유한 구조를—국가 자신의 통제에 따르는 생산과 동시적으로—재생산하는 자동주의를 그 목표, 목적, 의미 지평으로 삼고 있지 않은가? 정치적 자동주의 속에서 '시민(citoyen)'으로 승격되고 시민권(citoyenneté)으로 정의되는 '인간'은 국가가 제공하는 만족(물리적, 문화적, 정치적—이 놀라운 삼중성!)을 군말 없이, 저항하지 않고 받아들였다. 끔찍하게 완벽하다. 약간의(아주 조금의) 과장을 보태자면, '인간' 자체는 사라지고, 그는 보나파르트적인 방식에 따라 시민-병사, 극단적인 경우에는 정치적 병사로 변화한다. 즉 멋진 군사 기계의 '부품'이 되는 것이다. 설령 헤겔에 무지하거나 그를 간접적으로 알지라도, 무수히 많은 지도자, 저명인, 정치가, 기술 관료들은 이런 그림 속에서 스스로를 알아볼 수밖에 없다!

헤겔이 제시한 그림을 어떻게 보더라도, 여기서 우리는 니체가 말한 영원회귀를 발견하게 된다. 우리는 (낡은, 지옥 같은, 완전한) 순환들 속의 순환, 영역들 속의 영역(sphère)에 있다. 우리는 매개(역사, 행위, 인식의)를 통해 재발견된 직접성 속에, 갈등과 모순의 손에 다시 붙잡힌 정체성 속에 갇혀 있다. 이제 정치 기계—자동적인 전체—

는 하나의 현실이 된다. 노동을 특수한 기계들로 대체하면서 말이다. 전문 기술자에 의해 잘 작동되고 잘 유지되는 위대한 정치 기계가 끝없이 굴러간다. 모든 톱니와 바퀴들이 자체적으로 돌아갈 것이다. 만약 고장 나지 않는다면, 양적으로 더 확장될 수도 있을 것이다. 자기 자신의, 그리고 동일성의 영원회귀, 그것은 바로 국가다. 자동생성되고, 자동관리되고, 스스로 수행하는 국가는 대상들의 소비와 주체들의 소비 속에서 자동조절되고 안정적으로 유지될 것이다. 바로 이러한 전체와 신적 충만함 속에서 영원성, 탁월성, 최고의 것이 주어지고 성취된다.

그 대가는 어느 정도인가? 절대적이고 신격화된 정치에 대한 이러한 접근에 지불된 비용을 우리는 예감하고 있다….

4. 권력을 통해 부상한 지식과 지식에 기반한 권력은 원인과 결과에 대한 완전한 인식을 통해서, 그들의 손아귀에 들어오지 않는, 곧 그들이 배제하는 것을 결정한다. 무얼 한다고? 이성은 존재의 코드를 포함하는데, 이 코드를 통해서 이성은 이름 없고 하찮은 것들을 제외하고서는 현존하는 것을 어떤 잔여물도 남지 않게 해독해 낸다. 그에 따라 합리적인 것으로 비합리적인 것을 정의할 수 있게 된다. 이는 무엇을 함축하는가? 지배적인 논리는 차이를 거

부할 요량으로 차이를 정의하지만, 체계 내부의 차이까지 거부하지는 않는다. 정치인들이 단일하게 통제된 블록을 만들 계획을 세우긴 하지만 그것은 달성되지 않는다. 그 속에는 직책, 계급, 기관, 제도, 법의 다양성이 포함되고 허용된다. 국가 합리성이 감당하지 못하는 것, 그것은 바로 형식에 부합하지 않는, 외적 차이다. 철학적으로 말하자면, 체계가 소외를 정의하며, 이것이 비(非)순응주의, 나아가 저항과 광기를 정의하게 된다. 중심이자 기축이 되는 로고스의 관점에서 볼 때, 헤겔의 소외는 고대 그리스에서처럼, 허위, 불화, 심지어 의심스러운 모호성으로 정의된다. 더 심각한 것은 권력으로부터 세워진 지식이 주관성을 거부하거나 오해하며, 그에 따라 체험이 조작되고 오인된다는 것이다. 체험은 불행한(반역적) 의식 혹은 아름다운 영혼(《정신현상학》에서 헤겔은 더 아름다운 삶을 꿈꾸는 영혼을 혹독하게 심판했다)과 함께 사라진다. 체험이 저항하고 항의하는 것, 체험이 요구하거나 반란을 일으키는 것은 잘못으로 간주된다. 어째서? 거기에는 이성이 없기 때문에. 우리는 헤겔의 '계기들' 가운데 현상과 관련되는 까닭에 사라지는 것들과, 지식에 개입함으로써 보존되는 것들이 있음을 알고 있다. 체계로부터의 소외는 체계를 통해 정의되지만, 그 정의는 결코 공식적으로 공표될 수 없다. 이는 결국 현실의 많은 부분이 상황에 맡겨지며, 체계에 무언가를 임의적으로 제거할 여지가 허용된다는 것을 시사한다.

엄정한 개념적 지식은 비지식, 개념의 수준에 온전히 이르지 못한 지식, 나아가 비판적인 사유조차 고려하기를 꺼린다. 개념적 지식은 그것들을 빛나는 중심으로부터 떨어뜨리고, 외부의 암흑 영역으로 던져 버린다. 그런 까닭에 일상생활에 대해서는 침묵하는 것이다. 성(le Sexe)에 대해서는 어떤가? 성은 가족의 개념에 완전히 포섭되어 있다. 이 관점에 따를 때 국가는 가족의 원리와 시민사회(노동과 욕구, 가족 이외의 집단들)의 원리를 통합한 실체로서 정의되며, 이는 《엔치클로페디》에서 어떤 모호함도 없이 선언된 바이기도 하다.[63] 그러니까 사랑과 같은 자연적 감정은 '더 이상 국가 안에는 존재하지 않는다'.[64] 감정으로서 사랑은 하나의 거대한 모순인데, 왜냐하면 주체('나')가 타자에게서 자신을 실현하려 하기 때문이다. [헤겔적] 윤리(도덕)는 사랑의 소외를 가족 안에서 사라지게

---

63) 《엔치클로페디》 536절[(옮긴이 주) 535절의 오기로 보인다. 535절의 첫 문장에서 헤겔은 국가를 자기의식적인 도덕적 실체이자 가족 원리와 시민사회 원리의 통합물로 본다. 한국어판 헤겔, 《정신철학》, 위의 책, 419쪽].

64) 《법철학》 158절[(옮긴이 주) 한국어판 헤겔, 《법철학》, 앞의 책, 322쪽].

만듦으로써 이 모순을 해소하며, 이때 성적·감각적 관계는 오직 가족 안에서만 그 의미(당연히 그것은 도덕적 의미다)를 지니게 된다. 그리하여 여성의 운명이 향하게 되는 곳은? 바로 가사 노동이다.

과거에는 무지와 인식 사이에 있는 비지식 혹은 반(半)지식, 쾌락과 다산에 관련된 영역이 나이 든 여성들과 젊은 여성들에 의해서 비밀스럽게 전수되었다. 이러한 구술적 지식(글로 쓰이지 않고, 쓰일 수 없는), 곧 사회적 실천의 근원은 헤겔과 헤겔주의, 그리고 헤겔적 국가에 의해 오인되고, 무시당하며, 경멸당한다. 심지어는 소멸의 위협을 받는다. 그렇다면 육체는? 육체는 자연적 직접성 속으로 돌려보내진다. 다시 말해 육체는 합리성의 외부, 소외와 모순의 영역, 의사소통이 불가능한 특이성의 영역으로 돌려보내진다.

이론의 여지 없이 탁월한 방식으로 헤겔은 체험, 곧 육체의 해방이라는 위협적인 가능성을 파악하고 예견한다. 그에 따르면 가령 아이들은 교육받을 권리가 있다. 왜? '있는 그대로의 자기 존재에 대한 불만족스러운 감각'과 성장에 대한 열망 때문에. 하지만 만약 교육이 놀이와 같은 아동적 요소를 가치 있는 것으로 인정하게 되면, 그 교육은 진지함을 잃고 문제에 빠지게 된다. 그 때문에 교육은 아이들을 미성숙함 속에 있으면서도 이미 성숙한 존재로 간주하고자 하며, 이로 인해 모순에 빠지게 된다. 결국 이런 교육은 아이들을 소외로 몰아붙이면서 그들 스스로 만족하게끔 만드는데, 이런 교육은 아이들에게 존중받을 수 없다. 왜냐하면 그 교육이 아이들에게 전하는 것이 어른들에 대한 경멸이기 때문이다.65)

말하자면 질서가 무질서를 정의한다. 헤겔에 의하면 위계질서는 그의 국가라는 정치적 건축물의 모든 단계, 그리고 지식과 삶의 모든 단계에서 정밀하고 견고하고 작동한다. 이는 로고스 덕분인데, 로고스는 일관성에 대한 이론과 실천인 논리학의 승리를 뜻하며, 비일관성—응집을 방해하는 것—을 배제할 권리를 부당하게 취득한다. 이런 식의 방대한 전략이 국가의 논리에 수반되며, 나아가 그 전략 자체가 국가의 논리와 동일시된다.

국가는 지도자들—크고 작은 수장들, 다양한 고관들—가운데에서 다양한 방식으로 구체화된다. 이 지도자들이 어느 정도로 탁월한지는 별로 중요하지 않다. 사람들은 이미 정치적 계급과 그들의 지식에 대해서 잘 이해하고 있다. 그러나 헤겔에 따르면, 가장 중요한 요소가 남아 있는데, 그것은 이들(정치적 계급)이 노동 분업 너머에 존재한

---

65) 《법철학》 173절 이하[(옮긴이 주) 한국어판 헤겔, 《법철학》, 위의 책, 338~339쪽].

다는 점이다. 이들은 오직 사유하고, 전체를 관리하며, 최고 수준에서 결정을 내리는 일을 맡은 존재들이다. 과연 최고위급 지배자들이 모든 것을 알 필요가 있을까? 이들은 모든 것을 알지 못한 상황에서도 결정을 내려야 할 수 있다. 이를 위해서 이들은 미래의 지도자 후보인 유능한 조언자, 과학자, 외교관 등을 곁에 둔다. 우리는 이와 같은 국가 구조를 밖에서 안으로, 혹은 내부에서 외부로(중심축에서 주변부로) 나아가는 방식으로 검토할 수 있다. 철학적으로, 그러니까 담론적 · 분석적 지성에 따르자면, 분리된 사물들과 활동들의 차원에서 시작해서 결국은 중심에 간직된 필요충분한 합리성에 이르게 된다. 즉 분석이 외부, 주변부로 향할 경우, 경찰이나 조합 같은 외적 필연성과 만나며, 내부로 파고들 경우, 사법 및 행정과 만나게 된다. 가장 중심부에 있는 것은 정부이며, 헤겔이 어떤 아이러니도 없이 선언한 바에 따르면, 그것은 이념과 정신에 근접한다.[66] 이처럼 만족은 가장 높은 곳에 있다. 그곳에는 자신들의 임무를 잘(적절하게) 완수한 이들이 위치한다. 《미학》에서 헤겔은 '지복은 만족이다'라고 선언하는데, 그에 따르면 정치적 덕성에 따른 이러한 만족은 미학

---

66) 특히 《법철학》 182절[(옮긴이 주) 한국어판 헤겔, 《법철학》, 위의 책, 355~357쪽].

적 기쁨, 개인적 행복, 지식을 통한 평정보다 우월한, 그 모든 것들의 종합이다.

5. 헤겔의 개념을 제대로 위치 짓는다면, 그의 개념이 어떤 의미에서 조화(l'harmonie)의 이념 혹은 이념으로서 조화에 대한 위대한 사상을 완성했으며, 이것이 18세기 사상에 생명을 불어넣었다고 말해야 한다.

조화의 개념은 음악에서 탄생했다. 더 정확히는 18세기 (유물론) 철학과 음악 사이의 긴밀한 접촉으로부터 탄생했다. 이념의 역사는 이 역설에 대해 별로 할 말이 없다. 조화는 감각적(청각), 합리적(수와 관계에 기반한), 기술적(클라브생이나 피아노 같은 새로운 악기) 현실로부터 등장했으며, 음악에 새로운 차원을 덧붙였다. 더 정확히 말해서 조화는 특별히 서양의 음악적 관행에 이미 존재하던 하나의 차원을 새롭게 드러냈고, 그에 따라 멜로디, 리듬, 화성(l'harmonie)이라는 삼차원이 갖춰지게 된다. 화성은 화음과 음색(배음)을 활용해 웅장한 수직적 구조를 형성하며, 멜로디와 리듬은 수평적인 선들('소리들')을 전개한다. 18세기에는 화성을 정교화하고 발전시킴으로써 새로운 음악 장르들이 탄생했는데, 그 가운데 교향곡(symphonie)은 (푸가에서 나타나는) 화음과 음색의 상승하고 하강하는 수직성을 소리들의 수평성에 덧붙였다. 이

때 화성은 요소들과 계기들—흐름, 간격, 소리, 리듬 요소, 화음, 다양한 악기와 음색—을 총체성 안에서 유지하고 포괄한다. 그리고 각각의 계기들에는 '반향(réflexivité)'이 더해진다. 그에 따라 모든 요소들이 전체 속에서 그 자신과 관계하며, 화성 구조 안에서 서로 대응하고, 반영하면서 전체의 통일성을 비추게 된다. 모차르트나 베토벤의 교향곡을 '아름답게' 만드는 것은 바로 이런 방식이다.

조화의 이념은 감상적 태도(sentimentalité)로 무미건조해질 수 있지만(헤겔은 '아름다운 영혼'의 감상적 태도를 매우 싫어했다), 그것은 위대한 음악적 구성물을 통해서 고양된다. 실로 헤겔은 《미학》에서 자신의 시대, 즉 낭만주의 시대를 음악의 지배로 특징짓는다. 어떤 의미에서 18세기 말과 19세기 초의 위대한 철학적 체계들은 우주적 혹은 인간적(사회적) 조화의 이념을 구체화하려는 노력으로 볼 수 있다. 마치 베토벤의 9번 교향곡처럼! 물론 이러한 주장이 모두에게 똑같이 적용되는 것은 아니다. 그것은 생시몽보다는 푸리에에게, 자연주의적 이론보다는 경제적 조화의 이론들에, 칸트보다는 헤겔에 더 어울린다. 또한 그것은 엄격한 《법철학》보다는 정신의 참된 교향곡인 《정신현상학》에 더욱 부합할 것이다. 《정신현상학》이 도달하고자 하는(혹은 발견하고자 하는) 무조건적인 보편성은 전체의 운동 속에 있는, 즉 전체로 환원되지 않은 차이들을 용인한다. '내용의 형상 가운데에서, 각 계기들은 자기 자신의 처음의 모습을 드러낸다. 한편으로 그것은 다양한 소재들이 잔존해 있는 보편적 환경의 측면이고, 다른 한편으로는 그것들의 독립성이 용해되는 반영적 장소의 측면이다.'[67] 헤겔적 용어로 말하자면 이 구절은 교향곡의 운동을 분석하고 있다. 즉 그것은 감동적이고 유동적인 변증법적 생동성을 해독한다.

근본적인 비판에 동기를 부여하고 이를 강화하기 위해서는, 헤겔을 제대로 봐야 한다. 헤겔은 자신의 수직적 건축을 광대한 정치적 사유가 아닌 최고의 조화이자 지적인 교향곡으로 본다. 철학자가 그 창조자라면 (군주) 정치의 지도자는 오케스트라 지휘자인 격이다. 또한 헤겔은 자신을 자유주의자, 입헌 군주의 지지자로 정의했다. 만약 헤겔을 20세기의 정치적 사건들과 대면시킨다고 상상해 보면, 대충 이렇게 말할 것임이 틀림없다. '현대 국가는 두 극단 사이를 동요한다. 한쪽에는 부패와 붕괴, 권력 해체로 일어난 권력들 사이의 갈등이 있다. 다른 한쪽에는 지

---

67) 《정신현상학》 111쪽[(옮긴이 주) 르페브르가 요약적으로 새로 써 제시한 문장이기에 정확하게 대응하는 원문의 구절은 찾을 수 없다. 다만 그 내용상 《정신현상학》의 〈지각〉 장 초입으로 보인다. 여기에서 헤겔은 대상을 "보편적인 것이 공존하는 매체"라고 말한다. 한국어판 헤겔, 《정신현상학》 1권, 앞의 책, 156쪽].

도자의 권위주의적 경직성 및 군사적 · 파시스트적 · 반동적 물신주의가 있다. 국가 이론가, 철학자, 정치 사상가로서 본인은 상대적 평형과 기능이 규제적으로 작동하는 위치를 규정했다. 이 위치를 중심으로, 정치적 균형은 어느 한쪽으로 쏠렸다가, 다시 불가피하게 국가로 향한다. 국가는 사회 상부의 의식이자, 단순한 중재자나 자의적인 존재를 뛰어넘는 것이며, 계기들의 종합이며, 문명화된 조화의 장소다.' 그렇다면 사람들은 헤겔에게 주저 없이 다음과 같이 응답할 수 있다. "친애하는 철학자여, 당신이 증명하는 것은－당신은 항상 증명하기를 원하고 스스로 그렇게 했다고 믿는다－당신의 국가가 불가피하게 평형 상태에서 빠져나오게 되며 다시 어렵게 그것으로 되돌아간다는 것이다. 그러니까 당신은 자연과 자연의 본체에서 떨어져 나와 추상으로 고양되는 사회체(corps social)를 발견한 셈이다. 당신이 절대적인 것으로 확립한 국가는 위계질서를 지배하지만, 언젠가 이 위계질서로 책임이 돌아올 것이다. 국가가 사회 전체를 착취하고 자기 이익을 위해 사용한 책임 말이다. 우리는 이러한 양상을 '보나파르티즘' 혹은 '파시즘'이라고 부른다. 그것이 분쇄되지 않는 한, 그것이야말로 정치적 위기다…."

이 철학자에게－이념의 소외를 보여 주는 것이자 동시에 탈소외의 계기가 되는－생물학적 생명은 논리학의 한 요소가 된다. 헤겔의 로고스 이론에서는 살아 있음을 전제하는 '자율적 동학'과 일관성을 함축하는 합리적 구조가 서로 만나 강화된다.[68] 살아 있는 존재는 스스로를 지속하며, 에너지를 보존하며, 자신의 조건을 유지한다. 그것은 활동, 대상, 조건이라는 세 계기와 결부되어 있다. 이를 통해 생명은 스스로를 생산하고 재생산한다. 생물학적 재생산 속에는 영구적인 생산, 재생산 활동의 확장이 있을 뿐이며, 그것은 죽어서야 끝난다.

이 관점에 따르면 지상의 신성으로서 국가는 최고의 생명체다. 헤겔이 현대의 어휘들을 사용한다면 그는 아마도 자율적 조절(l'auto-régulation), 재생산의 개념을 끌어들일 것이다. 그는 자동주의의 개념, 더 나아가 거대한 기계의 이미지를 포기할 것이다. 헤겔의 관점에서, 절대적 수준의 유기체적 생명은 기계적 자동인형(automate)으로 환원될 수 없다. 하지만 이 철학자의 말을 그대로 받아들여야 할까? 그는 신뢰(믿음)를 요청하지만, 어째서 그를 믿어야 하는가? 그는 교향곡의 불타오르는 생명, 유기체의 동물적 생명, 국가의 내적 생명 사이에 동일성을 부여

---

68) 《엔치클로페디》 285절[(옮긴이 주) 여기에서 헤겔은 아직 규정되지 않은, 생명체 내부의 요소들이 통일성 속에서 결속을 유지한다고 말하고 있다. 한국어판 헤겔, 《자연철학》 1, 박병기 옮김, 나남, 2008, 325쪽].

하는데, 이것은 비유의 남용 아닐까? 용(dragon)과 같은 괴물에게도 내적인 생명이 있다. 거기에 위대함과 아름다움이 없으랴! 헤겔이 이념과 국가에 대해 선언하는 것을 들어 보자.

"모든 것은 다음으로 귀결된다. 즉 참된 것은 단지 실체로서만이 아니라 주체로서 인식되고 표현되어야 한다. 실체성은 그 자체의 보편성 속에서 지식 자체의 직접성을 포함하며, 존재 혹은 지식의 대상이 지닌 직접성도 포함한다. 그러므로 살아 있는 실체, 그러니까 자기 자신을 정립하는 운동 가운데 있는 실체는 참으로 주체인 존재이며, 혹은 참으로 현실적인(actuel) 존재다. 따라서 신적 생명과 신적 인식은, 이렇게 말해도 된다면, 그 자기 자신과의 유희로 규정될 수 있다. 진지함, 고통, 인내, 그리고 부정의 노동을 배제한다면, 이러한 이념은 교화의 수준으로 전락하며, 또한 무미건조한 것이 된다. … 진리, 그것은 전체이며, 전체는 그것의 전개를 통해 달성된다. [따라서] 절대적인 것은 본질적으로 결과로서 나타나야 한다고 말해야 한다."[69]

《정신현상학》의 이 텍스트는 불길하고 불안한 낌새를

---

69) (옮긴이 주) 한국어판 헤겔, 《정신현상학》 1권, 앞의 책, 51~55쪽 참조.

풍기지 않은가? 헤겔이 말하는 진지함, 곧 부정의 노동(le travail du négatif)이란 무엇인가? 엥겔스와 마르크스에게서 두 번째 부정은 첫 번째 부정을 강화하고 그의 작품을 완성하는 것인데, 이와 달리 헤겔의 부정은 부정에 반박하고, 그것을 (모순, 변증법과 더불어) 표면적인 것으로 던져 버리는 것처럼 보인다. 즉 헤겔의 부정은 실정적인 것, 눈에 보이는 특정한 결과 가운데 작동한다. 그렇지만 《법철학》에 나오는 다음의 언급에 대해서는 무슨 말을 할 수 있을까? '대자적인 존재로서 국가의 개별성은 다른 국가와의 관계 속에서 드러난다. … 현실적 정신의 대자 존재로서 이 독립성은 실재적인 존재다. … 이것[독립성]은 국가의 정점에 있는 순간이며, 현실적인 무한이다.' 바로 이 지점에서 전쟁의 **도덕적**(윤리적) 계기가 마련된다. "유한성, 즉 자산과 생명을 우발적인 것으로 받아들이는 것은 필연적이다. 그것이 유한의 개념이다."[70]

헤겔은 이 선언 속에 담긴 불안에 대해서 제대로 알지 못했다. 한 세기 반의 정치적 경험은 그가 이해했던 것과는 다른 방식으로 그의 선언을 비춘다.

---

70) 《법철학》 322절 이하[(옮긴이 주) 국가의 실체가 유한한 것들의 무가치함을 기정사실로 받아들인다는 의미로 해석될 수 있다. 한국어판 헤겔, 《법철학》, 앞의 책, 561~563쪽 참조].

6. 국가, 특히 큰 국가들은(약소국가들은 큰 국가들이 간 경로를 개의치 않고 따라간다) 엄청나게 복잡해진다. 국가를 손에 쥔 이들, 즉 유력자들과 고위 인사들조차 다 인식할 수 없을 정도로 말이다. 이들을 (사적으로 혹은 공적으로) 보좌하는 측근들 또한 노동 분업을 통과하기에, '전체'에 대한 지식을 얻고 전체를 지배하는 데에는 곤란을 겪는다. 하지만 헤겔의 모델에 따르면, 정치적 정점과 그 주변부 사람들은 전체를 인식하고, 결국 이르든 늦든 해결책을 내놓기 위해서, 전체의 갈등과 모순을 이해하게 된다. 이것이 여전히 가능한가? 정치적 정점에 있는 이들은 통치하기에 너무 멀고 높은 곳에 있는 게 아닐까?

그러므로 현대 국가가 헤겔적인 원형적 모델에 부합하는지, 혹은 거기에서 벗어났는지 말하기란 쉽지 않다. 이제 헤겔의 모델은 '이상적 유형', 나아가 일종의 단순한 '브랜드 이미지'로서 흥미를 끌 뿐이다. 그럼에도 거의 모든 곳에서 국가가, 한편으로는 공간을 통제하고자 공간 전체를 장악하거나 그렇게 하려고 시도했다는 것, 또 한편으로 정치적 총체를 이루는 요소들을 관리하고 통제하고자 그 수단으로 지식을 장악하고 활용하려 했다는 것은 부인하기 어렵다. 우리는 자본주의와 그 생산 양식에 기반한 국가가 지식(정보, 이른바 인간 과학)의 광범위한 활용을 통해 자본주의 이전의 조직(농업, 도시적 현실)과 제도(대학, 사법)를 흡수하고 자본주의를 확장(여가, 도시화)했다는 것을 알고 있다.

설령 법 개정을 통해서 노동의 권리, 조합의 권리를 비롯한 (아이, 여성, 노인, 임차인, '사용자' 등에 대한) 다소간에 성문화된 권리들이 구축되었을지라도 자본주의 국가, 특히 프랑스에서 그러한 성문화를 가능케 한 기저의 원리, 즉 재산권, 재화의 상속 · 이전에 대한 규제에는 변화가 없었다. 실은 예전에 이러한 영역과 분야들은 국가의 범위를 벗어난 것들이었고, [새로 성문화된] 이 권리[법]들은 국가가 개입할 권한이 있음을 보여 준다. 즉 이 권리들로 인해 충돌의 가능성이 생기고, 그에 따라 이전과 다른 권리들, 새로운 제도들에 대한 국가 개입의 여지가 증대된다. 부분적으로든, 전체적으로든 이러한 국가 개입은 줄어드는 것이 아니라 늘어난다. 그리고 외관상으로나 실재적으로나 [국가의] 계약 체계를 개선하는 작업들은 국가의 (가정된) 편재성과 전능함을 축소하지 않는다. 오히려 그 반대다. 실제로 자본주의 사회에서, 부르주아 국가의 정치인들까지 포함해서, 정치인들은—헤겔이 막연하게 예감했고, 마르크스가 정교화한—[국가 주도의] 성장 이론에 동화되었다. 이들은 때로는 무의식적으로, 때로는 자각적으로 성장의 조건들, 특히 성장에 필수적인 대상(자본, 기술, 투자)과 활동(여론 및 시장과 투자에 대한 연구, 방향 설정, 계획 수립을 통한 동기 유도)을 상당 부분 이해했다. 비록 세계적 층위에서 이의 제기가 이뤄지고, 장애물들이 나타났을지언정, 이들은 각각의 국가에서 (인구, 경제, 기술, 과학, 문화의) 무한한 성장에 대한 이론적 심화 없이, 그러한 경로를 채택하고 견지했다. 그리하여 마침내 부채의 만기일이 도래한다.

결과적으로 국가는 지식을 흡수함으로써 지식을 오인하고 이를 통해 이데올로기적 힘을 형성한다. 여기에 덧붙여 종교는 간헐적으로, 그리고 도덕은 항상적으로, 정치인들이 추구하는 계획을 은폐하는 역할을 한다. 이데올로기의 이러한 사용이 국가의 힘이 지닌 다른 측면들, 곧 공간과 지식을 장악하는 실천(공간, 지식 둘 모두의 제도화)을 가릴 수는 없다. 국가의 '이데올로기 장치', 그 자체가 설명해 주는 것은 아무것도 없다. 이데올로기의 사용이 드러내는 것은, 인식이자 이데올로기로서 지식 내부에서 생겨난 혹은 그로부터 발전해 나간 모순뿐이다. 이로부터 헤겔의 대외적 이미지(l'image de marque)가 더 이상 국가의 현실에 부합하지 않는다는 결론이 뒤따른다. 그러나 권리[법]뿐만이 아니라, 도덕(윤리) 또한 헤겔적 건축물의 일부이기에, 국가가 자기 자신을 부인하는 상황으로 이어지지는 않는다.[71]

국가의 이데올로기적 힘은 인식의 특정 측면들(인식과 다른 것으로서 정보 및 정보와 인식의 동일화, 이러한 것들이 이데올로기를 형성한다)을 포착하고 그 방향이 전환될 수 있게 한다. 이것은 프로파간다적이고 흡사 광고와 같은 방식으로 진행된다. 이로써 지식, 강제, 이데올로기라는 신성한 삼위일체가 새롭게 등장한다. 국가는 정보를 통제하고 분배함으로써－헤겔적 모델에서 국가를 정당화해 주었던－지식을 배신한다. 그러므로 이제 국가를 설명하는 새로운 범주가 필요하다. 그것은 바로 마르크스주의의 범주다. 뒤에서 이를 더 자세히 다룰 것이다.

감히 말하자면 헤겔주의의 강력함, 즉 다른 철학들, 과학적(인식론적) 기반을 추구하는 이론들과 비교했을 때 헤겔주의가 지닌 우월성은, 추상(l'abstraction)으로 향하는 현대 세계의 출현을 드러냈다는 것에 있지 않을까? 비록 그 전체의 폭넓음은 아직 이해되어야 것들이 많이 남아 있지만 말이다. 헤겔에게서 로고스(언어, 이미지와 메타포, 처음에는 상식과 지성의 수준에서 나타나며 이어서는 정교화된 개념과 이론으로 나타나는)는 이러한 변형(transformation)을 관장한다. 즉 로고스는 변형을 명령한

---

71) (옮긴이 주) 윤리적 질서를 구실 삼아 국가가 스스로의 정당성을 계속 주장하게 된다는 의미다.

다. 그에 따라 이[현대] '세계'는 자연으로부터, 자연적인 것으로부터, 직접성으로부터, 자발성으로부터 멀어진다. 그것은 되돌릴 수 없다. 헤겔에 따르면 이러한 운동은 자유의 등급을 규정하거나, 혹은 더 나은 자유를 정의한다. 더 나은 자유란 정치적 동물의 이성적 자유다.

마르크스는 이 방향으로 더욱 멀리 나아갔다. 그는 영국 경제학자들에 이어서 사물 자체, 그러니까 노동의 생산물이 어떻게, 왜 교환 가능한 것으로서 추상적 존재가 되는지를 분석했다. 그에 따르면 교환될 운명의 재화인 상품은 일시적으로 그 물적 존재를 상실한다. 이 과정에서 상품은 하나의 추상으로 대체되는데, 그것은 화폐를 통한 가치 측정이라는 추상이다.

마르크스는 **구체적 추상**에 대한 비판적 분석을 헤겔보다 깊이 탐구해 들어갔다. 오직 마르크스만이 존재 양식을 개념과 지식에, 교환되는 것들인 생산물과 재화, 언어와 기호에 부여한 헤겔적 개념의 중요성을 이해했다. 여타의 헤겔주의자들은 **주체** 및 '자기의식'의 측면을 탐구했지만, 마르크스는 추상적 철학에 대한 비판을—확증된 사실을 받아들이고 사실을 조사하는—정치경제학에 대한 비판과 결합했다. 마르크스는 구체적 추상들 가운데, 노동 자체, 그러니까 **사회의 평균적 노동**으로서 전체로 간주된 노동에 주목했다. 이 추상은—물질성과 직접성의 외관에 숨겨져 있지만—화폐처럼 사회적 관계를 지배한다는 점에서 구체적 존재다. 관계는 사물이나 실체와 같은 동일한 실재성을 소지하지 않기에, 이 관계들의 존재 양식은 추상에 의해 결정된다. 헤겔이 이해했듯, 이 추상은 계산과 언어의 논리적 형식과 같은 방식으로 관계들 속에서 그 유효성을 부여받은 **형식**(formes)이다.

이처럼 주어진 직접성(욕구들, 활동들)은 사회적 실체이자 수단이 됨으로써 추상이 된다.

'아래에서 위로' 향하는 일반적 운동은 전체가 추상을 향하도록 밀어붙인다. 계약—당사자 간의 상호적인 약속을 명기하는 정교한 법적 형식—과 사회적 지식(특히 수학적 지식)의 역할이 눈에 띄게 증가하는 것이 그 증거다. 또한 오늘날 지배적인 금융 자본하에서, 화폐는 일종의 이차적인 추상성을 획득한다. 즉 화폐는 사변적인(기호가 '실재'보다 우월하다고 말하고 표현하는) 방식에 따라 생산의 물적 대상으로부터, 상품으로부터, 사고파는 행위로부터 조금씩 멀어지면서, 스스로를 생산하고 재생산한다.

주지하는 대로 마르크스가 헤겔의 개념을 확장하고 심화한 것은 사실이다. 그러나 마르크스는 헤겔주의와 양립할 수 없는 결론에 도달했다. 그 결론은 국가 자체가 **구체적 추상**이라는 것이다. 국가는 주체로서 존재하는 것도, 실체로서 존재하는 것도 아니다. 국가는 그 자체로 충분하지도 않고 필연적이지도 않다. 국가는 기반을 요구한다. 국가라는 정점은 어떤 뒷받침이나 토대 없이는 유지되지 않는다. 헤겔이 지식-권력이 사회적 총체를 장악한다고 가정하면서 이를 그물을 거머쥔 주먹으로 표현했던 것은 헛소리에 불과하다. 뒷받침하는 것 없이는 관계도 없다. 그러나 헤겔 이후에, 심지어 마르크스 이후에도 이 뒷받침의 문제는 열려 있는 문제로 남아 있다. 우리로서는 논리실증주의자와 논리경험주의자들처럼, 뒷받침하는 것 없이 관계가 현존하며, y=f(x) 같은 수학적 형식을 통해서 관계가 남김없이 이해될 수 있다는 관점은 받아들이기 어렵다. 사회적 존재를 물리적 존재로, 그리고 수학적 존재에 동조시키는 것—곧 순수한 상태로의 추상화—는 진정한 통일에 이르지 못한 채, 단지 환원적인 방식으로, 실재의 영역과 인식의 영역 사이의 차이를 제거해 버린다. 헤겔이 존재와 행위를 개념에(지식에) 귀속시킬 때, 그는 **구체적 추상**을 말하려고 했다. 하지만 그는 그것을 허공에 매달고 천상계에 있는 이념의 초월성에 결부했다. 마르크스는 구체적 추상에 실천(pratique)이라는 지지대를 부여하는데, 이는 그 자체로 반박할 것은 없지만 충분하지는 않다. 직접적인 실천이 어떻게 매개로 변하게 되는가? 직접적인 실천이 어떻게 그 효력을 잃지 않으면서 추상을 지탱하게 되는가? **실천**과 **논리**(형식) 사이의 관계는 무엇인가?

이제 다른 곳에서 표명했던 하나의 가설을 통해 지체 없이 우리의 입장을 밝히겠다. 사회적 관계를 뒷받침하는 것은 공간 아닌가? 인식론적 공간, 논리적-수학적 공간이 아닌, 상식과 일상적 담론의 공간도 아닌, **사회적 공간**(l'espace social)을 생각해 보자. 그것은 상이한 사회들이 탄생하는 과정에서 그 사회들을 실제로 만들고 구축한다.[72] 가장 추상적인, 다국적 기업의 금융 자본도 **장소** 없이는, 즉 등록하고, 서류를 만들고, 투자하고, 국가 간 통화를 이리저리 이전할 장소 없이는 존재할 수 없다. 사회적 공간은 터전과 영토에 부착된 흐름(flux)과 완전히 구분되지는 않는다. 그러나 그것은 상품과 생산의 세계를 넘어서고, 심지어 기호들 자체를 넘어서 이차적인 추상에 도달한다. 불안하고, 우려스러운 부분은 이러한 추상이 투자를 위해서 또는 정치적 전복(반동적이고 파시스트적인 전복)을 위해 전략적으로 선택된 장소를 뒤덮을 수 있다는 점이다. 그것은 이론적 문제를 가려 버린다. 즉 이 행성은 구체적 추상의 뇌우를 머금은 구름 아래를 살아가고 있다. 특히 최근 금융 자본의 형식들은 실체처럼 불투명

---

72) 《공간과 정치(Espace et Politique)》, 《공간의 생산(La Production de l'espace)》(에디시옹 앙트로포스 출판사, 파리)를 참조할 것.

하며, 개념처럼 초실재적인 그림자를 드리운다. 그 가운데 실제로 충돌이 발생하더라도 국민국가들 사이에 조화로운 조정은 이루어지지 않으며, 바로 이러한 수준에서, 물질성에, 토지 자체의 생산에 화폐(자본)가 연루되는 것은 더 이상 특별한 일이 아니다(철학적 용어로 필연적이면서 우발적이다). 그것은 힘에의 의지를 현실화하는 화폐-추상으로 이어진다. 경제와 정치의 세계화는 이처럼 기이한 형식을 취한다. 이는 헤겔의 시대에는 예측할 수 없었고, 그의 범주를 통해서는 이해 불가능한 것이었다. 그러나 따지고 보면 역사적 현실이 그 범주들을 연장되도록 만든 셈이다. 헤겔은 스스로 세계사(weltgeshichtlich)의 수준에서 사고한다고 믿었고, 실제로 그렇게 말했다. 헤겔이 틀렸는가? 그렇지 않다. 헤겔은 가장 일반적인 개념들을 구축했고, 현대성의 열쇠를 벼려 냈다. 그렇다면 헤겔이 옳았는가? 그렇지 않다. 후일들까지 그의 예측대로 진행된 것은 아니었다. 미래를 이해하기 위해서는 마르크스를, 그리고 역설적으로 니체의 힘에의 의지에 대한 분석을 소환해야 한다.

7. 이제 분석과 설명은 (헤겔적) 국가에 대한 국가주의적 비판보다 멀리 나아갈 수 있다. 국가주의적 비판은 단지 다음과 같이 말하는 수준에 머문다. “권력자들, 관료들,

기술 관료들, 정치적 유력 인사, '결정권'을 가진 지도자들, 이들 전부가 사회 전체에 대해서 제대로 알지 못한다. 또한 오늘날 '현실' 세계에 존재하는 당국의 기관들은 그에 부합하는 어휘와 개념과 이론을 갖고 있지 않다. 그러니 그것들을 알 만한 새로운 사람들로 대체하자."

현대 국가는 **권력 분립**으로 인해 더 이상 헤겔적이지 않다. 물론 그렇다고 헤겔과 반대 입장인 몽테스키외의 주장대로인 것은 아니며, 권력들(응당 입법, 행정, 사법으로 삼권분립된)을 통해서 정점에 있는 단일 권력과 주권적 심급을 고발하고 규탄하는 방식은 별 의미가 없다. 이는 지난 10년에서 15년 이래, 이러한 삼권분립과 다른 또 다른 삼인조가 등장했기 때문이다. 권력—때로는 자본보다 아래에 위치하지만, 그보다는 더 자주 자본 위로 올라서는—은 군부, 정치가, 기술 관료로 분할된다. 헤겔 이후로 정치적 계급은 그 위상을 상실했다. 정치적 계급에 할당된 국가 구조상의 우선권과 그에 대한 소유권, 동질적인 합리성은 사라졌다. (공적인) 힘과 법 사이의, 그 유명한 합리적 통일이 얼마나 빠르게 사라졌는지! 그렇다면 그에 못지않은 합리성, 즉 헤겔이 제시하는 정의와 도덕 사이의 합리적 통일성에 대해서는 어떻게 생각해야 할까? 적어도 우리는 이 통일이 충돌로 변했다고 말할 수 있다. 역설적으로, 그러니까 모순적으로, 국가라는 건축물을 이루는 기반과 관련해서 정치의 가치는 감소했다. 하지만 전략적 측면, 즉 의사결정의 측면에서는 정치의 중요성은 더욱 커졌다.

전문적인 정치가들은 그 자체로 다양한 정치 기계들, 즉 정당들, 장치들을 운영한다. 그것들은 말을 하며, 이데올로기, 수사적 담론을 분비한다. 그것들은 적절한 수단을 동원해 조작한다. 그것들은 정치적 이해관계 및 장치들의 작용－하나의 계급 혹은 계급 분파, 일정한 영향력을 행사하는 집단에 결부된－에 따라 운용된다. 정치인들은 결정을 내리며, 행정부에 속한다. 사실 그들이 하는 일은 서로를, 혹은 반대편을 처형하는 일이다. '의사결정권자들'은 최종적으로 상황을 해결하고 목을 날려 버린다. 정치인들만 항상 결정을 내리는 것은 아니며, 그들은 '의사결정권자', 앞잡이들, 후보 선수들을 활용하기도 한다. 이들은 때로는 말로, 때로는 물리적으로 일을 처리하며 그렇게 해서 나온 정치적 시체들은 헤아릴 수 없이 많다.

기술 관료는 중간 계급으로부터 출현하는 '계층'의 헤겔적 초상이라고 할 수 있다. 그들은 경쟁(시험, 자격증)을 통해 선택적으로 모집되고, 그에 따라 지식(역량과 성과)과 권력을 획득한다. 그렇지만 회원을 뽑는 선거가 그 [시험을 통한] 선택을 대체하는 경향이 있다. '능력자'와 '전문가'가 마치 대기업처럼 국가를 경영한다면, 헤겔이 믿었던 관리자의 공평무사함(désintéressement)은 전혀 보장되지 않는다. 또한 '[출세를 위해 여러 공직들을 섭렵하는] 명예로운 경로(cursus honorum)'는 개인을 만족시키기에 충분하지 않다. 더욱이 덕성과 유능함이 필연적으로 조화를 이루는 것은 아니기에, 오늘날의 관점에서 헤겔주의자들은 순진하게 보이기까지 한다. 기술 관료들은 힘을 펼칠 도구들을 찾는다. 돈이 권력으로 이어진다면, 지식은 돈줄을 쥔 권력으로의 접근을 가능케 해 준다. 그에 따라 기술 관료들은 분할되고 증식된다(그들은 분열하면서 증식하고, 그에 따라 위계화된다). 관료, 중간 간부 및 상급 간부, 최고 경영자, 그리고 마지막으로 돈과 힘을 모두 가진 자들과 가까운 이들이 있으며, 이들이 전략적으로 결정을 내린다. 이 삼인조, 삼중 체제는 마찰 없이는 작동하지 않는다. 군부는 그 기회를 호시탐탐 노린다. 즉 군부는 지식, 부, 권력(정치가의 권력)이 약해지는 순간을 기회로 삼아, 그들의 자리를 폭력이라는 원초적인 권력으로 대체하려고 한다. 그러니까 합리적으로 보이는 이러한 양상의 수수께끼, 퍼즐, 미스터리는 초월적 로고스, 이념이 아닌 잠재된 폭력 혹은 노골적인 폭력 속에서 모습을 드러낸다. 살인 무기와 폭탄으로 무장한 폭발 직전의 군대는 혈기왕성한 남성들을 그들이 사정하려는 욕구 이상으로 많이 죽여야 한다. 과연 군복 입은 이들에게 굴복하는 상황이 오래 지속될 수 있을까? 군대가 없는 국가란 존재하지 않으며 군대로서는 외국과의 전쟁보다 내전이 중요하다. 내부 모순이 없다면야 얘기가 다르겠지만 말이다. 만약 국가가 주도하는 폭력이 군사적 절차를 통해 합리적으로 진행되기에 이르면, 이는 대량 학살(génocide)로 이어지게 된다. 이 지점에서 우리는 헤겔적 합리성에서 또 한 걸음 멀어진다.

국민국가는 세계적 전략의 틀을 벗어나 존재할 수 없다. 이 전략은 다양하며 가장 강력한 국가의 전략, 다국적 기업의 전략, 에너지 전략(석유, 핵에너지) 등을 모두 포함한다. 이때 하나의 국민국가는 행성적 장기판에서 일정한 영향력을 발휘하는 하나의 조각에 불과하다. 그에 따라 국가의 영토(공간)가 지닌 중요성이 배가된다. 영토는 노동의 국제적 분업과 결부되며, 그 중요성은 지니고 있는 자원의 특수성에 달려 있다. 즉 영토는 전략적 혹은 전술적 운용의 핵심(목표나 표적)이 된다. 동시에, 국민국가는 고립된 상태로는 어떤 중요성도 갖지 않는다. 과연 이러한 모습을 헤겔이 말한 보편적인 것의 형상이자 그 실현이라고 할 수 있는가? 범속한 역사의 결과가 고작 이러한 상황에 놓인 국가라면 그것을 어떻게 그토록 기릴 수 있는가? 모든 국가들이 저마다 수천 년에 이르는 전쟁의 역사를 지닌 것도 아닌데 말이다.[73]

합리성은 세계적 층위, 즉 전략들의 층위에서 전혀 다른 모습과 형태로 나타난다. 그것은 모든 수준의 잠재적인 폭력, 다중적인 위험, 멀든 가깝든 언젠가 들이닥칠 만기일과 결부된다.

헤겔이 옳았을까? 크거나 왜소하거나 간에 국민국가를 생존을 위한 투쟁으로 드러냈을 때 그는 옳았다. 그러나 국가의 존재를 절대적 이성의 기호 아래 위치시켰을 때, 그는 옳지 않았다.

결과적으로, 국가 내에서 각 계기들, 즉 구성적(constitutif) 관계들의 재생산이—헤겔이 합리적 망상 속에서 꿈꾸었던—자동주의를 달성할 수는 없으며, 이는 앞으로도 그럴 것이다. 그럼에도, 아직 최종 결론을 내리기에는 이른 것 아닐까?

8. 정치적 성찰에 기반해 국가 자본주의와 국가 사회주의를 동일선상에 두는 것은 그러한 성찰의 커다란 빈곤을 드러낼 뿐이다. 차이점을 강조하는 대신, 동질성이나 유사성을 앞세우는 난감한 방식 때문이다. 모든 개별 사회들(국민국가들)이 그렇듯, 국가 자본주의와 국가 사회주의

73) (옮긴이 주) 모든 국가가 장대한 전쟁의 역사를 배경으로 그 정당성을 확보한다는 식의 관점은 받아들이기 어렵다는 의미다.

는 그것이 속한 생산 양식의 고유한 구조적 맥락마다 다르다. 기원에 대한 헤겔적인 분류는 여기에 적용될 수 있다. 그것은 먼저 일시적 특이성과 지속적인 특수성을 파악하고, 다음으로는 이를 바탕으로 일반적인 범주들을 설정하며, 마지막으로 반드시 필요한 경우에 보편적 범주를 불러내는 방식이다. 보다 정확하게 설명하자면, 이 방식은 먼저 민중, 종족, 각 민족의 역사, 공간적(지리학적, 지정학적) · 사회적으로 기원하는 특성들, 각 국가들의 특정한 역사적 계기들을 드러낸다. 이어서 생산 양식, 즉 일반적 규정들을 드러내며, 마지막으로 형식적이고 법률적인 관계, 모든 사회에 적용되는 보편적 측면들을 드러내는 방식이다.

국가 자본주의와 국가 사회주의는 공통의 목표와 이해관계가 있다. 그것은 바로 성장이다. 두 체제 모두에서 정치인들은—반대 입장에 맞서면서—무한 성장의 가설을 유지한다. 주목할 부분은 이들에게는 그러한 가설이 확실성이 되고, 지식이 된다는 것이다. 이들은 서로 다른 과정과 차이들, 특수성들, 상부의 특성들에 따라서, 가능한 한 즉각적인 성장을 달성해 낸다. 먼저 국가 자본주의는 대기업을 자유롭게 방치한다. 극단적인 경우, 국가는 기업들의 연구소, 데이터베이스가 된다. 즉 국가는 지식과 정보가 기업의 서비스에 활용될 수 있도록 돕는다. 그러나

(자본주의) 국가의 통치자들은 언제나 곤란함에 처할 수밖에 없는데, 왜냐하면 이들이 국내 기업과 다국적 기업, 소규모 산업과 거대 산업, 모든 수준과 규모의 상업, 통화와 신용 등의 문제들 사이에 끼어 있기 때문이다.

다음으로 국가 사회주의는 망설임 없이, 권위주의적으로 중앙집중화와 계획경제를 꾸린다. 자동적이지도 않고, 만족스럽지도 않지만, 그것은 헤겔적인 거대 기계에 근접한다. 지도자의 지식도, 자문하는 이들의 지식도 전체를 장악하지는 못한다. 설령 (정보를 다루는) 작은 기계[컴퓨터]의 도움이 있더라도 마찬가지다. 물론 거대 기계[국가]를 지원하는 작은 기계들의 역할이 결코 하찮은 것은 아니다.

이제 작금의 상황에 대한 캐리커처가 그려진다. 모두 알고는 있지만 그 우스꽝스러운 면모를 진지하게 보는 이는 드물다. 자본주의 쪽을 보면, 경제가 운전대를 잡은 채로, 끊임없는 위기 속에서도 이 시점(1973)에 이르기까지 세계적 위기를 잘 피해 가고 있다. 이른바 '사회주의' 쪽을 보면, 정치가 단독으로 운행한다. 그중에서 가장 의외인 역설은 사회주의가 자기편이라고 여기는 마르크스의 입장과 대립하고 있다는 점이다. 잘되고 있는 것이 대체 무엇인가? 정치적 삶? 그렇지 않다. 그들에게는 삶 자체가 결핍되어 있다. 모든 것이 삶을 배제한 채, 정치를 통해 진행된다. 조롱거리가 되지 않으면서, 반대에 부딪히지도 않는 정치적 삶은 과연 어디에 있는 것인가?

결국 자본주의와 사회주의 모두에서, 사회적 삶은 경제와 정치에 짓눌려 사라진다. 자본주의는 경제가, 사회주의는 정치가 지배한다. 그로 인해 생겨난 거대한 공백을 메우는 것은 일상성, 가족, '사적' 관계들로, 그것들은 풍부함과 창조적 역량을 박탈당했다. 이런 상황은 헤겔적 모델에 부합한다. 헤겔은 특정한 사회적 관계의 계기들을 오인했고, 그것들을 정치적 합리성과 경제적 관리에 종속시켰다. 그 결과 [사회적] 관계들은 빈곤해지고, 가족과 일상생활, 도덕과 법으로 환원된다. 생략되고 협소해진 '체험'은 국가의 그림자 속에 근근이 살아갈 뿐이다.

의식적이든 그렇지 않든, 헤겔주의자들은 자신들의 국가 모델이 공권력의 과잉과 부족 사이의 어떤 균형점을 표현한다고 본다. 또 이들은 자신들의 국가 모델이 선진 자본주의 국가와 사회주의 국가가 경제 성장 과정에서 공통의 척도(최대의 공통분모가 되는 것)로 삼는 바를 표현해준다고 과시할 수도 있다.

그럼 과연 다른 공통 요소들 역시 헤겔주의자들을 기쁘게 할까? 경찰과 관료제의 중요성, 이데올로기로서 공식화된 '문화', 조잡한 양적주의, 사회적 관계의 발전 없는 성장, 차이들의 파괴 같은 요소들 말이다.

9. 헤겔적 모델의 과오는 무지 때문이 아니라 사회적 계급을 잘못 이해했기 때문이다. 하지만 이러한 결함에도 불구하고 헤겔적 모델이 지속된다는 것, 또한 마르크스주의의 비판에도 불구하고(어쩌면 그 덕분일지도?) 그 위신과 영향력이 보존된다는 것, 이것은 또 하나의 역설이다. 야심에 차 있지만 구시대적인, 최근의 어느 저서를 의심스럽게 명확한 헤겔적 참조에 기초해 다시 읽어 보는 것은 풍자가들로서는 여전히 매력적일 수 있겠다.[74] 마르크스의 시대에 겨우 걸음마를 뗀, 이른바 마르크스주의적인 비판에는 분명 중대한 오류가 있다. 이 비판은 헤겔적 모델 자체와 그 영향력, 이로부터 제시되는 제한적이지만 강력한 합리성을 제대로 이해하지 못했다. 좌파 혹은 '급진적 좌파'의 비판은 계급 독재, 폭력, 권력이라는 단순화된 표현들 아래에, 반동 · 파시즘 · 권위주의 · 자유주의 · 군사적 개입을 전부 뒤섞어 혼란스럽게 만든다. 부르주아 이데올로기, 국가를 '중립'으로 제시하는 이데올로기(멀리서 봤

---

74) 《국가를 국유화하기(pour nationaliser l'État)》, 에디시옹 뒤 쇠유(Éditions du Seuil) 출판사, 파리, 1968[(옮긴이 주) 이 책은 시몽 노라(Simon Nora), 장 리페르(Jean Ripert) 등의 정보화, 공공 부문 효율화 등의 의제를 제시하면서 1960년대 국가 전략 수립에 개입했던 지식인-관료들의 공동 저술이다].

을 때에만 헤겔의 이론적 모델과 비슷해 보일 뿐, 제대로 된 일치점은 없는)에 맞서는 반대 이데올로기는 계급 정의, 계급 교육, 계급 과학 등을 내세우는데, 그것은 결국 [계급] 독재라는 한마디로 집약된다. 헤게모니(hégémonie) 개념은 이러한 (부르주아적) 독재 개념의 지나치게 축약된 면모를 보충하고 그것을 완성한다. 그에 따르면 경제적으로 지배하는 계급의 헤게모니가 존재한다. 그것은 사회 전체를 장악하기 위한 행동과 투쟁을 가리킨다. 부르주아는 기업(생산)과 시장(시장이 부르주아와 그 전략에 의존하기에 부르주아에게 시장은 점점 더 익숙한 것이 된다)에 지배의 기반을 지니고 있다. 하지만 하나의 사회 그리고 그 사회가 함축하는 사회적 관계들은 경제적인 것으로도, 정치적인 것으로도 환원될 수 없다. 한 사회에는 교육, 훈련, 사법, 의료와 같은 공적 서비스가 존재한다. 또한 지식의 편성과 전달, 활용이라는 측면이 존재한다. 사회적 삶의 이와 같은 다양한 측면들과 계기들은 전자본주의 시대에서부터 연원하며, 어떠한 단절도 그것들을 갑자기 중단시킬 수는 없다. [이러한 연속성 속에서] 현대 사회의 도시적 삶은 도시와 농촌, 도시와 자연 사이의 복잡한 관계 속에 놓이게 된다.

부르주아 계급은 헤게모니를 위해, 말하자면 사회적 관계, 사회적 실천, 사회적 삶에 각인을 하고, 이것들을 자기 용도에 부합하게끔 적응시키고자 투쟁한다. 그들은 어렵게 이를 달성한다. 나아가 부르주아의 계급투쟁은 경제, 기업, 임금 문제를 뛰어넘어 사회 전체를 향한 것으로 확장된다. 이는 사회 전체가 자본주의에 의해 사전에, 미리 조립되어 '부르주아화'되는 것이 아니라는 것을 의미한다. 그렇다면 국가는 무엇을 하는가? 목적이나 정점이 아닌, 수단이자 도구로서 국가는 사회적 잉여생산, 즉 잉여가치(비마르크스적 표현으로는 국민소득)의 상당 부분을 다양한 '서비스'에, 즉 사회에 투여되도록 한다.

헤겔에게 이러한 관리의 측면을 통해서 국가가 사회 전체로 확장되는 것은 당연한 것으로[자동적인 것으로] 간주된다. 그에 따르면 이 확장은 국가 개념의 일부분이자 본질적 요소다. 이것이 중대한 오류일까? 그렇다 하더라도, 그리 심각한 것은 아니다.[75] 경제적으로 지배적인 계급 출신이면서 이 계급을 정치적으로 대표하는 많은 정치인들이 같은 오류를 저지른다. 이들은 손에 쥔 권력이 충분함에도 불구하고, [단지 권력에만 의존할 뿐] 자기 계급이 부여한 헤게모니적 역할을 무시하는 경향이 있다. 이것은 오랜 기간에 걸친 프랑스 부르주아의 우둔한 행태를

---

75) (옮긴이 주) 심각한 것은 아니라는 말은 결국 현실 정치가 헤겔의 주장대로 작동한 것은 아니었다는 의미를 내포한다.

설명해 준다. 이들은 지식을 폄하하고, 사회의 일반적 관리를 위해 지정된 '예산'을 삭감해 버렸다(일부 특혜 받은 영역을 제외하면 그렇다. 프랑스 3공화국 시대의 도로와 초등학교가 그 예외에 해당한다).

헤겔을 참조한 현대성 분석은 이 모델의 충만하고 완전한 합리성도, 그리고 그에 반대되는, 오직 폭력에 의해 유지되는 독재적 부조리의 합리성도 모두 뿌리친다. 올바르게 수행된 분석은 **사회적 관리**에 대한 검토에서 출발한다. 헤게모니 계급은 결코 자신들이 원하는 것을 다 할 수 없다. 아무리 지배당하고 궁핍화되더라도, 일상생활과 '체험'은 부분적으로 그들의 통제를 벗어난다. 또한 헤게모니 계급은 자신이 확립한 민주주의로 인해 정치적으로 제약된다. 그들은 국가적 관리 대상인 잉여생산물을 어떻게 분배하는가? 이 분배는 어떤 경로들을 거치는가? 그것은 누구에게 이익을 주는가? 어떤 목적을 지니는가? 어떤 전술에 따르는가? 그리고 정확히 그들에게서 벗어나는 것이 무엇인가? '체험'과 일상생활과 더불어 성, 즐거움, 사랑은 이 정치적 사업을 빠져나간다. 부정행위 혹은 광기, 범죄(약물 사용, 금지된 유희)로 규정되는 모든 것들이 그렇다. 여기에 시, 음악, 연극, 그러니까 예술(새로움을 추구하는 한 예술가들은 국가의 손아귀 밖으로 뛰쳐나간다)도 있다. 요컨대 방황, 비정상, 아노미적인 것만이 헤게모니 내부에 진정한 자율성이 숨겨져 있다는 역설을 드러낸다. 오직 아노미적인 것, 비정상인것, 창조적인 역량만이 그렇게 할 수 있다. 억압된 '체험'은 무의식으로 뒷걸음치지만, 거기에서 다시 저항한다. 체험이 '발명'과 '창조'를 통해서 균열을 낼 수 있다면 그것은 그림자 속에서 길을 터 낼 수 있다. 분석적 시선은 국가의 힘, 그 헤게모니적 역량과 그로부터 탈출하는 것들의 연약함을 비교하다가 절망에 빠질지도 모른다. 그러나 사소한 틈과 가장 작은 균열이 이 건축물의 견고함을 무너뜨린다. 이런 취약성을 잘 알고 있는 이들이 있다. 그것은 정치적 직감을 지닌 정치가, 그리고 이들의 하수인으로서 경찰 특유의 직관을 갖추고 특정 '경범죄'—장발 남성!—를 중대한 것으로 추적하는 이들이다. 국가는 국가 입장에서 없어도 무방한 것들을 근절한다지만 그것들이 없다면 사회의 존속이 난망해지며, 문명이 불가능해진다.

놀라운 우연일까 아니면 더욱 높은 수준의 합리성을 드러내 보이는 것일까? 점점 중요성이 커지고, 명백히 결정적인 '어떤 것'이 헤게모니적 전능함, 국가의 편재성으로부터 빠져나간다. 무슨 일일까? 일부에서 믿는 것처럼 비합리성이 부각되는 걸까? 아니다. 빠져나간 것은 바로 공간이다. 공간은 너무 복잡하다. 너무 많은 사람들, 장소들, 사물들이 있다. 중심과 주변 사이에 파악하기 어려운 관계들이 너무 많다. 그러나 공간보다 더 '정상적'이고, 더 '필수불가결'하며, 간단히 말해서, 그보다 더 '합리적'인 것은 없다.

나중을 기약하거나 긴장감을 고조하기보다 단도직입적으로 말하겠다. 공간은 건축물 내부의 모순을 초래하며, 그에 따라 균열 이상의 것을 초래한다. 그것은 국가적-정치적 합리성에 맞서는 비합리적 영역의 반항과는 다르다. 공간에 관한 지식은 기술자 및 기술 관료의 노력에도 불구하고, 국가의 행정적 장치와 정치인들의 손아귀에서 빠르게 이탈할 수 있다.

10. 헤겔은 권태를 묘사했다. 권태는 별 노력 없이 대상을 통해서 얻는 만족, 지향하는 바에 올바르게 도달하는 기능이 주는 만족, 과업이 성취됨으로써 얻는 만족에서 비롯된다. 즉 헤겔은 각각의 만족에 불쾌가 동반되는 메커니즘을 드러냈다. 그에 따르면 자연적 욕망의 직접성으로부터 벗어난 욕구들은 점점 더 인위적인 것(추상)이 된다. 모든 욕구에는 상응하는 대상이 있는데, 대상을 소비하고, 그것을 파괴함으로써 그 욕구는 스스로 파괴된다. 그에 따라 다른 욕구가 공백을 채우고, 이 공백은 또 다른 공백을 불러온다. 이런 과정으로부터 나타나는 것이 다름 아닌 욕구의 체계다. 그런데 헤겔은 이런 불쾌들을 분석하면서

도, 그것의 부르주아적 외양을 놓쳤다. 그에 따라 그는 욕구의 체계가 지닌 중요성을 '입증'했지만, 의심을 남긴다. 어쩌면 철학이 악마적인, **지배의 리비도**를 은폐하고 있는 것은 아닌지, 어쩌면 **앎의 리비도**야말로 다른 쾌락들보다 우월한 만족을 주는 것은 아닌지 의심이 남는 것이다. 정말 아이러니하다! 이 국가 이론가는 치명적인 권태를 미리 알렸을 뿐 아니라 규탄한 바 있다. 그는 황혼녘, 음울하고 차가운 회색이 덧칠된 권태를 보았고, 철학자의 현학적인 방식으로 그것을 표현했다. 그는 마치 중세 시대의 사순절 설교 같은 방식으로 철학적 담론을 공표하는 공무원 같다. 이런 식으로 헤겔은 국가에 위엄과 높이를 부여했지만 20세기에 이르면 그 저속함이 드러난다.

헤겔이 말하지 않은 것이 있다. 국가는 손에 닿는 모든 것들, 그러니까 국가의 손아귀에서 빠져나가지 못하는 것들을 더럽히고 죽이고 파괴한다. 그 어떤 것도 저항할 수 없다. 재능도, 자발성도, 스타일도 벗어날 수 없다. 국가의 위생 관리에 의해 오염은 잘 감춰지지만, 그것은 생명력을 억압한다(그것은 국가가 피지배자 여성에게 허락해 주는 것이 된다). 인식의 시장 혹은 예술의 시장에도 불쾌한 측면들이 있지만 드물게 부여되는 보조금 등 국가 개입을 통해서 이 분야가 완전히 고사되지는 않는다. 헤겔에게 국가는 지식의 창조적 역량을 완성하는 것이었다. 또한 그것은 유한성 속에 무한을, 즉 공간 안에 시간을 정립함으로써 시간[역사]을 종결하는 것이었다. 하지만 현실은 그 반대다. 국가는 멀리 벗어나려고 시도하는 것을 죽인다. 그리고 공간은 본질상 유한한 국가의 역량을 넘어서서 종말과 자기 파괴의 원리에 도달하게 된다. 물론 현재 상황이 절대적으로 새롭다는 관점을 취하지 않도록 주의해야 한다. 철학적-정치적인 국가 이전에도 신학적-정치적인 국가가 존재했고 그 흔적을 남기지 않았는가? 가령 로마에서, 교황의 국가는 수 세기에 걸쳐 치명적인 권태, 합법화된 야만을 보존했다. 바로크 예술은 이 야만에 대한 응답으로, 그것은 초현실주의, 비현실주의, 혹은 극현실주의가 그 이름을 얻기 전에 존재했던, 낯설고 비형식적인 방식의 저항을 보여 준다.

다만 이 현대적인 건축물의 하락 혹은 붕괴는 문명과 '문화', 사회와 학문의 붕괴로, 나아가서는 행성 자체의 붕괴로 이어질 수 있다. 끝이 예정된 국가의 자기 파괴가 지구와 인간의 종언을 불러올 수 있는 것이다. 이런 점에서 현재 상황의 심각성은 역사상 생각할 수 없었던,—거의 절대적인 독창성을 지닌—유례없는 것이다.

11. 단순하게 일어나는 일은 아무것도 없다. 헤겔은 지식에 대한 권력의 지배를 주장하면서 '지식-권력'이 통합되

어 가는 운동을 상세히 묘사한다. 그것은 정치적 국가가 인식과 학문을 장악하는 것을 의미한다. 이 운동은 내부에서 외부로, 중심에서 주변부로 진행된다. 물론 그 반대 방향의 운동도 있다. 이 방향에 따르면 지식은 권력의 메커니즘과 권력 장치들에 대한 참여와 통합을 요구한다.

획득된 지식의 핵심은 처음에는 가설로서 간주되지만 나중에는 제도로 공식화된다. 여기에는 두 가지 경로가 있다. 그것은 프로그램과 프로그래밍을 통한 경로,[76] 즉 획득된 지식에 대한 철학적 축성으로서 인식론의 개입을 통한 경로다. 철학자들이 예속을 받아들일 때, 그가 별것 아닌 명예를 부여받고 그 대가로 기능화되고, 관료적으로 될 때, 철학은 정치적 지배에 바쳐진다. 대체 철학이 무엇을 제공하는가? 바로 지식이다. 철학적-정치적 로고스는 지식을 소유한 이들 안에서 동맹 관계와 공범을 찾는다. 지식을 제도화하는 전략적 기획은 대학 조직을 기반으로 [지식의] 중핵을 제공하고 공식화하는 특정 '학문 분야'의 득세와 함께 진행된다. 예전에는 역사, 그다음에는 정치경제학, 가장 최근에는 언어학이 그 자리를 차지하는데, 이 '학문 분야들'의 혁신성이란 실상 단지 의례적이고 장

76) (옮긴이 주) 프로그램이 특정한 지식을 담아내는 제도적 틀이라면, 프로그래밍은 이 틀을 실제로 작동시키는 행위를 뜻한다.

식적인 것일 뿐이다.

그런데 지식을 제도화하려는 시도는 오히려 좌초됨으로써 그 정치적 의미를 드러낸다. 어떤 의미? 그것은 이러한 시도가 '정신적' 생산과 '정신'의 생산을 사회적-정치적 관계의 재생산 및 사물(대상과 재화) 생산에 동화하는 작업이었다는 것이다. 그 목적은 자기조절적인(자동적인) 생산 속에서 전체를 하나의 단순한 모델에 따라, 합리적으로 '총체화'하는 것이며, 이러한 정치적 통제는 인식과 '문화'만이 아니라 교육과 교화에도 작용한다. 그러므로 권력이 지식을 장악한다면, 특정한 지식은 이러한 장악을 수용함으로써 비로소 정의된다. 그 수용은 자발적인 것이었기에 '자유롭게' 여겨진다. 로고스와 논리에 따른다는 명목으로 말이다. 축을 이루고 중심이 되려는 모든 분과 학문, 특히 담론에 대한 학문은 헤겔적인 로고스를 확장하고 그것을 구제하려 한다.

12. 개념에 대한 헤겔적 물신주의는 지식의 불변적 중심과 실천적 힘의 중심, 그러니까 강제와 폭력의 중심(폭력은 지식을 통해 정당화된다. 개념들은 서로 싸운다. 왜냐하면 살과 뼈를 가진 인간이 개념을 통해 서로 싸우기 때문이다)에 세워진다.

그에 따라 서구 로고스는 헤겔주의와 더불어 그 완성

의 지점이자 추락의 지점에 이르게 된다. 하지만 이것이 개념을 역사의 쓰레기통에 던질 충분한 이유가 되진 않는다. 가령 '체험'과 '인지된 것'의 형식적 대립이 사라지고, '인지된 것'으로 인한 '체험'의 이탈이 멈추게 되면, 개념이 제자리를 찾을 수도 있다. 실제로 '체험'의 개념은 바로 이런 식으로 존재한다. 즉 개념의 내용은 그 (논리적) 형식과 다르며, 따라서 개념은 이 차이를 축소하는 대신, 그것을 드러낼 수도 있다.

마르크스가 무대에 등장하면서 상황은 역전된다. 하지만 만약 체험과 인지된 것의 대립이 해소되지 않고, 둘이 양립 불가능한 상황에 머무른다면, 인지된 것에 맞서 체험의 반란을 이끌 이는 바로 니체일 것이다.

이 극적인 장면들을 다루기 전에 용어 구분을 통해 앞선 분석들을 간추려 보자. 헤겔의 통일적인(총체화하는) 방식, 그러니까 실재를 통해 지식을 정의하고 지식을 통해 실재를 정의하는 (동어반복적인) 순환을 대신해서 다음과 같은 구분이 가능하다.

a) 지식(Le savoir), 그것은 제도화되고, 공식화되며, (인식론을 통해) 확립되어 축성된다. 따라서 지식은 고정되고, 고착화되며, 논리화된다. 그것은 교육적인 것이 되어 사고팔린다. 또한 지식은 항상적으로 '재활용'될 위협에 시달리고, 지나간 것과 극복된 것 사이의 심연으로 추

락할 경계에 서 있다. 그것은 존재하는 것과 도래하는 것, 무 사이의 기묘한 혼합 상태에 놓여 있다….

b) 인식(Le connaître)은 일종의 과정이다. 그것은 비판적 계기(사회에 대한, 이데올로기에 대한, 지식 자체에 대한)를 포함한다. 인식은－직접적 혹은 간접적으로, 즉 매개를 통해서－전체(총체성)를 겨냥해 철학을 확장하며, 이 어려운 과정을 거치면서 이데올로기와 구분되며, 실천과 연계된다. 이러한 의미에서 철학의 확장은 메타철학적(métaphilosophiquement)이다. 일종의 프로메테우스적 상황에서 이론적 인식은 스스로 충분하다고 주장하진 않지만, 그 필요성에 대해 말하기를 멈추지 않는다. 그에 따라 인식은 전쟁터가 된다.

c) 학문 혹은 학문들, 전문화된 학과들은 단편적이지만 조작을 통해서, 노동 분업에 곧 지식의 시장에 개입하게 된다. 그것은 표면적으로 안전해 보이지만, 실제로는 불균등한 탄생 및 불균등한 발전의 과정에 개입되어 있다. 때로는 제국주의적인 야심을 지닌 채 우선권을 주장하며, 때로는 쇠퇴하고 종속적인 위치에 놓이게 된다.

3장
마르크스 파일

1. 헤겔은 아리스토텔레스 이래 모든 철학자들의 목표인 철학 전체의 목적인 완전한 체계 구축을 달성하고자 했고, 그것에 성공했다고 믿었다. 이 완결된 전체는 결과적으로 세계 전체를 폐쇄적으로 감쌌으며, 응집력과 일관성을 획득했다. 그에 따라 기둥, 지주, 받침점, 축과 같은 정밀한 용어들과 비유들이 이 체계를 가리키게 된다. 물론 이 체계는 교조주의, 현학성, 육중한 정신과 같은 혹독한 단어들로 지시되기도 한다. 다만 그럼에도 불구하고, 체계의 사유에는 모종의 천재성－이 단어의 의미가 아직 유효하다면－이 있다.

〈헤겔 파일〉은 헤겔주의의 대강의 프로필을 드러내는 것만으로 충분하다. 그것은 이미 한 세기 반의 세월을 거치면서 변화했다. 헤겔주의의 '영향력'에 대한 세부 사항으로 들어가게 되면 웬만큼 긴 분량의 책으로도 충족되지 않을 것이다. 그리고 그 파일의 상당 부분에 마르크스와 마르크스주의가 등장할 것이다. 그 독자는 거기에서 비스마르크와 라살레, 19세기 프랑스에서 나온 얕은 수준의 합리적 진화론(빅토르 쿠쟁, 르낭, 텐)[77] 그리고 이탈리아

---

77) (옮긴이 주) 빅토르 쿠쟁(Victor Cousin), 에르네스트 르낭(Ernest Renan), 이폴리트 텐(Hippolyte Taine)은 19세기 프랑스의 실증주의 경향을 이끌었다.

역사주의(크로체)를 만날 것이다. 여기에다가 스스로 헤겔주의자인지 모르는 이들까지 고려하게 되면, 그 파일은 결코 완결될 수 없다. 왜냐하면 모든 정치가들이 다 포함되어야 할 것이기 때문이다.

정말로 중요한 한 가지 논점은 다음과 같다. 체계를 주장하는 집단은 자신의 교조적 존재를 고집하거나 아니면 일격에 무너져야 했다. 그런데 헤겔주의는 여느 체계들 혹은 자칭 체계들과 마찬가지로 헤겔 이후 서서히 쇠퇴하고 파편화되었다. 이 과정에서 처음에는 보이지 않았던 건축물의 금과 균열이 나타났다. 범논리주의와 범역사주의는 이 분열로부터 만들어진 것으로, 처음부터 계기들 사이의 불일치를 드러냈다. 즉 일관성과 모순, 연속성과 동시성, 생성과 공간적 공존, 논리학과 변증법, 이 모든 것이 외관상 단일한 체계 안에 있으면서도 서로 연결되지 않았다. 후대 철학은 최고의 철학자[헤겔]가 죽은 다음, 헛되이도, 긴밀히 연관된 대립이라는 패러다임을 뛰어넘을 다른 경로(말하자면 제3의 경로)를 찾아야 했다. 제3의 항은 곧 의식의 개입을 말한다. 의식은 이념을 대신하는 단일한 존재이자, 논리와 역사, 객관성과 주관성을 모두 포함하는 것으로 가정되었다. 이들 후속 세대의 고유한 철학적 입장에서 정치적인 것(반성과 실천)은 별로 중요하지 않았다. 그리하여 헤겔주의는 자신이 통합하고 현실적으로 극복했다고 믿었던 철학의 운명, 즉 실천으로부터 분리된 사변으로 나아갔다. 앞서 제시한 〈헤겔 파일〉에서는 헤겔주의의 역사를 의도적으로 제외했다. 그 이유는? 헤겔적 국가상과 현대 국가의 현실 사이의 대질로 지체 없이 나아가기 위해서.

마르크스에게도 동일한 접근 방식을 적용해야 할까? 아마 그렇진 않을 것이다. 어째서인가? 첫째 헤겔주의의 존재는 반박할 수 없지만, '마르크스주의'는 존재하지 않는다. 가장 널리 퍼진 견해와 반대로, '마르크스주의'란 '마르크스주의자들' 즉 마르크스의 사고와 작품에서 체계를 발견했고, 체계(유물론, 경제주의, 역사 이론, 결정론과 자유론 등)를 발명했던 이들에 의해 만들어진 것에 불과하다. 마르크스의 사유는 일관성을 지닌 것도 아니고, 그렇다고 서로 괴리되어 있는 것도 아니지만 체계를 형성하지는 않았다. 마르크스의 사유는 이전의 것과 단절했지만, 그것이 하나의 교리를 다른 교리에 대립시키는 방식은 아니었다. 그런 의미에서 이른바 청년기의 철학적 작품들은 성숙기의 경제학적 작품들, 말년의 정치적 작품들 못지않게 중요하다. 사람들은 마르크스가 헤겔주의에서 가져왔고, 그의 청년기 작품에 생명력을 불어넣은 **소외**(aliénation) 개념이 '이론적 위상'을 지니지 못한다고 말한다. 그것은 정확하다. 이 철학적 개념은 일단 헤겔적 건축술에서 분리되자 허공에 떠 있는 상태가 된다. 그렇지만 이를 구실로 소외 개념을 기피하고, 이 개념의 위상을 거부하는 것은 현학적 태도의 극치일 뿐이다. 이 개념은 인식론적(épistémologique) 위상이 아니라 사회적 위상(statut social)을 지닌다. 소외 개념은 노동자, 여성, 청년, 식민화된 이들(식민화하는 이들)의 실천적 조건에 대한 인식(요즘 의식화라는 잘못된 표현으로 불리는)에 있어서, 그 인식을 놀랍도록 발효시키고, 마르지 않는 비옥함을 지니도록 하는 데 기여했다. 더 길게 말할 필요가 있을까? 설령 이 비옥함이 사라진다고 해서, 그것이 이 개념에 대한 몰이해를 정당화할 사유일 수는 없다. 마르크스는 나름의 방식으로, 실천적 조건 및 '체험' 가운데에서 착취, 억압, 굴종이라는 제대로 이해되지 못한 삼인조를 드러냈다. 이 세 항은 서로 뒤섞이지 않으면서 함께 간다. 바로 그것들이 소외라는 독자적인 용어의 외연과 내연을 이루는 핵심이다.

잉여가치와 잉여생산의 개념은 과학적이고, 따라서 인식론적인 지위를 지닌다. 그것들은 획득된 지식의 일부를 구성한다. 당연하다! 그런데 그것들은 경제학이라는 특수한 과학에서 연원한다. 나아가 누구도 잉여가치의 개념에 동의하거나 반대한다는 이유로 죽지는 않았다. 반면에 수많은 이들이 착취 속에 살아가는 양상인 굴종과 억압에 맞서 싸워 왔고, 여전히 싸우고 있다.

둘째, 마르크스의 이론적 시도들은 불완전한, 미완성 상태로 남아 있다. 마르크스의 이른바 철학적 작품들은 어떤 철학이나 이론적으로 정교화된 '모델'을 제시하는 것이 아니라, 철학을 극복하려는 기획을 담고 있다. 또한 축적에 대한 마르크스의 경제학적 연구들은 영국에 제한되어 있으며, 그는 축적 과정에 대한 완결된 이해를 제시하지 않는다(물론 마르크스는 헤겔적인 지식의 축적으로부터 자본의 축적을 명확히 구분해 냄으로써 축적의 개념을 추출해 냈다). 《자본》과 그 예비 작업들, 부속 작업들은 마르크스가 자본주의 사회의 상—프롤레타리아트와 부르주아라는 두 극 사이에 있는, 사회적으로 집단화된 다양한 계급들, 계급과 계층의 분파들, 그러니까 농민, 수공업자, 상인, 토지 소유자 등—을 개괄하는 데에서 미완결 상태로 중단된다. 구체적인 것으로—즉 사회적 실천(pratique sociale)으로—이행하는 순간, 설명이 멈추는 것이다. 국가에 대해서라면, 마르크스는 레닌에 앞서, 그것이 중심 문제이고 본질적인 질문이라고 반복적으로 말했다. 그러나 마르크스의 저작 전체는 국가 이론의 윤곽만을 제시했을 뿐이다. 마르크스가 제시한 연속적인 초안들은 논쟁적인 것이든, 정치풍자적인 작품(1852년의 《루이 보나파르트의 브뤼메르 18일》)이든, 단호한 단 하나의 주장을 반복한다. 그것은 국가가 파괴되어야 한다는 것이다(국가가 헤겔의 방식으로 고양되고 공고화되어서는 안 된다). 이러한 전략적 목표를 어떻게 실현할 것인가, 국가라는 덮개의 짓눌림에서 해방된 사회의 비전(구체적 유토피아)을 어떻게 현실로 만들어 낼 것인가? 뒤에서 보겠지만, 마르크스는 그의 생애 전체를 통해서 혁명을 정의하는 이러한 실천의 수단들, 단계들, 계기들을 탐색했다. 기존 현실에 대한 무정부주의적인 훼손도, 자유주의적인 부르주아 국가 내부에서 행해지는 극복도, 합리성, 휴머니즘, 자유주의를 초월하는 '체험'도 이러한 결과를 달성해 낼 수 없다. 그것은 정치적이거나 경제적인 경로 혹은 단지 이데올로기적이거나 이론적인 경로가 아닌, 다층적인 형식과 다양한 가치를 향한 투쟁의 경로 위에서만 가능하다.

셋째, 마르크스 사유의 미완성되고, 깨진, 불완전한 성격이 역설적으로 '마르크스주의'와 그 성공을 설명해 준다. 다소간에 노련하게 추출되고 배치된 텍스트 편집은 마르크스가 낳은 독창적인 사유의 외관을 마치 하나의 교의를 가진 것처럼 드러냈다. 이런 '체계들'이 알리바이와 가면 역할을 하면서 연속적으로 제시되어 왔다. 라살레와 다른 많은 이들의 흔적을 뒤따라서, 스탈린은 마르크스주의자를 자칭하고, 마르크스의 단어들과 개념들을 자기 용도에 부합하게끔 효과적으로 왜곡했다. 스탈린은 레닌이

《국가와 혁명》에서 강조하고 반복했던 국가에 대한 마르크스의 비판을 초헤겔주의, 즉 국가에 대한 무조건적 옹호이자 국가 강화 이론으로 대체했다. 실로 헤겔적 논리는 스탈린의 이데올로기 속에서, 탈출을 원하는 이들을 투옥하는 체계가 실질적으로 구축됨으로써 온전히 작동했다. 이러한 접근 방식의 대척점에서, 루카치는 마르크스 텍스트들의 개인적인 '몽타주'를 만들어 막연한 가능성을 향한, 사변적 역사주의를 추출하려 했다(《역사와 계급의식》). 또한 역사주의, 경제주의, 생산력과 계획경제 이론, (경제학적, 역사적, 사회학적) 결정론 역시 마르크스의 텍스트를 다른 의미로, 그러니까 특정 시대, 국가, 학파 혹은 특정 '사상가'에 대한 것으로 왜곡해 활용했다.

이러한 언급은 마르크스를 단지 탁월한 수필가쯤으로 취급해야 한다는 것을 뜻하는가? 그렇지 않다. 마르크스의 텍스트들은 흥미로운 제안 이상의 것, 체계가 아닌 다른 것을 제시한다. 그것들은 (수많은 탁월한 지성들이 말하듯) 통용되는 일상적 담론의 언어와도 다르며, 전문가들(경제학자, 역사학자, 사회학자 등)이나 철학자들이 정교화한 담론과도 구분되는 어휘, 용어, 언어를 담고 있다. 가령 '이익'을 말하는 것과 '잉여가치'를 말하는 것, 이것은 서로 매우 다른 것이다. 마르크스는 기존의 사회를 그것이 통상적으로 지각되고 인지되는 방식과 다르게 묘사하고, 분석하고, 설명하며, 그럼으로써 그 사회가 잘못 이해된 가운데 존재해 왔음을 보인다. 마르크스의 표현과 용어는 관습화되고 상투적인, 횡설수설하는 표현들, 경제적-정치적 현실의 배경 소음과 그에 동반된 것들에 종지부를 찍는다. 마르크스는 이 단어들 자체로 만족하지 않았으며, 그것들을 **개념**의 수준으로 밀어붙였다. 나아가 이 개념들을 **이론**으로 조직했다. 그런데 어째서 마르크스가 착수한 이론적 구축물 가운데 어떤 것도 완성에 이르지 못한 것일까? 시간의 부족? 재료의 부족? 방법의 부족? 아니다. 인식은 '전부' 혹은 '전체'를 달성하고자 하지만 전체는 언제나 미끄러져 버린다. **비판적 계기**는 진행 중인 건축 내부에서 (그에 맞서서) 개입하고, 인식의 대상에 맞서서 (그 내부에서) 작용하지만 건축물이 완성되기 전에 그것을 산산이 부순다. 즉 실재는 분석하는 과정 중에 변화한다. 종합의 시기에 이르면 실재는 이미 변모해 있기 마련이다. 세심한 설명은 경로를 표시하고, 지평을 드러내는 방식으로만 신중하게 전진할 수 있기에, 많은 '마르크스주의자들'은 사고의 전환과, 텍스트 편집 속에서도 결국 마르크스의 언어를 차용했다. 그것은 분명 부르주아 지식인, '사상가'의 일상적 담론과 다른 언어였다.

아직 사춘기에 더 가까웠던 청년 카를 마르크스는 헤겔주의를 '그로테스크한 거친 음률'이라고 비난했지만,[78]

그럼에도 불구하고 그는 '마치 바다에' 뛰어들듯이 헤겔에 몰입했다. 마르크스는 헤겔의 교리가 단지 가정들과 전제들에 기반해 있음을 느끼면서, '신성의 변증법적-철학적 전개'에 대한 긴 대화를 해 나갔다. 그는 '신성은 그 자체로 드러나며, 즉자적인 인식으로서, 자연으로서, 역사로서 나타난다. 내가 쓴 이 마지막 명제가 헤겔 체계의 출발점이다'라고 밝혔다. 얼마 후 마르크스는 관념이 실재에 앞서고, 신성이 자연과 역사로 육화되는 세계, 즉 '거꾸로 된 세계'에 대한 '뒤집기'를 시작했다. 먼저 마르크스는 헤겔의 법철학과 국가 철학을 직접적으로 공격했다(1842~1844). 《독일 이데올로기》(1845)에서도 헤겔주의는 중요한데, 엥겔스로부터 자극받은 마르크스는 철학 전체를 이데올로기로 간주해 던져 버렸고, 철학자들이 고안한 진리 개념에 대한 중대한 질문들을 제기했다. 프랑스에서 프루동이 헤겔 변증법의 세속화된 버전을 제시했지만, 《철학의 빈곤》에서 마르크스는 헤겔 변증법 자체를 논의에서 제외했다. 그리고 긴 침묵이 이어졌다. 1857년 마르스크는 자본주의와 자본을 연구하면서 헤겔적 논리와 변증법을 다시 받아들인다. 독일에서 헤겔의 영향력은 추락했

---

78) 1837년 아버지에게 보낸 편지.

고, 헤겔은 '죽은 개' 취급을 당하지만, 1867년 《자본》에서 마르크스는, 그 자신의 고백에 따르자면, 변증법을 탐구와 분석과 설명의 방법으로 사용하는 데에 일종의 '교태(coquetterie)'를 부렸다. 하지만 반대로 1875년에 쓴 라살레에 대한 글과 1871년 이후 코뮌에 대한 글에서는, 헤겔의 국가 이론에 대한 공격을 두 배로 강화해 재개한다.

마르크스의 몇몇 작품(가령 《1844년의 초고》)은 헤겔이 쓴 단락과 이를 겨냥한 마르크스의 글을 대질하는 방식으로 편집할 수 있다. 그것은 마르크스가 헤겔의 국가 철학을 다루던 방식이기도 했다. 이는 말 그대로 영원한 투쟁이라는 극적인 이미지를 떠올리게 한다. 이런 식의 병치가 담긴 그림은 때때로 마르크스주의적인 유머를 일깨웠다. 가령 애덤 스미스와 경제적 생산력주의를 공공연히 겨냥한 한 유명한 대목에서 마르크스는 '범인이 범죄를 생산한다'고 썼다. 즉 범죄는 법, 판사, 사형 집행인, 감옥뿐 아니라, 범죄 소설이나 비극 같은 문화적 산물까지 만들어 내며, 이 모든 것이 부르주아 사회와 국가의 치명적인 권태를 잠시나마 생동감 있게 만든다. 바로 여기에서 마르크스는 음험하게도, 헤겔과 그의 사유, 즉 지식을 통한 ('인간'과 국가의) 자동 생산 이론을 겨누고 있지 않은가?

이상과 같은 관점에서 볼 때, 마르크스주의 자체는 마르크스주의의 역사와 거의 일치하지 않는다. 마르크스주의는 헤겔이 인식하고 이론화했던 것과는 전혀 다른 차원의 역사적 순간이며, 이는 일반적으로 수용되는 '역사' 개념으로도 설명할 수 없는 것이다. 이러한 상황은 역설적이다(그동안 우리가 거쳐 온 여정에서 얼마나 많은 역설들과 마주쳤는가? '역설'이라는 것이 오인되고, 질식당한, 무뎌진 모순임을 반복해야 할까?).

마르크스는 헤겔에 맞서서 (혹은 헤겔과 더불어) 마치 그리스 신화의 헤라클레스와 안타이오스의 싸움 같은 거대한 투쟁을 벌였다. 마르크스는 헤겔에게서 **재료들**(범주와 개념, 주제와 문제의식)을 빼앗아 자기 이론의 체계적 정교화에 동원했는데, 처음에는 조각별로, 나중에는 단편들을 이어 붙이는 방식으로 활용했다. 게릴라로서 마르크스는 오랜 기간 동반자인 엥겔스와만 같이하다가, 나중에는 배신당할 운명을 알지 모른 채 동맹(라살레)에게 에워싸였다. 마르크스는 헤겔주의에 맞서기 위해 헤겔주의의 무기를 가져왔다. 마르크스는 그 재료(과정, 방법, 삼중적 리듬, 논리와 변증법 사이의 제대로 설명되지 않은 상호침투)를 전적으로 상반된 명제 위에 세워진, 근본적으로 상이한 프로젝트를 수행하는 데 썼다. 그것은 다른 지평, 다른 경로로 나아가는 것이었고, 무엇보다도 헤겔의 성취, 곧 국가 내에서의 철학, 역사, 인간의 성취를 넘어서는 것이었다.

마르크스의 죽음 이후에도 투쟁은 계속되었다. 즉 헤겔과 헤겔주의와 더불어 (또 그에 맞서서) 동일한 투쟁이 이론적 측면과 인식의 영역에서 계속되었다. 무기의 방향을 상대에게로 돌려놓고, 비판의 무기를 무기의 비판으로 바꾸기 위해서, 즉 헤겔이 제시하고, 재현한 엄혹한 현실을 지상의 땅 위에서 축출하기 위해서. 그것은 겉보기에 계급투쟁과 다르면서도 실제로는 계급투쟁이기도 한, 기묘한 투쟁이었다. 이것은 그림자 속에서 벌어지는 싸움이자 그림자에 맞서는 싸움이며, 거인의 그림자와 그림자 속의 거인에 맞서는 기괴한 싸움이었다. 자세히 들여다보면, 그 속에는 극적인 아름다움이 있다. 비록 앙드레 브르통이 전혀 다른 것에 대해서 한 말이긴 하지만, 여기에는 '얼어붙은 경련(convulsive-figée)'과 같은 아름다움이 있었다. 한 세기가 흐르는 동안, 마르크스주의에 의한 헤겔주의의 전환은 점점 소진되었다. 모순이 전개되는 공간에서, 서서히 그러나 분명하게 드러난 것은 이론적 소여에 대한 전환이 현실의 전환 자체를 대체해 버렸다는 것이다.

이런 까닭에 초반부에서 〈마르크스 파일〉은 〈헤겔 파일〉과 구분되기 어려운 측면이 있다. 하지만 여기에는 분명 고유의 특징이 있으며, 〈헤겔 파일〉과는 근본적으로 다른 지점이 나타난다. 물론 그것이 또 다른 역설로 이어지긴 하지만….

2. '마르크스는 죽었다.'[79] 이 음울한 사실은 이데올로기적-정치적인 슬로건으로 만들어진 것으로, 거대한 현대적 묘지에서 신, 인간, 예술, 역사의 죽음 등 다른 무덤들 사이에서 십자가를 꽂고 자리 잡게 될 것이다. 이렇듯 우리를 둘러싼 모든 것이 죽어 가는 것처럼 보인다. 하지만 국가는 예외다. 국가의 죽음은 마르크스가 명시적으로 선언한 유일한 죽음이다.

마르크스인가, 마르크스주의인가? 마르크스주의의 죽음은 이미 골백번 선포되었고, 우파건, 혹은 어떤 특정 좌파건 좋은 언론이 퍼뜨린 이 좋은 소식은 이른바 '정통파'를 불길 사이에 가두고 그 정치적 기반을 위태롭게 했다….

수십 년 전, 거의 반세기 전에 오토 륄레[80]라는 사람은

---

79) 장 마리 브누아(J. M. Benoist)가 최근에 낸 책 제목이다(갈리마르 출판사, 콜렉시옹 이데, 파리).

80) (옮긴이 주) 오토 륄레(Otto Rühle)는 마르크스에 대한 전기에서 마르크스의 작업이 그의 신경증과 특유의 과도한 의심증과 무관하지 않다고 보면서 이러한 특성이 어릴 때부터 앓았던 간 질환 때문이라고 쓴다. 오토 륄레, 《카를 마르크스 : 그의 생애와 저작(Karl Marx: His Life and Work)》, 아발룬(Avalun) 출판사, 고타(Gotha), 1928.

마르크스와 마르크스의 사유를 간 질환과 연관해 설명함으로써 인기를 얻었다(근래에 몇몇 정신분석가들이 채택한 설명에 따르면, 리카도는 정신적으로, 신체적으로 변비에 걸렸고, 마르크스는 설사 때문에 요설가가 되었다). 오토 륄레 이후, 얼마 지나지 않아 벨기에의 수정주의자인 드 만[81]은 '마르크스주의가 극복되었다'는 주제의 책으로 큰 성공을 거두기도 했다. 어떤 마르크스주의인가? 어떤 극복인가? 반대로 코르슈(Karl Korsch)[82] 같은 프랑크푸르트학파의 마르크스주의자들은 훨씬 공들인 저작을 펴냈음에도 거의 청중을 모으지 못했다. 이 문제는 넘어가자. 마르크스의 무덤을 파는 이들 각각은 특정한 마르크스주의－철학주의, (자발적인) 혁명주의, 계급주체주의, 경제주의, 생산력주의 등－를 공격하고, 마르크스를 탓한다.

같은 시기에, 프랑스 노동 계급에 강하게 뿌리내린 무정부주의적-조합주의 경향은 공공연하게 마르크스의 저

81) (옮긴이 주) 앙리 드 만(Henri De man), 《마르크스주의를 넘어서(L'Au-delà du marxisme)》, 알리스 펠스(Alice Pels) 옮김, 레글랑틴(L'Églantine) 출판사, 브뤼셀, 1927.

82) (옮긴이 주) 《마르크스주의와 철학(Marxismus und Philosophie)》(1923)을 썼다.

작, 마르크스주의자, 그리고 마르크스주의자로 추정되는 자들이 '노동 계급을 분열시킨다'고 비난했다. 개념에 따르기보다 자연스러운 혁명을 신봉하는 이들 무정부주의자들은 이론적 사고와 격렬하게 싸웠다. 이들의 관점에서 지식과 인식은 그 지향이 무엇이건 부르주아에게서 유래한 것으로 여겨졌다. 처음에는 일반적 수준의 비난(노동 계급 분열)에 그쳤지만, 곧 이들은 보다 위협적인 비방―그것은 인민의 적이다, 그들은 독일 사상가 혹은 독일에서 영감받은 사상가들이다 등―으로 나아갔다.

여기에 표현된 '마르크스주의'에 대한 해석이 기나긴 이전 저작들에 대한 정확한 요약임이 틀림없다면, '마르크스주의'는 분명 해석의 형태로만 존재할 것이다! 이는 마르크스의 사유가 '모호'하거나 맹아 상태에 있기 때문이 아니라 그것이 선언하고, 제안하고, 기획하는 것이기 때문이다. 그것은 헤겔주의처럼 확증하고, (외관상의) 사실을 확증하고, 성취한 것을 체계화하지 않는다. 대신 마르크스는 확증된 것과 개념을 이용해 이론적으로 가능성과 불가능성을 탐구하고자 했다. 실로 마르크스가 자본주의를 분석하고, 자본주의 사회 전체를 설명하는 것은 그것들이 영원하지 않음을 드러내기 위해서였다. 즉 마르크스의 전략적 가설은 헤겔의 가설을 뒤엎는 것으로, 그것은 전도된 상태의 세계와 이 세계를 합법화하는 얼어붙은 지식을 혁명적으로 전복하는 작업의 일부였다. 경제적 토대, 사회적 관계, 여타의 상부 구조와 마찬가지로 국가 또한 모순과 적대에 의해 변형되지 않을까? 이는 이데올로기를 통해 모면할 수도 없고, 강제로 없어지지 않으며, 체계 내부의 정치적 행위로 해결할 수도 없다. 이것이 한낱 가정, 한낱 전제에 불과한 것일까? 누군가는 그렇게 말할 것이다. 하지만 전략적 가설이 부재한, 개시함(commencement)이 부재한, 출발점이 부재한 인식이 어떻게 가능하겠는가? 대체 어떤 권리가 특정 관계의 영속성, 특정 개념의 불멸성, 특정한 사실의 영원성의 주장을 보장하는가?

두 가지를 덧붙이겠다. 변형과 도약, 변신 없이는 어떤 것도 실체적으로 지속할 수 없다는 **생성**의 가설은 헤라클레이토스에게서 유래한 헤겔의 초기 가설이다(헤겔은 《철학사》에서 '철학은 헤라클레이토스에서 시작된다'고 말한다). 하지만 그것은 폐기된다. 엘레아주의는 헤라클레이토스주의에 맞서서, 파르메니데스 이래로 영원한 생성의 관념은 지속되기 어려우며 이 관념이 규정된 '존재'에 대한 확증 및 (상대적으로) 명백하고 안정적인 현실에 대한 인식과 충돌한다고 반박한다. 헤라클레이토스를 따른다고 말했던 철학자가 엘레아주의로 전향하는 것은 중대한 문제다. 헤겔이 프랑스 혁명과 더불어 '인간은 일어서서 그의 두뇌로, 곧 그의 사상으로 현실과 싸운다'[83]라고 말했을 때, 그는 생성과 생성 속에서 나타나는 변증법적 반전을 믿고 있었다. 그런데 나중에 헤겔은 생성을 살균하고, 멈춰 세운다. 반면 마르크스는 헤라클레이토스적인 가설을 받아들였다. 기저의 철학이랄까? 그것은 증명되지 않고, 증명할 수도 없는 주장이자, 말하지 않고 인식됨으로써 인정되는 주장, 매개하는 것이면서 매개되는 주장 아닐까? 아마 그럴 것이다. 그것 말고 다른 어떤 방법이 있는가? 그 다른[엘레아적인] 방식은 사유가 최소한으로 전진하는 것을 막음으로써 즉각 사유를 황폐화한다. 하지만 철학사에서 엘레아학파는 안정과 평형을 위해 운동을 중지하는 역설을 유지할 수 없었다. 엘레아적인 방식은 사물을 세고, 세부 사항을 기록하고, 크고 작은 사실에 주석을 달면서 그 사실들의 반복 및 사물의 기계적 재생산을 인정하는 것, 곧 '실재'의 평탄화(aplatissement)로 귀결되지 않았던가?

헤겔보다 더 헤겔적인, 그렇지만 동시에 근본적으로 반헤겔적인 것, 이것이 마르크스적 사유의 초기 방식을 정의한다. 이러한 정의는 사실들, 확증된 것들, 개념들 자체를 마주하는 일반적 태도 속에서 명확해지며, 나아가 반성

---

83) 《역사철학》 926쪽.

과 행위의 방식, 원칙이 된다. 그것은 다음과 같이 표현될 수 있다. '각각의 사물, 모든 사물을 변화하고 소멸하는 관점에서 받아들이기, 모든 안정성, 평형, 불멸성은 외관에 불과함을 보이기, 생성을 강조하기, 모든 현실이 자체적으로 지닌 파괴와 자기 파괴의 싹을 활용하기….'

그렇다면 이 방식의 근간에는 선택 내지 선택권, 그러니까 의지의 활동이 있는가? 어떤 의미에서는 그렇다. 마르크스는 바로 이러한 원리로부터 헤겔에 반대한다. 파우스트는 "태초에 **행위**가 있었다(Am Anfang war die Tat)"라고 말했는데, 마르크스는 이 말을 사물을 단순히 옮기는 몸짓이 아닌, 세계(monde)에 대한 행위로써 받아들인다. 그 행위는 이를테면 헤겔적 이념 같은 관념적인 것이 아니다. 그렇다면 이것은 의지주의인가? 실용주의인가? 아니다. 마르크스의 강점은 **정치적** 요청(postulat)이 사유와 인식의 명령(l'impératif)에 **논리적**으로 합치한다는 것을 드러내는 데 있다. 사실을 관계에 삽입하지 않고, 확증된 것을 전체에 통합하지 않는 인식은 없다. 사실의 고립을 거부하지 않는 인식, 사실의 수정, 변형, 잠재적 소멸을 예측하지 않는 인식은 없다. 이는 헤겔이 변증법적 방법론과 관련해, 모든 엄정함을 동원해 선언했던 바다. 난점이 없지는 않다. 사실 모든 사유와 반성, 모든 인식은 우선적으로 행위에서 출발하며, 어쨌든 시작되어야 하는 것이다.

하지만 개시하는 것보다 어려운 것은 없다. 순수한 감각(《정신현상학》), 순수한 형식적 동일성(《논리학》), 순수한 형이상학적 기원(이념)처럼, 가능한 먼 곳으로부터, '근원적'인 것으로부터, 추상적인 것으로부터 개시함을 찾았던 헤겔의 선언에 따르자면 그렇다. 마르크스는 자본주의와 부르주아 사회를 설명할 때, 헤겔만큼이나 멀고 추상적인 것으로부터 설명의 출발점을 찾았다. '교환가치'의 순수한 형식 속에서, 상품 일반 속에서, 추상적(사회적 평균) 노동 속에서 말이다. 그러나 마르크스의 비판적 성찰과 사유의 시작, 즉 사유와 행위의 개시함은 **실천적으로**(pratiquement), 그러니까 **정치적으로** 이뤄진다. 정치적인 것은 사유가 확립되어 그것이 활동으로, 그러니까 투쟁으로 이어지는 터전을 가리키며, 이 투쟁은 다시 정치적인 것 자체(실제적인 정치)에 대한 비판적 검토로 나아간다. 순수 철학은 막다른 골목에 다다르게 되며, 실증주의(사실, 확증된 것에 대한 물신주의)와 의지주의(인식함 없이 세계를 변화시키려는 활동)로 갈라진다. 마르크스의 방식은 이러한 곤궁을 피한다. 즉 마르크스의 방식은 딜레마에 빠지지 않고 문제를 해결한다. [그에 따르면] 태초에 실천이 있었다. 그것은 세계가—그것이 변화하기 때문에—변화할 수 있다고 설정하고 전제하는 행위이며, 사회적이고 정치적인 실천 속에 삽입되어 변화를 이끌어 나가는 행위다.

헤겔과 그 밖의 다른 이들을 통해서, 역사 속에서 철학은 세계라는 규모와 폭넓음을 달성한다. 철학은 세계와 그 문제들을 측정하며, 세계적인 것이 되었다. (실증주의, 경험주의의 방식, 그리고 정치적 현실주의의 실용적 방식처럼) 있는 그대로의 세계를 인정하지 않고, 그것을 거부하는 철학자는 세계가 변화하기를 원한다. 그러니까 그는 ―다른 세계의 기획이자 보다 고양된, 진정한 (인간적) 현실의 전망이자 지평으로서―철학을 실현하길 원한다. 이 철학자는 어떤 수단으로 철학을 실현할 것인가? 그는 침묵한다. 무기력하게 그는 자기 자신으로 돌아와 공연히 자신의 의지를 주장할 뿐이다. 이 지점에서 철학은 종결되며, 극복된다. 무엇에 의해서? 인식과 활동적 존재를 보다 높은 수준으로 끌어올리는 혁명적 요청(postulat)에 의해서. 요청이라고? 그렇다. 그리고 이것은 정치적 요청이기도 하다. 선행한 것들(철학과 지식)이 그 의미와 영향력을 보존하고, 그로부터 결과를 얻기 위해서―설령 뒤따르는 양상이 이전과 근본적으로 다를 지라도―정치적 요청은 필수적이다. 1839년 마르크스는 고대 유물론에 대한 학위논문에서 이렇게 쓴다. "세계가 철학이 되는 동시에 철학은 세계가 된다. 철학의 실현 과정은 동시에 그것의 소멸 과정이기도 하다."[84]

마르크스 사유의 최초의 접근 방식은 철학 전체 그리

고 모든 철학의 '집약체(요약)'로서 헤겔주의를 반박하고 거부하지만 동시에 그것을 연장하고, 그 영향력을 더 높은 차원으로 이끄는 것이기도 하다. 그에 따라 때때로 다시 취해지고 수정된 [헤겔의] 철학적 개념들은 그 자체가 목적이 되는 것이 아니라 세계를 변형하는 수단이 되어 기여한다. 말하자면 이 개념들의 철학적(인식론적) 지위는 개념과 실천의 연결 속에서 사회적 지위로 대체된다. 소외 개념이 대표적이다.

출발과 함께 여러 전투가 벌어졌고, 마르크스는 헤겔을 현실정치(Realpolitik) 속으로 던져 버리고, 그것이 거의 실증주의(헤겔이 혐오했던)와 마찬가지라는 식으로 몰아세웠는데, 이는 헤겔에게서 변증법을 빼앗은 뒤 그것을 날카롭게 다듬어 공격 무기로 삼기 위해서였다. 그리하여 변증법적 접근은 헤겔주의와—궁극적으로 이중적 상태[이론 자체와 그 비판으로서]로 분석되는—철학 자체를 향한 것이 되며, 메타철학적 극복의 요구로 규정된다.

사람들은 마르크스가 죽었다고 말하지만, 마르크스의 접근 방식이 어떻게 사라질 수 있는가? 마르크스의 개시함은 이론적 · 실천적 상황의 실질적 변화들이 낳을 차이

---

84) (옮긴이 주) 마르크스, 《데모크리토스와 에피쿠로스 자연철학의 차이 : 맑스 박사 학위 논문》, 고병권 옮김, 그린비, 2001, 62~63쪽.

들과 함께 언제나 재개될 수 있으며, 그러한 변화들을 해명할 것이다. 우리에게 주어진 선택지는 현실을 닫고 성취한 것을 경계 안에 가두어 결정짓는 태도와, 반대로 경계를 열고, 넓히고, 이동하고, 한계를 무너뜨리려는 행동 사이에 주어져 있다. 철학적으로 '엘레아주의'로 이름 붙은, 운동을 금지하는 태도는 강제적 결정이라는 형태를 띠고 있다. 대안적인 길은 오늘날에도 여전히 충만하고 온전하게 그 의미를 지니고 있다. (먼 과거, 그에 못지않은 초월에서 기원을 찾는 것이 아니라) 인식과 존재를 발견하는 행위로서 마르크스의 접근 방식에는 시효가 없다. 진실로 '마르크스주의'는 이미 그곳에 있는 바위와 같은 체계의 방식으로 현대 세계에 작용하는 것이 아니다. 그것은 씨앗처럼, 효모처럼 작용한다. 이 살아 있는 존재는 스스로 변화하고 다양화하는 씨앗과 효모를 퍼뜨린다. 그것은 이곳저곳에서 죽고 쇠퇴하지만, 또 다른 곳에서는 번성한다.

3. 진창에서 욕지거리가 솟구치고, 잿빛 하늘에서 악의에 찬 비난 소리가 내려온다. "마르크스는 죽었다! 그가 전망하고, 공포하고, 예언한 것 가운데 실현된 것은 아무것도 없다. 아무것도…." 이것은 우파의 말이다. 좌파에서는, 더 정확히는 무정부주의적 좌파에서는, 흥미로운 주장이

출현한다. 그에 따르면 마르크스와 마르크스 이론이 없었다면, 프롤레타리아 혁명은 벌써 일어났을 것이라는 것이다. 이들은 마르크스가 자본주의의 수호자였을 뿐이라고 주장한다. 그러나 농민 폭동은 토지 개혁에 성공하지 못했고, 기계 파괴가 사회를 변형한 것도 아니었다. 즉 무정부주의적 좌파는 제도와 조직화 사이의 중요한 갈등을 회피했다.

마르크스의 재고와 대차대조표에 대한 질문을 제기한다면, 지금 바로 그것을 제시해 보일 것이다.

a) 마르크스의 저작에는 **단기적인** 전망이나 예측이 일정 부분 포함되어 있었다. 무엇보다도 그는—이미 진행 중이었던—자본의 집중이 임박했다고 보았다. 자본 집중의 결과는 **경쟁적** 자본주의의 종언으로 나타난다. 그것은 이중의 압력, 즉 집중으로 인한 금융 자본의 압력 그리고 경제적 층위(동맹 파업, 임금 인상, 노동 시간 단축) 및 정치적 층위(의회 행동, 전복적 행동, 혁명적 행동)에서 야기되는 노동 계급의 압력 때문이었다. 자유로운 경쟁 자본주의의 경향 및 내적 모순에 대한 분석에 기반한 이 '예언'의 실현에 오늘날 감히 누가 이의를 제기할 수 있는가? 자본주의의 본질적 지점에 대한 선언이 이렇게 실현된 것은 그 자체만으로, 자본에 대한 마르크스의 분석과 설명이 지닌 유효성을 보증해 준다. 다만 이 유효성은, 경쟁 자본

주의에서 독점 자본주의(제국주의적, 금융)로의 전환이 이루어지고, 그 밖의 다양한 해석들(힐퍼딩, 레닌, 케인스 등)과 모순적인 사건들을 거친 다음에야 뒤늦게 드러났다.

근래에, 원자재 및 에너지 위기 속에서, 우리는 이 분야의 다양한 선언들—권위 있는 이름들의 서명이 뒤따르는—을 읽었다. "예측 밖의 위기… 마르크스 사상과 관계없는 위기… 과잉생산 및 과소소비에 관한 마르크스의 가설과 무관한 위기…." 그런데 마르크스의 위기 이론은 모든 위기에는 고유한 특성이 있다는 주장으로 요약된다. 가령 생전에 마르크스는 남북전쟁으로 황폐해진 미국에서 주요 원자재인 면화 부족으로 촉발된 위기를 연구하기도 했다. 그리고 최종적으로 마르크스가 분석한 과잉생산은 [소비재가 아닌] 생산 수단(기계, 노동력)의 과잉생산을 의미했다.

경쟁 자본주의의 소멸은 마르크스의 예측대로, 이중적 과정을 통해 이루어졌다. 그것은 노동 계급의 압력과 행동—이 계급은 1917년 거대 농업 국가에서 생산 방식의 폐지에 착수했다—그리고 선진국 금융 자본의 부상을 뜻한다. 그러나 마르크스의 전체적인 예측에는 부합하더라도, 그 세부적 측면에서는 부합하지 않는 맥락들이 존재한다. 마르크스는 선진 산업 국가에서 양적·질적으로 고도화된 노동 계급의 지도에 따른 혁명적 전환을 예측했다.

또한 마르크스는 정치적 혁명이 소유 관계의 전환을 선행 조건으로 삼아 급속도의 (경제적) 성장과 (사회적, 질적) 발전을 가능케 할 것으로 보았다. 그러나 혁명에 대한 이러한 가설에는 부분적으로 오류가 있었다. 마르크스에 따르면, 사회적 관계의 전복 없이는 (생산력) 증대가 있을 수 없다. 사회의 성장과 발전은 모두 합리적으로 – 조화롭게 –, 말하자면 헤겔적 양식에 따라 이루어져야 한다. 즉 마르크스에게서 자연에 대한 지배와 자연에 대한 전유는 분리 불가능한 것이었다.[85] 그러나 혁명 세력에 맞서 헤겔적 유형의 국가가 승리를 거둠으로써 사회적인 것의 평탄화(사회가 경제와 정치 사이에 짓눌림) 그리고 발전 없는 성장(질적인 것에 대한 양적인 것의 승리)이 나타났다. 물론 한편으로 일반화된 성장의 측면에서 마르크스가 예측한 이행기가 부분적으로 실현된 부분도 있다. 일반화된 성장은 지금껏 억압에 의해서, 지식의 정치적 사용에 의해서, 이데올로기에 의해서 억눌렸던 질적 도약, 즉 사회적 힘의 발산을 가능하게 해 주었다(필연적으로 그렇게 실현

---

85) (옮긴이 주) 자연의 지배가 양적 성장을 위한 기반의 구축을 뜻한다면, 자연의 전유는 인간이 자연과 조화로운 관계를 맺고 질적인 풍요로움을 얻는 것을 뜻한다. 르페브르에 따르면 마르크스는 자연의 지배와 그 전유가 서로 분리되지 않을 때라야 진정한 사회적 발전이 가능하다는 입장에 서 있다.

된다는 뜻은 아니다). 또 한편으로 생산력의 증대는 새로운 영역을 만들어 냈는데, 대표적인 예로 정보과학 분야를 들 수 있다. 확실히 자본주의는 생산력 및 생산에 통합된 과학의 성취를 장악했다. 그럼에도 불구하고 이는 '사회의 사회화' 그리고 생산력 자체의 사회화—그 요소들(기업들)이 더 이상 공간적으로 고립되고 분리되지 않는—라는 양상으로 귀결된다. 실은 이것이야말로 마르크스가 '사회주의적' 사회를 고려하면서 예측했던 바다! 질적 도약을 막는 것은 누구인가? 바로 헤겔적 유형의 국민국가다. 그것은 억압적 힘, 강제적 구조, 고착된 형식(의례들과 편제들), '만족을 공급하는' 기능을 지니고 있다. 요컨대 질적 도약을 막고 있는 것은 생산력주의와 양적주의에 기반한 이러한 제도들의 막대한 영향력이다.

b) **중기적 관점**에서 마르크스는 다른 사회의 형성을 예측 가능한 한계 내에서 선언했다. 그것은 어떤 존재 양식으로 특징지어지는가? 마르크스는 총체적 혁명을 통해 탄생할 미래 사회에 대해서 구체적으로 말하지 않는다. 그는 점술사 노릇을 거부했다. 그는 미래 사회를 때로는 **윤리적으로**(각자가 다른 모든 사람을 존중하는), 때로는 **미학적으로**(모두가 시인이고 모두가 예술가인) 보는 듯하다. 짐작해 보자면, 이 미래 사회는 무엇보다도 생산력과 생산 수단, 곧 경제에 대한 집합적, 사회적 소유와 관리로

특징지어질 것이다. 이어서 정치 국가 및 그와 같은 정치의 소멸(폐기)이 나타날 것이다. 이는 사회적인 것이 경제적인 것을 통제하고, 정치적인 것을 재흡수하는 것, 말하자면 사회적인 것의 우위를 통해서 이루어진다. 마르크스에 따르면 사회적인 것, 사회적(집합적) 필요의 이러한 우위가 사회주의를, 이어서는 공산주의를 규정한다. 마르크스에게 그것은 사회적 관계의 다양성과 풍부함(진정한 부), 자연, 기술, 학문 등의 조건들과 수단들에 대한 (사회적) '인간'의 전유 혹은 재전유를 의미했다. 동시에 그것은 억압적, 압제적 제도의 종언을 의미했다. 즉 국가가 사라지고, 그것을 전후해서 종교, 가족, 민족, 정당, 강요된 노동, 이데올로기 등도 사라진다는 것이다.

이러한 기획에서 무엇이 실현된 걸까? 아무것도 없다. 혹은 거의 없다. 그렇지만 마르크스가 소멸을 말한 것들 가운데 많은 것들은 이제 더 강화되기보다는 그 자리에서 썩어 가고 있다.

c) **장기적 관점**에서, 마르크스의 사유는 그 장점을 회복한다. 《철학의 빈곤》에서 《요강》(《정치경제학 비판을 위하여》[86]-《자본》의 준비 작업으로서, 가장 널리 알려

---

86) 두 권으로 완역되었다(에디시옹 앙트로포스 출판사).

진 텍스트들에는 포함되지 않는 단편들)에 이르기까지 마르크스는 도구의 조합, 인간 노동을 대체하는 동력원의 사용, 기술에 대한 물질적 투자와 과학적 결과 등 기계와 기계의 완성에 이르는 복잡한 단계와 과정을 분석했고 자동기계 및 생산의 자동화를 예견했다(헤겔도 이를 예측했지만, 그의 작업은 마르크스처럼 이 추상적-구체적 대상에 대한 엄밀한 연구에 기반한 것이 아니었다. 마르크스의 분석은 이러한 기술의 창시자 중 한 명인 배비지[87]의 작업에 기반하고 있다). 기계는 점점 더 복잡해지고, 그 내부 작동을 위한 에너지와 원자재를 외부로부터 받는다. 기계는 자동 조절 과정에 따라 공급받은 것을 최종적인 생산물로 변환하고, 인간 노동을 쓸모없게 만들 것이다. 그리하여 분업에 의해 무한하게 나뉘었던 노동은 자동기계의 생산 과정 속에서 다시 하나로 통합된다.

장기적 관점에서 비노동에 대한 이러한 선포는 마르크스의 '예언들' 중 한 부분으로, 이것은 전통적인 종말론이나 천년왕국설과 아무 상관이 없는 것이다. 마르크스는 생산력의 이러한 결정적인 완성이 세계를 혁명적으로 급변하게 만들 것으로 예감한다. 그 속에는 가장 상반되는

87) (옮긴이 주) 찰스 배비지(Charles Babbage)는 오늘날의 컴퓨터와 유사한 기계식 계산기를 구상했다.

가능성—재앙이나 기적적인 일이 발생할 가능성, 혹은 둘이 동시에 일어날 가능성—이 내포되어 있다. 만약 정치적 · 사회적 혁명이 일어나지 않는다면, 기술적 급변이 세계의 변화를 떠맡게 될 것이다. 그러나 사회가 기술을 수용하고 통제할 준비가 되어 있지 않다면, 즉 인간성을 위한 세계로 전유할 준비가 되어 있지 않다면, 최악의 결과가 초래될 것이다. 예를 들어 사람들은 더 이상 일하지 않아도 되지만, 기계에 공급(에너지와 원자재)이 필요하다면 어떻게 해야 될까? 에너지 및 원자재 자원의 분포에 따라 지구 표면 곳곳에 흩어져 있는 거대한 생산 단위들을 어떻게 집합적으로 관리할까? 그것들을 어떻게 사회적 필요[욕구]들에 종속시킬 것인가, 그리고 그 필요란 대체 어떤 필요인가?

최근까지 등한시된 원고들에서, 마르크스는 (도시적인) 공간을 차지하는 집적(하나의 도시)[88]가 형성되고, 여

---

88) 《마르크스 사유와 도시(La Pensée marxiste et la ville)》를 참조할 것. 또한 《마르크스 선집(Œuvre choises de Marx)》 2권을 볼 것. 여기에는 관료제, 다양한 사회 계급 등에 대해 인용한 텍스트들이 담겨 있다[(옮긴이 주) 마르크스에게 사회주의, 곧 '생산의 합리적 조직'은 '사회와 자연의 유기적 교환, 그리고 사회 내의 물적 교환을 뒷받침하는 원자재와 에너지 교환'을 포함하며, 이때 도시란 자원과 에너지가 교환되는 현장 내지 집적의 장소다. 르페브르는 경제와 사회의 분리에 맞서는 이른바 공유경제(économie en commun)가 도시적 집적의 일반화를 통

기에서 '에너지 대차대조표'가 만들어질 것으로 예견한다. 말하자면 그것은 주변 공간(시골) 및 더 멀리 있는 공간과의 자원 교환이 이루어진다는 것을 의미한다. 이러한 교환을 어떻게 통제해야 할까? 이러한 과정에 대한 ― 합리적 규제로서 ― 제어가 없다면, 도시적 현실은 그 고유한 자원 및 도시적 현실 자체의 파괴에 직면할 것이다. 마르크스는 이른바 생태학적인 문제들이 전면화될 것으로까지 생각하진 않았지만, 그러한 문제들을 어느 정도 예감하면서, 생산 과정의 총괄적인 자율-규제를 구상했다. 하지만 (가령 도시-시골 사이의) 가장 고도화된 수준의 교환에 대한 통제가 우리의 실천적 활동과 인식에 대한 개입 없이, 자동적으로 이뤄질 것으로 보진 않았다.

이러한 물음들, 이러한 징후들은 마르크스의 '경전(vulgates)'에 포함되지 않는 원고들 가운데 발견된다. 이 원고들이 명석판명하냐고? 그렇진 않다. 이 텍스트들은 20세기의 눈으로 읽어야만 하고, 한 세기 동안의 경험을 바탕으로 해석되어야 한다.

문학과 관련이 없고, 형식의 측면에서도(일반적인 언어와 다르지만, 저자의 개별적 노력으로 특징지을 수는 없

해 실현된다고 본다(르페브르, 《마르크스 사유와 도시》, 위의 책, 카스테르만 출판사, 파리, 1972, 60쪽, 148~149쪽)].

는 언어적 형식), 내용의 측면에서도(현재적인 분석이 잠재적인 것을 향해 가는 내용) 문학과 상이한 이런 텍스트를 연구할 때, 다른 어떤 방법이 있을 수 있는가? 헤겔은 이미 이러한 접근 방식을 제시한 바 있다. 그것은 개시함(우리의 맥락에서는 마르크스 사유의 개시함)을 역진적으로 심화하는 것(approfondissement régressif), 그리고 그와 같은 개시함으로부터 전진하면서 규정하는 것(détermination progressive)을 말한다. 이는 매번 다른 방식으로 되풀이되며, 여기에 최종적으로 확정된 독해 방식과 고정된 의미는 없다.

4. 국가에 관한 한, 마르크스의 작품에서 정치적 현실을 설명할 '모델'을 발견할 수는 없다. 우리는 그의 작품 전체에서 헤겔 이론에 대한 세심한 비판적 검토(이런저런 정치가들에 대한 수많은 논쟁적인 언급들 및 그들의 국가를 겨냥한 언급들)를 발견할 수 있을 뿐이다.

이 공백은 왜 생겼는가? 마르크스의 시대에 국가는 그 본격적인 이력을 겨우 시작했을 뿐이다. 국가의 정치적 존재는, 헤겔의 책 속에 존재하는 것을 제외하면, 오직 프랑스에서만 나타났다. 마르크스는 프랑스에서 보나파르티즘의 붕괴를 보았고, 독일에서 비스마르크, 프로이센과 함께 국가의 부상을 보았다. 영국에서는 국가가 세계시장과 자본주의의 출현에 발이 묶여 허약한 상태에 있었다. 어쩌면 마르크스는 헤겔 이론을 다른 구축물로 대체할 필요까지는 없고, 단지 그것을 비판하는 것으로 충분하다고 본 것 아닐까? 어쩌면 마르크스는 국가라는 건축물이 이론적 공을 많이 들이기에는 너무 허약하고, 너무 빨리 변형된다고 판단한 것 아닐까? 어쩌면 마르크스는 영국의 사례만으로 국가와 (자본주의적) 생산 양식 사이의 연관을 파악할 수 없었던 것 아닐까?

마르크스는 헤겔이 생산을 무시했다거나, 생산 과정의 이중적 측면에 무지했다고 비난하진 않는다. 그에 따르면 생산 과정은 협소한 의미에서 보자면 노동, 경제적 활동(생산력), 수요와 필요에 대응하는 대상들의 제조를 의미하며, 보다 넓은 차원에서는 사회적 관계와 사회의 생산, 곧 인간적 현실을 스스로 생산해 내는 과정을 의미한다.

역사에 대한, 그리고 '인간' 자신의 현실을 스스로 생산한다는 헤겔 철학의 관점은 포이어바흐의 인간학적 필터를 거친다. 누가 살아가는가? 누가 행동하는가? 민감하고 감각적인 존재, 자연에서 태어나 자연을 변형하면서도 결코 그 밖으로 나가지 않는, 주체이면서 동시에 객체인 존재가 살아간다. 헤겔은 생산 활동을 광범위한 것으로 인식하고, 이성(이념)의 이름으로 인간 활동을 자연으로부터 분리했다. 이와 달리 포이어바흐는 활동성을 오인하면서 자연성을 복원했다. 이제 마르크스는 헤겔의 사변적 합리성과 포이어바흐의 제한적인 자연주의 둘 모두를 극복함으로써, 즉 변증법적 운동을 통해 그 한계들을 부숨으로써, (사회적인) '인간적 존재'의 통합을 복원한다. 더 나아가 마르크스는 이러한 극복이 야기하는 새로운 문제들까지 깨닫게 된다. 자연의 '존재', 그러니까 자연에서 태어나, 자연에 의해, 자연 속에서 살아가는 존재가 어떻게 자연을 지배하는가? 만약 이러한 생산에 내재하는, 보다 높은 차원의 합리성이 존재하지 않는다면, 인식을 통해 자연을 통제하는 '인간'은 어디로 나아가게 되는가? 마르크스는 《1844년의 수고》에서 이 질문들에 대한 답을 유보하면서, 인간적 소외를 실천적 · 사회적인 것으로 특징짓는 데 만족한다.

인간이 어떤 고통과 위험도 없이 자연에서 분리되어 나와 자연을 지배하는 것은 불가능하다. 헤겔—노동을 모르는 부르주아—은 노동을 지식에 종속시키면서 노동 자체를 무조건적으로 상찬한다. 이 노동은 분업화되어 있기에 소외하고-소외당하는 노동이며, 노동하는 개인을 한편으로는 생산 과정의 기술적 요구에, 다른 한편으로는 시장의 사회적 요구에 종속시킨다(시장은 그 자체로 노동 시장과 노동 생산물 시장으로 이중화되어 있다). 첫 번째로 지적할 점은, 헤겔은 노동의 체계와 욕구의 체계 사이의 조화를 전제하면서 내적 균형을 부여했지만, 실제로는 생산에서도 시장에서도 그런 균형은 없다는 것이다. 헤겔주의는 영국의 경제학자들이 발견한 것을 잘못 해석했다. 시장 규제라는 것은 그 자체로 가장 치열한 경쟁의 결과로 생겨나는 것이며, 이 경쟁은 가장 재능 없고 낮은 자리에 있는 이를 제거한다. 시장은 보다 고양된 합리성과 이념을 향한 상승을 돕는 대신에, 힘 있는 사람들과 부자들의 상승을 촉진한다. 그에 따라 시장의 피해자, 그리고 노동 분업의 피해자에는 무엇보다 '노동자들' 자신이 포함된다. 헤겔적 낙관론은 이러한 비판적 분석 앞에서 힘을 잃고 만다.

헤겔은 사회적 계급을 몰랐는가? 그렇지는 않다. 그러나 헤겔은 그 본질을 오해했고 그 때문에 계급들의 역할도 제대로 이해하지 못했다. 프랑스 혁명에서, 헤겔은 부르주아와 귀족 사이의 계급투쟁(생시몽에 의해 19세기 초에 발견된)을 거의 완전히 무시한 채, 국민국가의 합리적 상승만을 보았다. 헤겔은 한편으로는 경제적 생산을, 다른 한편으로는 사회적 계급을 파악했지만, 그것들 사이의 연관은 인식하지 못했다. 자신이 만든 사변적인 삼중적 구축물로 인해 헤겔은 거대한 오류로 끌려 들어갔다. 헤겔에게는 두 노동 계급, 그러니까 두 생산 계급—농민/노동자과 장인—이 존재하고, 그들 위에는 사고하는 계급과 정치적 계급/카스트, 즉 지배적 카스트(통치자들, 정부)가 위계적으로 존재했다. 이 구축물에서 생산 수단과 생산 관계는 어디에 나타나는가? 소유 관계를 내세워 생산 수단을 보유하는 것은 누구인가? 합리성과 조화의 환상은 헤겔의 시야를 어지럽힌다. 중간 계급? 헤겔과 달리, 마르크스에게서 그것은 엄밀하게 규정된 존재가 아니다. 존재하는 것은 여러 계급들과 중간층들이며, 그 이름은 바뀐다. 마르크스는 헤겔의 국가 철학이 '사유하는 계급'이라는 아름다운 이름으로 꾸며낸 것을 경멸하면서 이를 '프티부르주아'라고 부른다. 마르크스가 보기에 이 사이비 계급은 매우 다양한 요소들로 구성된다. 그 자체로 매우 다양한 집단들을 구성하는 일부 농민들(농업 노동자, 소작인, 자본주의적이거나 그렇지 않은 농장주, 토지 소유자들), 상인들, 자유업 종사자들, 관리직들 등으로 말이다. 이들이 비생산적이라고? 그렇지 않다. 전부는 아니라도 많은 이들이, 설령 범죄자조차도, 자신의 방식으로 생산한다. 이들은 생산 수단에 대한 관계를 법적으로 보장받는가? 아니다. 오직 자본가들만이 그와 같은 수단, 부지, 기계, 원자재, 임금으로 쓸 자금을 [법적으로] 소유한다. 상인들은 어떤가? 상인도 자신의 방식으로 생산한다. 재화를 다른 장소로 운반하는 것 역시 생산의 일부분이기 때문이다. 상인은 그의 '개인적' 노동을 통해 기업가와 마찬가지로 잉여가치를 생산한다. 상인은 동등한 자격을 지닌 채, 자기 회사에 투자된 자본에서 비율대로 잉여가치의 일부를 받는다. 교역의 규모가 커질수록, 그것은 산업체에 가까워진다. 농업적 기업도 마찬가지다. 그 밖에도 수많은 중소 상인들, 중소 소유주들 또는 농장주들, 관리직들 등이 있으며, 이들이 '프티 부르주아'를 이룬다. 이들 중간 계급은 아마도 사유하는 능력이 가졌겠지만, 그래 봤자 그것은 불확실성에서 불확실성으로 나아가는 능력일 뿐이다. 그들은 생산을 지휘할 능력도, 정치적 전체를 지향할 능력도 없다. 프티 부르주아의 양적 · 질적 중요성은 분명 상당하지만, 이는 헤겔이 부여했던 역할과는 거리가 멀다. 일관성 없는 헤겔주의자인 라살레와 그 지지자들은 중간 계급이 정치적으로 활동적인 노동 계급에 맞서, 부르주아와 함께 반동적 집단을 형성한다고 주장했지만 이는 눈속임이다. 이 어리석은 언사에는 라살레의 위험한 전술이 숨겨져 있다. 그 전략은 봉건 영주와—비록 봉건 영주 출신이지만 그들의 정치적 식견을 능가했던 인물인—비스마르크에게 손을 내미는 것이었다.[89] 그러나 라살레는

89) (옮긴이 주) 라살레는 노동자 정당을 수립하고 그 기반을 확보하기 위해서 자유주의적인 세력 전체에 공격을 집중하고자 했다. 그는 독일의 부르주아 집단이 혁명 투쟁을 수행할 수 없다고 판단했고, 비스마르

부르주아가 산업으로 사회를 혁명적으로 전복한다는 것을 망각한다. 또한 라살레는 거대 산업에 의해 야기된, 이러한 전복의 진정한 생산물인 프롤레타리아의 목표가 생산의 자본주의적 성격을 탈각시키는 데 있다는 것을 망각한다.

중간 계층의 대열에서 선택적 방식(시험과 경쟁)을 거쳐 – 그 역시 서열화된 – 지도자가 나오는 것은 사실이다. 이 대목은 마르크스의 천재성이 번뜩인 부분들 중 하나로, 처음에 그것은 헤겔에 의해 다른 언어로 표현되었다.[90] 마르크스는 헤겔이 그 역량, 헌신, 정직(미덕의 삼인조)을 끊임없이 예찬했던 국가의 기능적 몸체를 관료제(bureaucratie)라고 칭한다.[91] 이것은 마르크스를 근본적

크의 동맹자가 되기로 결정했다(아르투어 로젠베르크, 《프랑스 대혁명 이후의 유럽정치사》, 박호성 옮김, 역사비평사, 1990, 150~151쪽 참조).

90) (옮긴이 주) 《법철학》에서 헤겔은 관료제를 국가의 일반 이익을 보존(Festhaltung des allgemeinen Staatsinteresses)하는 활동으로 이해했고, 이들 구성원을 '행정적 국가관리자(exekutiven Staatsbeamten)'로 표현한다(한국어판 헤겔, 《법철학》, 앞의 책, 521~525쪽 참조).

91) (옮긴이 주) 마르크스는 1840년대 독일에서 신조어였던 관료제(Bürokratie)라는 표현을 받아들인다. 이 신조어는 당시에 경멸적인 의미를 포함하고 있었는데, 《헤겔 법철학 비판》에서 마르크스는 관료제의 본질이 '국가 형식주의'에 있다고 주장한다[마르크스, 《헤겔 법철학 비판》, 홍영두 옮김, 도서출판 아침, 1988, 69쪽; 앙드레 리비히(André

인 발견으로 이끄는데, 이 발견은 오늘날 '사회학'—이 학문이 비판적 인식의 수준을 포함하는 한에서—으로 불리는 영역에 속할 것이다. 사회적 구성물로서 관료제는 고유한 이해관계를 지닌다. 관료제는 자신이 지배하는 영역을 유지하고, 나아가 확대 및 확장하려 하며, 집단으로서 그 응집력과 규모를 보존하려 한다. 그러므로 관료들이 그들에게 귀속된 자원과 그 원천들('국민소득', '국민총생산')을 이용해 사회를 통제하기 위한 조치를 취한다면, 그것은 다른 이들로부터 가져온 것으로 자신의 (사회적) 존재를 보존하기 위함이다. 그리고 이들은 정치적인 질서 안에서 이렇게 한다. 이 질서의 합리성 혹은 비합리성은 그들에게 별다른 관심의 대상이 되지 않는다. 더구나 합리성과 비합리성은 서로 뒤섞이며, 전자는 부조리한 것으로 후자는 형식주의나 매우 이성적인 글쓰기로 고양된다. 관료들은 이러한 상황을 자기 행위의 전제로서 수용할 뿐이다. 그들에게 중요한 합리성은, 그들의 보존을 위한 합리성이다. 관리자의 기능은 이중적인데, 그것은 사회 전

Liebich), 〈헤겔의 《법철학 비판》에 나타난 마르크스주의 관료제 이론의 기원에 관하여(On the Origins of a Marxist Theory of Bureaucracy in the Critique of Hegel's Philosophy of Right)〉, 《정치적 원리(Political Theory)》 10권 1호, 세이지(SAGE) 출판사, 캘리포니아, 1982, 77~93쪽].

체의 공적 관리와 통제, 그리고 다양하게 구성된 조직들 및 사회적 구성물로서 관료제 전체에 대한 자기 보존을 의미한다. 따라서 만약 자동적인 조절이 존재할지라도, 그것은 헤겔이 원했던 것처럼 정치적 총체의 이익이 되는 것이 아니라, 단지 사회의 일부가 영구적인 투쟁 속에서 자기 자리를 차지하고 넓혀 나가는 것일 따름이다. [자기 보존을 위한] 이 투쟁은 다른 투쟁들과 동시에 나타나는데, 다른 투쟁들을 왜곡해서 단순화하기보단 그것들을 아예 은폐하려는 경향을 보인다. 이런 식으로 해서 모순은 국가 건축물의 중심으로 나아간다. 이 모순은 이 건축물의 아래쪽에서 위쪽으로 균열을 확대한다.

한편 관료제는 상위 계층이나 지도자들(마르크스는 이들을 '기술 관료'라고 부르진 않았지만 그 부상을 예견했다)을 통해서 사회 전체, 곧 국가, '공적 서비스', 교육과 교화, 건강, 과학적 연구 등을 관리한다. 이와 같은 활동을 위해서 관료제는 세금, 국영 기업체 등 다양한 수단으로 추출된 **사회적 잉여생산**을 마음대로 처분한다. 우리는《고타 강령 비판》(1875)에서 마르크스가 잉여생산과 그 관리에 대한 이 질문을 중요하게 다루었다는 것을 알고 있다. 관료제는 그와 연관된 이해관계들을 고려하며, 결과적으로 경제적으로 지배적인 이들, 즉 자본가 및 계급으로서 부르주아의 이해관계를 고려하여 이러한 서비스를 조직하고 관리한다. 관료제의 매개를 통해서 경제적 지배 계급은 자신의 헤게모니를 실행하고 욕구와 지식, 사회적 공간을 만들어 내려는 경향(이것은 결코 달성된 사실, 처음부터 주어져 있는 상태가 아니다)을 보인다. 물론 관료제가 포괄하려는 다양한 제도들의 자기방어를 포함해서, 저항이 없지는 않다. 그러나 동시에(이 동시성은 아무리 강조해도 지나치지 않다) 관료제적-정치적 장치들은 사회 위에 확립되려는 경향을 보인다. 사회를 관리하기보단 지배하기 위해서 말이다. 비록 헤겔은 추상화로 향하는 전체의 부상을 합리성의 표지이자 증거로 보고 이를 두 손 들어 환영했지만, 여기에는 이러한 부조리함이 있다. 즉 사회의 관리자들은 지배 계급을 위해서 행동하기를 멈추고, 자동적인 현실을 채택한다. 극단적인 경우, 이들은 자신들의 특정한 이해관계를 강요할 수도 있으며, 이들은 경제적 지배 계급(이 계급의 정력적인 저항에도 불구하고, 그들을 신중하게 다루면서)을 포함해서, 전체 사회를 약탈하기에 이른다. 국가와 그 장치들이 자율성을 얻어 사회와 사회적인 것을 무겁게 찍어 누르는 이런 방식에는 문제가 없지 않다. 아래로부터(민주적으로) 제어되지 않는 상황에서 정치체의 요소들은 분열하며, 힘과 이익을 둘러싼 경쟁 속으로 들어간다. 그리고 사회 위에 올라선 국가는 여느 체계와 마찬가지로 분열의 선을 따라 무너져 내린다. 날 선 경쟁은 폭력으로 이어진다. 이러한 상황에서 이익을 얻는 것은 (일련의 장치를 보유한) 군사 조직 혹은 정치인이며 이들은 지식을 가진 이들을 경멸한다(하지만 고급 기술자와 기술 관료들은 사회의 관리를 위해서 필수적이며, 그렇기에 이들은 종종 복수를 할 수 있다).

마르크스는 《루이 보나파르트의 브뤼메르 18일》에서 국가와 그 장치들에 내재한 변증법적인 이중 운동을 설명한다. 그 기반이 된 저작은 헤겔주의를 겨냥한 《(헤겔) 국법론 비판》으로, 여기에서 마르크스는 이 변증법의 조건들을 묘사하고 분석한 바 있다. 1852년 일군의 정치적 협잡가와 군인들이 프랑스 사회를 장악하고 약탈을 시작한다. 룸펜 프롤레타리아와 연합한 룸펜 부르주아가 이미 사회 위에 세워져 있던 국가를 손아귀에 넣고 이 과정을 완결까지 밀어붙였다(나중에 파시즘이 똑같은 일을 했다). 마르크스는 아래로부터의 민주적 통제가 멈추었을 때 나타나는 국가의 경향을 보나파르티즘을 통해서 폭로한다. 이렇듯 마르크스가 분석한 것은 경향이자 운동, 과정이다. 말하자면 그는 생성을 다루었다. 이것이 헤겔적 국가인가? 아니다. 그렇지만 아래로부터의 위협이 없다면 이 국가는 헤겔적 국가 쪽으로 향해 간다.

마르크스는 정치적 국가의 사회적 진실(la vérité sociale)을 이끌어 냈다. 마르크스에게 생산 관계는 — 헤겔은 생산 관계를 발견했지만, 그것을 오인했다—사회의 토대다. 결과적으로 노동 계급은 생산 수단의 소유자와의 직접적인 관계가 아니라 오로지 매개된 관계(계약 관계, 곧 고용주와 피고용인 사이에 구두나 서면으로 체결되는 계약)를 통해서 생산에 관계하며, 이 토대의 일부가 된다. 국가는 바로 이들을 짓누른다.

이 전체 과정은 1848년에서 1852년 사이 프랑스에서 나타난 정치적 사건들을 통해서 잘 드러난다. 프랑스 국가는 구체제 때부터 강력했고, 나폴레옹에 의해 더 강화되고 중앙집권화되었지만, 그럼에도 현대적인 국가가 아니었다. 농업적 토대 위에 세워진 이 건축물[프랑스 국가]에서 국가 관료제(행정부)는 수많은 고립된 생산 단위들, 작은 촌락과 소도시의 분열된 농민들을 연결하는 역할을 했다. 왕정복고와 함께 농민의 변화, 노동 계급의 출현 등 토대의 변화는 이러한 국가 구조의 인위성을 더욱 부각했다. 그리고 1848년에 노동 계급이 전면에 나타나면서 이 건축물은 동요하기 시작했다. 즉 공화국은 이 건축물을 새로운 현실, 산업, 그리고 노동 계급에 맞추어 재구성하고 재구축하는 데 실패했다. 결국 이것이 빌미가 되어, 협잡꾼들이 몰려왔고, 이들은 쿠데타를 통해 이 근사한 노획물을 손에 넣었다.

이러한 의미에서 노동 계급을 짓누르는 것은 현대 정

치 구조다. 현대 정치 구조는 생산 관계를 유지하고 소비를 조직하는 것, 가능하다면 생산을 감독하며, 사회 전체를 위한 잉여가치, 즉 다양한 '서비스'를 보장하는 것을 동시에 추구한다.

이 토대에는 안정적인 것도, 균형 잡힌 것도, 합리적인 것도 없다. 생산력? 생산력은 성장하며 그 조건들은 변화한다. 생산 관계? 이 관계는 생산 수단(토지를 포함해서)에 대한 사적 소유권을—설령 그 정치적 부담이 증대할지라도—더 비합리적인 영역으로 밀어낸다.[92] 계급? 그 수는 끊임없이 변한다. 어떤 계급(가령 프랑스에서 토지 소유자들)은 사라지고 또 다른 계급(프랑스 혁명과 농지 개혁 이후, 분열된 농민들)이 새로 태어난다.

역설은 또 있다. 헤겔적 구조는 '현실'을, 역사의 특정한 '결과'를 드러낸다. 나아가 그것은 하나의 기획, 희망, 지평을 드러낸다. 그것은 부르주아의 기획이고, 희망이고, 지평이다. 헤겔은 여느 철학자들처럼 자신의 전제들을 오인하면서 이 지점을 어느 정도 무시했다.[93]

---

92) (옮긴이 주) 사적 소유와 사회적 차원의 합리성이 충돌함으로써 자본주의의 자기 모순적 성격이 더 강화된다는 의미다.

93) (옮긴이 주) 자기 전제를 오인함으로써 그 전제 이상의 어떤 내용을 담게 되었다는 의미다. 즉 헤겔의 원래 의도는 역사적 현실을 '합리적'

마르크스가 국가 이론에 공들인 과정을 보면, 그것은 그의 청년기 작품에서 헤겔 이론에 대한 비판으로 시작되어, 보나파르티즘에 맞선 논쟁으로 이어진 다음, 독일 사회민주당에 대한 공격으로 완성된다. 사회민주당을 향한 공격은 당의 지도적 인물이자 '베를린의 마라'[94]인 페르디난트 라살레를 겨냥한 것으로, 이는 궁극적으로는 헤겔을 과녁으로 삼는 것과 마찬가지다. 그러니까 이 마지막 텍스트가 맨 처음의 텍스트를 반복하고 그 결말에 이르도록 만드는 셈이다. 마르크스가 반복하고 있는 주제는 다음과 같다. "소유권의 현재적 조건은 국가의 힘을 통해 유지된다. 국가는 부르주아가 자신의 소유권의 조건을 보호하기 위해 조직한 것이다. 그러므로 프롤레타리아는 정치권력을 전복해야 한다"(1847).[95]

《고타 강령 비판》은 여러 이유에서 더 깊이 연구되어야 할 가치가 있다. 이 텍스트는 이해 당사자(독일의 사민주

으로 기술하는 것이었지만, 그의 이론은 결과적으로 특정 계급의 이데올로기적 지향을 표현하는 것이 되었다.

94) (옮긴이 주) 장 폴 마라(Jean-Paul Marat)를 가리킨다. 자코뱅 시기에 인민의 대변자를 자임하면서 한편으로 공포 정치를 주도했던 인물이다.

95) (옮긴이 주) 엥겔스가 작성한 《공산주의 원리》를 가리키는 것으로 보인다.

의자들)에 의해 은폐되어 무시되었고 제대로 이해되지 못했다.

이미 광범위하게 활용된, 이 짧고 농축적인 글로 돌아오기 전에, 극히 중요한 문제를 다뤄 보자. 마르크스는 코뮌을 암시하고 있는가? 마르크스는 1차 인터내셔널의 종결과 관련해서만 코뮌을 언급한다. 그런데 마르크스는 1871년 파리에서 일어난 일을 완벽하게 인지했고, 인정했다. 특히나 국가와 관련해서 이는 명백하다. 코뮌에서 몇몇 대담하지만 큰 의미가 없었던 조치들을 제외하고, 코뮈나르들[파리 코뮌 지지자]들은 기존 국가를 무너뜨렸다. 그들이 무너뜨린 국가는 보나파르트주의 국가의 폐허 위에 세워진, 거의 민주주의적이지 않은 부르주아 국가였다. 코뮈나르들은 인민 위에 군림하고, 인민과 대립하는 관료제, 경찰, 군대를 무너뜨리면서 길을 열어 보였다. 하지만 《고타 강령 비판》에는 이에 대한 언급이 없다. 독자들은 함축적인 방식으로만 코뮌에 대해 발견할 수 있을 뿐이다. 어째서인가? 두 가지 이유가 있다. 첫째 마르크스는 4년이 지난 뒤에 독일인들에게 파리에서 벌어진 일을 제대로 말할 수 없다는 것을 알았다. 그에 따르면 이 사회주의자들은 민족주의적 편견에 젖어 있었기에 그 사태를 무시하거나 거부했다. 마르크스가 분노하면서 말했듯이, 독일인들은 '실제적인 국민국가의 틀', 즉 비스마르크적 틀에 자리 잡았고, 독일 제국이 경제적으로 세계시장의 틀에, 정치적으로 민족적 '틀'을 넘어서는 '국가 체계'의 틀에 자리 잡고 있다는 것을 잊었다. 그 결과 '인민들의 형제애'에 대한 객설이 지배 계급과 그 정부에 맞선 노동 계급 공통의 투쟁을 대체하게 되었다.

둘째로, 우리는 한 세기 후의 상황 자체가 마르크스를 곤란하게 하고, 그가 이 상황을 제대로 이해하기 어려웠다고 생각할 수 있다. 무슨 일이 있었던 것일까? 마르크스의 시대에, 유럽의 가장 강력한 국가에서 노동 계급이 정치적으로 조직되었다. 이들은 마르크스에게서 영감을 얻었다지만, 실상 그 영감은《공산당 선언》에 통달했다는 라살레를 경유한 것이었다. 그리하여 질적으로도 양적으로도 강력해진 노동 계급은 민족주의, 국가주의라는 가장 조잡한 덫에 걸려들게 된다. 마르크스에게 이것은 얼마나 큰 타격이었던가! 말하자면 마르크스의 저작이 마르크스를 외면하는 상황이 벌어진 셈이다. 어떻게, 그리고 왜 그런 것인가? 마르크스는 노동 계급이 모순을 피할 수 없다는 것을 예감했을까? 노동 계급이 자신들의 '역사적 사명'을 단시간에, 강력하고 단순한 방식으로 성취해 낼 수 없을 것이라고 생각했을까? 설령 마르크스가 그런 의심을 했을지라도 실망을 드러내진 않았을 것이다. 그러나 마르크스는 독일의 노동자 정당의 내부 모순을 면밀히 파헤쳤다. 그에 따르면 독일의 노동자 정당 안에서 노동 계급은 혁명적인 언어 구사와 낙관적 문구를 혼합하기 시작했다. 이를테면 '철의 법칙'과 임금 체계를 말하면서 자본주의를 거부한다는 명분으로, 가장 반동적인 계급에 접근했던 라살레처럼! 마찬가지로 독일의 노동자 당파는 '노동 해방'과 '임금 체계의 폐지'를 외쳤다. 그 수단은 무엇이었는가? 그들은 국가의 원조를 받는 생산 조합을 설립하려 했다. 그렇다면 이 국가는 대체 어떤 국가인가? 바로 (강령 2절에 나오는) '자유로운 국가'다.[96]

마르크스는 묻는다. 자유로운 국가가 의미하는 바가 무엇인가? 독립적인 국가인가? 국가로서의 운신이 자유로운 국가? 이는 위험한 헛소리일 뿐이다. "자유란 국가를 사회 위에 설립된 기관에서 사회에 전적으로 종속된 기관으로 전환하는 것이다. 오늘날에는 국가의 자유를 통제하는 정도에 따라 더 자유롭거나 덜 자유로운 국가의 형태가 결정된다!"[97] 이는 강령에 나타난 끔찍한 혼란들, 언어적

---

96) (옮긴이 주) 《칼 맑스 / 프리드리히 엥겔스 저작 선집》 4권, 이수흔 옮김, 박종철출판사, 1995, 381쪽.

97) (옮긴이 주) 《칼 맑스 / 프리드리히 엥겔스 저작 선집》 4권, 위의 책, 384쪽. "자유의 요체는 국가를 사회보다 상위의 기관에서 사회보다 완전히 하위의 기관으로 전환시키는 데 있으며, 오늘날에도 국가 형태는 그것이 '국가의 자유'를 제한하는 정도에 따라 자유롭거나 자유롭지 못

남용을 해소한다. 국가 일반? 이는 하나의 허구일 뿐이다. 현대 국가는 부르주아 사회이면서 다소간에 발전된 자본주의라는 공통의 터전 위에 놓인다. 그에 따라 현대 국가는 공통의 본질적 특성을 지니되, [발전 정도에 따른] 부차적인 차이들이 나타나게 된다. 독일 노동자 정당이 기존의 '정치적 틀', 그러니까 프로이센-독일 제국의 국가를 수용할 것을 선언할 때, 그들의 미래는 심각하게 저당 잡혔다. 자본주의 사회를 공산주의 사회로 변화시키는 혁명적 전환의 핵심 요소인 이행 단계를 사전에 폐기했기 때문이다. 이행 단계란 '국가가 프롤레타리아의 혁명적 독재를 따를 수밖에 없는' 단계를 말한다. 엥겔스와 레닌은 마르크스주의적 테제의 궁극적 지점으로 나아가려 했다. 정치적 층위에서 혁명은 무엇으로 이루어지는가? 그것은 다음과 같은 세 가지 연속적이고 서로 연결된 행위들로 이루어진다. 먼저 자국 내의 특정 국면에 놓여 있는 '기존' 국가를 무너뜨리는 것, 다음으로 다른 정치적 건축물을 구축하는 것, 즉 프롤레타리아 독재를 통해 구축(혹은 더 정확히는 헤게모니 구축)하는 것, 마지막으로 국가와 정치를 (붕괴나 부패가 아닌 방식으로) 쇠퇴시키고 종언으로 이끄는

하거나 한다."

것. 더 간략히 표현하자면, 이는 두 개의 능동사(verbes actifs)로 표현할 수 있다. 즉 사회적인 것이 정치적인 것을 재흡수하고, 경제적인 것을 흡수하는 것이다. 그러니까 사회적인 것의 우선권을 확립하는 것이 전략적 목표다.

'이로부터 질문이 제기된다. 국가의 현행 기능과 유사한 사회적 기능으로 어떤 것이 존속할 것인가?' 마르크스는 폭로자의 관점에서 본질을 꿰뚫으면서 이렇게 묻는다. 마르크스가 구상하는 사회에서 정치적 기능은 사라지고 (정치적인 것이 어떤 '기능'을 가지고 있다고 가정한다면), 사회적 기능으로 대체된다. 문제가 되는 것은 더 이상 경제적 기능이 아니다. 사람들이 말하듯, '해방된 것으로서' 사회적인 것은 경제적인 것과 정치적인 것에서 풀려나서 번영하며, 사회적인 것이 그 자체로 발전할 것이다. 그에 따르면 사회적 기능은 정치적 국가가 가진 기능과 [그저 외관상] 유사한 것일 뿐이며 사회에 대한 합리적(과학적) 분석을 그 기초로 삼는다. 마르크스는 '인민'이라는 단어를 '국가'라는 단어와 짝을 이루어 결합한다고 문제가 해결되진 않는다고 덧붙인다. 관건은 사회적 총체(l'ensemble)에 대한 인식과 그것이 사회적 실천으로 전환되는 것이다.

어떤 사회적 기능이 중요한가? 핵심은 잉여생산물을 징수하고 공제하는 것이다. 각각의 노동자에게 그의 노동의 과실 혹은 그에 상응하는 것을 부여하는, 단지 외관상으로 혁명적이고 대담한 기획은 별 의미가 없다. 헤게모니를 쥔 노동 계급은 사회 전체가 기능하도록 만들어야 한다. 또한 생산의 총괄적인 결과로부터 (그 내용이 변형된) 이른바 공적 서비스 혹은 일반 이익의 지속을 위해 필수적인 것을 징수해야 한다. [공적 서비스로서] 교육, 교화, 건강 등과 [일반 이익으로서] 과학적 연구, 예술 등을 위해서. 중대한 질문이 남아 있다. 군비와 군대에 사회적 잉여생산물을 할당해야 하는가? 그 대답은 '아니요'다. 단 반대 전략, 즉 계급 전략의 작동에 저항하고자 전체 인민이 무장해야만 하는 경우는 예외다.

이러한 맥락에서, 사회적 잉여생산물에 대한 이론이 마르크스주의의 흐름 속에서 대체로 무시되어 왔다는 것을 말해야겠다. 어째서인가? 이는 그 이론이 제시된 저작이, 제대로 이해받지 못하고 있는 저작인 《고타 강령 비판》(이 저작만 그런 것은 아니지만)이기 때문이다. 또한 이는 마르크스주의자들이 때로는 거대한 철학적 질문에, 때로는 전문화된 과학(역사학, 정치경제학)에 몰두한 나머지 사회적인 것의 본질과 그 특수성을 오인하고 방기했기 때문이다. 마지막으로 이는 정치적 전투주의, 조합적 전투주의가 생산에 관한 물음, 즉 기업, 임금 등에 관한 물음만 강조한 나머지, 사회적 현실의 다른 계기들을 무시했기 때문이다.

오직 조르주 바타유—비전형적이지만 바로 그 점에서 탁월한 사상가—만이 그의 책 《저주받은 몫(La Part maudite)》에서 잉여생산물에 대한 분석을 새롭게 시도했다. 바타유는 독창적이고 역설적인 방식으로 이 이론을 해석했다. 바타유가 보기에 계급투쟁의 진정한 관건은 잉여생산물 그리고 그 징수와 사용이다. 이러한 잉여와 초과는 사회에서 생산적 노동과 일상성의 힘든 삶 너머의 것들을 가능케 해 준다. 그것은 전쟁, 축제, 종교적 희생, 쾌락, 사치, 예술 작품, 기념물 등, 간단히 말해 경제학자들에겐 낭비이자 무용한 지출이지만, 삶을 즐겁게 만드는 것들을 가리킨다. 즉 잉여생산물은 싸울 수 있게 만드는 것이며, 사람들은 바로 잉여생산물 때문에 서로 싸운다. 바타유는 전자본주의적 사례를 통해 이런 그의 이론을 제시했다. 그러니까 그 이론은 관리하는 계급(귀족, 성직자)이 여전히 인민을 고려해야 하는 사회에서 진정한 가치를 드러내 보인다. 원시 공동체 혹은 군부가 장악한 민주주의에 남아 있는 흔적들, 마을과 도시에서 총회가 열리는 전통들, 베블런이 그의 저서 《여가 계급(Leasure Class)》에서 '유력자들'의 사치스러운 지출을 의무화하는 것 등이 이와 관련된다. 자본주의하에서 이 이론은 여전히 유효한가? 그 유효성은 점점 감소할 수도, 점점 증대될 수도 있다. 특히 군비를 낭비로 본다면 그 유효성은 더욱 인정된다! 이러한 유의 지출은 다른 형식(재단, 기부 등)을 위장하고 있다. 그에 따라 공적(관료제적인)으로든 사적으로든, 낭비에 대한 것들은 은폐된다. 혹은 낭비는 비경제적인 것이기를 중단하고 성장과 생산의 가속기 역할을 함으로써 경제적인 것이 된다(밴스 패커드[98]가 이를 보여 주었다).

이제 우리는 계급투쟁이 단지 기업 차원에서 임금의 문제에 제한되는 것이 아니라 사회 전체－잉여가치로 구축된 사회적 기금의 헤게모니적 관리에 연관된 총체－를 포괄하는 문제임을 인정해야 한다.

헤겔에서 마르크스에 이르는, 매우 결정적인 비판과 응답 이후에, 현존하는 국가 또는 국가 일반의 완전한 합리성에 관한 헤겔의 주장 중에 무엇이 남아 있는가? 철학적 건축술은 정치적 건축과 마찬가지로 제한된 합리성을 지닐 뿐이다. 마르크스에 의하면, 노동 계급은 도약(질적 도약, 말하자면 혁명적 도약)을 통해서, 부르주아보다 더 멀리 이성을 고양한다. 마르크스에게 노동 계급이 철학의 유산을 수용해 더 높은 수준에서 성취한다는 것은 바로 이

98) (옮긴이 주) 밴스 패커드(Vance Packard)는 1960년 저술인 《낭비 제조자들(The Waste Makers)》에서 소비주의를 고발하면서 의도적으로 낭비가 조장되는 상황을 묘사한 바 있다.

런 의미에서다. 그에 따르면 노동 계급은 (철학자들처럼) 사변적으로 또는 (전문 정치가들처럼) 경험적으로 나아가는 대신에 이론적 분석에 따라, 인식의 지표에 따라 행동할 것이다. 헤겔적 합리성의 오류 내지 환상은 모순을 과소평가하고, 그 모순이 쉽게 해소될 것으로 믿었다는 데 있다. 갈등에 대한 인식이 그 해결책 속에 이미 포함되어 있다는 듯이 말이다. 즉 변증법론자로서 헤겔은 자신의 고유한 변증법을 부인하고 거부했다. 그러나 마르크스의 관점에서 국가라는 정점, 최고의 심급은 모순—낡은 역사를 종결짓는, 산업과 노동 계급이라는 이중의 출현으로부터 도래하는 모순—을 진정으로 인식할 수도, 그것을 실제로 해결할 수도 없다.

마르크스에 따르면 노동 계급에 주어진 사명은 단지 **역사적인** 것이 아닌, **보편적인** 것이고 그렇기에 이 계급은 변증법적 특권을 부여받는다. 그런데 노동 계급은 그 자신을 극복함으로써, 말하자면 그 자신을 부정함으로써만 스스로를 주장할 수 있다. 노동 계급이 '집단적 주체', 즉 정치적 주체가 된다면, 그리고 노동 계급이 국가를 혁명적으로 장악한다면, 이것은 부정을 위한 것, 즉 국가와 정치를 그 최후의 종언으로 이끌기 위한 것이리라. 마르크스에 의하면 그 과정은 세 가지 계기로 이뤄진다. 먼저 노동 계급이 스스로를 주장하고 그리하여 국가를 포함한, 기존 사회를 붕괴시키고 파괴한다. 이 실정적이면서 동시에 부정적인 주장, 양적이면서 질적인 주장은 일종의 과도기에 도입된다. 이 기간에 헤게모니를 쥔 계급은 갖가지 문제들과 맞닥뜨린다. 그것은 주로 사회의 총괄적 관리에 대한 문제들로, 이를 위해서는 일관된 조직과 행동이 필요하다. 그래서 결국은 일종의 '국가', 그리고 정치적 삶을 다시 불러들이게 된다. 그러나 곧이어 사회적인 것이 발전하게 되면서 국가는 쇠퇴하며, 소멸에 이른다. 이제 경제적인 것은 사회적으로 제어되며, 경제가 별도의 차원에서 우선권을 지니던 과거는 나쁜 기억 속에 파묻힌다.

이 이론적 도식은 몇 가지 반론을 야기한다. 이 도식은 여전히 삼중적인 구도를 되풀이하고 있으며, 심히 단순화되어 있다. 또한 그것은 경제 성장 및 발전의 불균등(불균등에 관한 한, 마르크스는 이를 막연하게 제시했을 뿐이며, 그 이론적 개념과 법칙을 명확하게 정식화한 것은 레닌이다)을 외면하고 전쟁, 억압, 영구적 폭력과 같은 정치적 장애물들도 고려하지 않는다. 또한 이 도식 내에서 [국가를 쇠퇴시키는] 정치인들은 먼 곳에서, 높은 곳에서 바라보는 고결한 시점에 머물 뿐, 폭넓은 지식의 획득에 이르지 못하는데, 그 이유가 무엇인가? 우리는 국가라는 놀랄 만한 현실을 익숙한 듯 이야기하지만, 실상 국가 자체는 허술하게 스스로를 방기하지 않는다. 즉 국가가 시들어서 경화되면서 균열을 일으키고 쇠퇴한다는 가설은 은유 이상일 수 없다. 가설은 전복적인 수사에 너무 손쉽게 물든다. 국가가 쇠퇴한다는 마르크스의 가설은 이미 언급했던 현대의 두 가지 신화, 거인족 신화(신을 공격하는 프로메테우스)와 교활한 악령(취약한 세부로부터 건물을 무너뜨리는)의 신화를 퍼뜨리는 데 일조하는 듯하다.

하지만 그럼에도 불구하고 이 논쟁적인 도식은 마르크스적 사유의 혁명적 역량을 내포하고 있다. 이 도식은 자유(Liberté)의 개념을 현실화한다. 마르크스가 이를 표현한 이후 한 세기가 지났지만, 이 자유의 개념은 지금도 여전히 서구 합리성이 다듬어 낸 미묘하고 강력한 개념으로 남아 있다. 그 결과 이 도식을 수용할 것인지, 아니면 비합리적인 것과 합리적인 것 사이의(체험된 것과 인식된 것 사이의) 불가피한 대립을 인정할 것인지의 딜레마가 나타난다.[99]

헤겔주의에서 제한된 자유 개념과 제한된 이성 개념은 지식에 대한 철학적 기반을 형성한다는 명분으로 국가 이

---

99) (옮긴이 주) 르페브르가 보기에, 국가 소멸에 대한 마르크스의 도식을 그대로 받아들이는 것은 상황을 지나치게 단순화하지만, 적어도 그의 자유 개념은 체험을 인식의 장으로 연결하는 기반이 된다. 반면 마르크스의 도식과 그 자유 개념을 거부한다면, 이는 체험과 인식의 단절을 인정하는 것이 된다.

론에 반영된다. 그에 따르면 자유는 필연성(결정론)의 인식을 통해서 규정되는 것이다. 이러한 주장은 갈릴레이와 데카르트 이후 현대 시대의 과학적 발견을－로고스 · 주체, 객체 · 담론, 그리고 이성에 관한－철학적 전통과 결합할 수 있게 했다.

헤겔의 논의에서 자유의 계기들은 섬세하게 전개된다. 당연하다는 듯 세 개의 계기로 말이다. 첫 번째 계기는 '자유 의지(libre arbitre)'다. 그런데 자유를 선언하는 개인의 의지는 공허하고 불확실하다. 여기서 자유와 임의적인 것은 서로 혼동된다. 불확정적인 의지－순수한 주관적 활동으로서 '나'－가 그 존재를 획득하기 위해서는 제한되고 규정되어야 한다. 즉 그것은 무언가를 원하는 것, 곧 의지적 존재로서 제한되고 규정되어야 한다. 따라서 결정, 규정, 지식은 연동된다. 사람들이 보통 '자유'라고 부르는 '자유 의지'는 우연에 의존한다. 실상 대부분의 사람들이 이 수준에 머무른다. 사람들이 우월한 것으로 믿는 이데올로기의 차원에서도 마찬가지다. 곧 개인의 자유는 우연, 운, 불운을 이용하는 기술일 뿐이다. 모순적이게도 헤겔은 "평범한 사람은 임의적으로 행위하는 것이 허용될 때 자유롭다고 믿지만, 바로 이러한 임의성으로 인해 그는 자유롭지 않은 것이다. 내가 합리적인 것을 원할 때 나는 특정한 개인으로서가 아닌, 오직 윤리적인 것의 개념에 따라서 행위한다"라고 말한다. 그렇지만 이 첫 번째 수준의 자유, 주관적이고 일관성이 결여된 자유는 재산을 통해 객관적이면서 이미 필연적인 존재가 된다. 그것은 자유를 원하는 의지를 두 번째 계기인 도덕성(la Moralité)으로 인도한다. 이 단계에서 의지는 다른 의지를 자각하며, 다른 의지들에 반영되고 다른 의지들을 반영하기도 한다. 의지는 이를 통해서만 실질적 현실로 나아가 세 번째 계기에 도달할 수 있다. 세 번째 계기는 다른 두 가지 계기, 즉 주관적인 것과 객관적인 것, 임의적인 것과 실질적인 것을 통합하고 극복한다. 그에 따라 자유는 가족, 시민사회와 국가 안에서 인식되고 인정되어, '그 개념에 부합하는 현실성'이자 '필연성의 총체'로서 규정된다. 그 결과 욕구[필요]와 노동이 그렇듯, 도덕과 권리, 이성적 관습과 법이 조화를 이루게 된다. 또한 그 결과 권리의 체계가 자유의 결정과 실현을, 다시 말해 자체적으로 형성한 '정신의 세계'로서 제2의 자연을 구성하게 된다.[100] 권리와 법은 개인이 외적인 임의성 및 '자유 의지'의 고유한 임의성에 대항하는

---

100) 《엔치클로페디》 및 《법철학》 169절 이하[(옮긴이 주) 인용 출처의 오기로 보인다. 《법철학》의 169절은 가족과 재산 소유를 다룬다. 본문에서 말하려는 바는 자연적 존재로 출발한 인간은 정신의 자기실현의 결과로 법을 만들고, 그 속에서 자유를 얻는다는 것이다. 이러한 관점에서 법은 자유의 실현을 가능하게 하는 형식이 된다].

것을 보장한다. 가장 고양된 수준의 자유는 인식[구조를 이해하는 것]과 재인식[구조를 수용하는 것]을 의미한다. 즉 자유는 국가로부터 부과된 체계들의 수용, 즉 필요, 노동, 권리, 도덕을 수용한다. 헤겔의 논의에서 자유에 대한 이러한 정의나 규정보다 더 엄정한 것은 없다. 그렇지만 이를 검토해 보면 그 애매성이 금세 드러난다. 이 자유는 모든 방향으로 왜곡된다. 필연성을 인식한다고? 그것은 필연성을 알아본다는 것인가, 아니면 받아들인다는 것인가? 혹은 필연성을 지배하고 거기에서 해방되기 위해서 맞서 싸운다는 것인가? 헤겔주의 안에서 서구 로고스는 그 명확성, 단일성, 의미를 가정한다. 하지만 로고스는 즉시 이중화되고 심지어는 파열된다. 케플러에서 뉴턴에 이르는 천문학적 법칙의 발견은 현상 자체를 수정하는 것이 아닌, 현상을 예측하게 해 준다. 이와 달리 질환의 결정론(원인-결과)을 인식하는 의사는 현상에 개입할 수 있으며, 환자를 치료할 수도 있다.. 이처럼 인식의 개념은 다양화된다. 인식은 지식이나 전문화된 이해 방식과 구분될 뿐 아니라 새로운 범주를 촉구한다. 때때로 인식은 사실들의 연관을 지배하고 제어하고, 그럼으로써 그것을 수정할 수 있게 해 준다. 그러나 때로는 그런 것들을 허용하지 않으면서 다소간에 정확한 예측, 종종 '확률적인' 것으로 제한되기도 한다. 또 어떤 경우에는, 사회적 존재가 자신에게 필요한 욕구와 욕망에 따라 어떤 과정을 [능동적으로] 전유하거나 재전유할 수 있게 해 준다.

[로고스의 파열로 드러나는] 이러한 구체적 차이들이 헤겔의 이론을 뒤흔든다. 마르크스는 이를 잘 파악했다. 비록 그가 차이 개념을 정교화하는 데까지 이르지는 못했지만, 그 자취는 청년기 작품에서 잘 드러났다(이는《1844년 수고》의 **전유** 개념과 관련된다. 마르크스는 **소유권**이 전유를 저지한다는 것을 보이면서 전유를 소유권에 강렬하게 맞세운다).

마르크스에게 자유는 **사회적** 지평에서, 오직 이 지평에서 정의된다. 이 지평에서 경제적 결정론과 정치적 강제 같은 것들을 배제된다. 그렇다면 개인은 무엇인가? 마르크스에게 개인은 사회적 존재로서 사회적 관계의 결절점이자 핵심, (움직이는) 중심이다. 실제적이고 구체적인 현실의 수준, 즉 그러한 자유의 수준에서 관건이 되는 것은 관계의 복잡성과 '풍부함'이다. 여기에서 사회적 관계의 풍부함은, 전유가 소유와 대립하는 것과 마찬가지로, 화폐의 풍부함과 대립한다. 사회적 관계의 빈곤이 사물의 풍부함 그리고 화폐 및 자본의 풍부함을 동반할 수 있으며 거꾸로 (관계적인) 풍부함이 (사물과 화폐의) 빈곤을 동반하는 경우도 종종 있다. 단 한쪽의 풍부함이 다른 쪽의 풍부함을 배제하지는 않는다. 만일 그렇지 않다면 모든 희망이 포기되어야 한다. 즉 사회적 관계는 생산 관계를 포함하지만 그것을 극복하면서 포괄한다. 예컨대 '문화' 혹은 '예술적 생산'이라는 이름을 가진 사회적 관계는 노동의 기술적 · 사회적 분업을 넘어선다. 그러니까 사회적 관계의 풍부함, 즉 뒤얽힘을 넘어서는 복합적 성격은 개개인과 모두를 위한 가능성의 다양화, 가능성의 증식을 의미한다. 마르크스가 말하는 바에 따르면 자유는 서로를 포괄하고 발전시키는 연속적인 계기들 속에서 분석된다. 이 자유는 무엇보다도 기술과 생산력을 통한 자연에 대한 지배를 뜻한다. 다음으로 이 자유는 기존 방식에 따라 구성된 정치적 과정 및 경제적 결정론의 통제를 뜻한다. 마지막으로 그것은 전체(토대, 구조들 및 상부 구조들, 말하자면 생산적 역량과 이 역량의 조직화)의 전유를 뜻한다. 앞서 제시된 단편적인 예시에서 의사는 자연적 사실의 결정론에 지배된 병자를 치료하며, 개입을 통해 결과를 통제하며, 개인의 신체를 재전유했다. 보다 높은 사회적 복잡성의 수준에서, 거주 공간(도시)의 (성공적인) 실현에는 다양한 자연적 결정론, 곧 기후, 물, 입지에 대한 지배—또한 에너지, 정보, 원자재, 상인 등 이 공간에 집중되는 다양한 흐름들에 대한 통제도 함께—가 요구되며, 궁극적으로 공간 자체의 건축술적 · 도시계획적 전유가 요구된다. 바로 여기에서, 이런 방식으로 마르크스가 말하는 자유가 탄생하고 꽃피우게 된다. 그러나 마르크스에게는 알려지지 않은, 예상치 않은 모순이 존재한다. 그것은 지배가 지배당하는 것(특히 자연)의 파괴로 이어질 수 있다는 점이다. 경제적 과정을 통제한다고 해서 그것이 곧 전유의 달성으로 이어지는 것은 아니다. 전유는 두 구성 요소[자연 지배, 경제적 통제]를 전제하거나 그것들 위에 중첩되는 방식으로 실현된다.[101)]

하지만 놀라운 오해, 기묘한 착오를 통해서 헤겔적 자유 개념이 마르크스적 사유에 침입했다. 얼마나 많은 '마르크스주의자'들이 자유를 그런 식으로 규정했던가! 효율적 지식의 물신주의(그것이 부르주아적임에도 불구하고)에 굴복하고, 생산력주의(그것이 자본주의적임에도 불구하고)를 받아들이는 자유라니! 실제로 자유에 대한 이러한 정의는 시민의 자유를 경제적 결정론의 재인식, 그리고 [경제] 성장의 명령 및 정치적 강제의 수용과 동일시하는 것으로 귀결된다. 그에 따라 '자유롭게 동의한' 개인의 궁핍화가 최고의 자유로 간주되는 것이다! 말하자면 철학적 정의가 왜곡되어, 가장 곤란한 방식으로 '실현'된 것이었다.

---

101) (옮긴이 주) 마르크스가 말하는 전유(l'appropriation)란 단순히 자연을 지배하거나 흐름을 통제하는 것이 아니라, 그런 능력들을 전제로 더 높은 수준의 사회적 창조에 이르는 것으로 이해되어야 한다.

철학, 그러니까 스토아주의자(공식적으로 이 학파에 가입되지 않은 철학자 중에서도, 스토아적인 철학자는 응당 있었다)의 철학이 자유를 운명의 수용으로, 심지어 '운명애(amor fati)'로서 정의했을 때, 이는 내적 자유(for intérieur)를 지켜 내기 위한 것이었다. 반면에 국가는 고매한 혁명의 교사(magister)로부터 나온, 자칭 혁명적 자유의 정의를 내세워 개인의 내밀한 부분, 숨겨진 자원들, 비밀까지도 추적할 권리를 확보한다. 개인의 양심을 인정하지 않고, 이 내면성을 정신병리적인(반사회적인) 일탈로 고발하면서 말이다.

거듭 말하지만, 요컨대 마르크스, 엥겔스, 레닌이 추구한 총체적 혁명은 정치적 혁명과는 구분되는 것이다. 그것은 정치적인 것과 경제적인 것에 맞서서 사회적인 것의 촉진 혹은 상승을 향한 것이다.

5. 우리가 마르크스를 따른다면, 헤겔적 삼인조, 즉 '욕구[필요], 노동, 향유'라는 세 계기의 조화로부터 완전한 만족이 도래한다는 결과는 불만족스러울 것이다. 진정한 삼인조는 무엇으로 구성될까? 그것을 무엇이라고 불러야 할까? 그 삼인조는 '억압, 착취, 굴종' 그리고 '이데올로기, 폭력, 지식'이다. 현재적인 용어로는 '정치인, 군부, 기술 관료'가 될 것이다.

복잡성은 당혹감을 불러일으킨다. 현대 세계에 대한 이 그림들, 즉 어두움과 밝음, 마르크스적인 것과 헤겔적인 것 중에서 무엇이 '맞는(juste)' 것인가[이것은 '진실하다(vrai)'라는 용어를 다른 용도로 쓰고자 고른 신중한 용어다]? 이는 까다로운 질문이다. 왜냐하면 현대 국가의 경제적 기능, 법적 형식, 정치적 구조로 인한 복잡성 때문에 비판적 입장 또한 이중화되었기 때문이다. 한쪽에는 자유주의적이며, 프티 부르주아적인 우파의 비판(극단적인 경우, 반동적이고 심지어 파시스트적인 '푸자드주의자'[102]까지 포함하는)이, 다른 한쪽에는 마르크스주의적 지향을 띤 좌파의 비판이 서로 대립하고 있다.

한 가지 주목할 부분은 현대 국가의 구성 요소가 다채로운 혼종을 보장하기에 충분할 정도로 다양성을 지닌다는 점이다. 그렇다면 한쪽에서는 '지식'이라는 요소가, 다른 쪽에서는 '이데올로기' 또는 '강제'의 요소가 우월해질 수 있지 않을까? 한쪽에서는 심한 굴종 없이도 착취가 나타나고, 다른 쪽에서는 착취보다 더 큰 굴욕이 나타나지 않을까? 이쪽에는 몇몇 기술 관료들이, 저쪽에는 꽤 많은

102) (옮긴이 주) 피에르 푸자드(Pierre Poujade)는 1950년대 프랑스에서 극우 포퓰리즘을 주도한 인물로 중산층을 중심으로 한 납세 거부 운동을 촉발하고 반유대주의를 확산하고자 했다.

군인들이, 또 다른 곳에는 노련한 정치가들이 부각되는 경우들이 있지 않을까? 이런 상황으로 인해 이 일반적 개념[지식, 이데올로기, 강제, 착취 등]들은 실제적인 국면들의 분석에 투입되어 작동(opératoires)하게 된다….[103]

그렇지만 마르크스가 우리에게 남긴 그림 속에는 많은 것이 빠져 있다. 빈 칸들이 여럿 있는 셈이다. 분명 정치인과 정치적 장치들은 정보를 조작함으로써 지식을 자기 것으로 동화했으며, 이 지식에는 (다소간 약화된) 마르크스주의도 포함된다. 이런 지식은 제도들, 특히 경제를 담당하는 제도들을 생산하고, 직접적 · 간접적(암시적)으로 생산을 조종해 왔다. 이러한 제도화[104] 과정은 국가 구조, 그리고 특히 계약 체계를 변화시켰다.

그러므로 어떤 의미에서 현대 국가는 '헤겔화'되었다고 볼 수 있다. 실제로 앞서 언급한 여러 요소들의 조합은 충분히 방대하며, 그중 일부－특히 기술 관료들이 주도하는 조합－는 다른 조합들보다도 헤겔적 모델에 더 근접해 있다. 현대 국가는 마르크스의 분석 재료였던 보나파르티즘

---

103) (옮긴이 주) 현실이 다층적이고 균질적이지 않은 까닭에 추상적 개념들을 유연한 분석적 도구로 활용할 수 있다는 의미다.

104) 르네 루로(René Lourau)의 《제도적 분석(Analyse insututitionnelle)》[레 제디시옹 드 미뉘(Les Éditions de Minuit), 파리, 1971]을 참고할 것.

국가와 비스마르크 국가보다, 이 모델[헤겔적 모델]에 오히려 더 가깝지 않을까?

그럼에도 불구하고, 현대 국가는 두 극 사이를 오간다. 한쪽 극이 경제적 조직, 기업—국내 자본가 및 초국적 자본가—의 서비스를 제공하는 연구실과 데이터 뱅크라면, 다른 한쪽 극은 '시민사회'를 지배하면서 자기 이익을 위해 이를 착취하고 노예화하려는 억압적이고 강압적인 장치, 곧 경찰과 군대다.

때때로 분석가는 이 두 그림—어두움과 밝음—이 동일한 것이면서 둘이 동시적으로 참인 것은 아닌지 묻게 된다. 그렇다면 영역, 재료와 소재, 범주들과 주제들에 따라 분석의 방식도 급진적으로 바뀌어야만 하는가? 바로 이러한 양상이 힘에의 의지에 대한 니체적 분석에 그 자리와 기회를 주선한다.

6. '현대 세계는 마르크스주의적인가?'라는 단도직입적인 질문, 너무나도 명확하게 예, 아니요라는 하나의 답을 요구하는 질문에 대해서, 우리는 교대로 예 그리고/또는 아니요라고 답할 것이다.

마르크스주의를 따른다고 자칭하고, 일반적으로 공산주의로 불리는 그 '세계'는 마르크스주의적이지도, 공산주의적이지도 않다. 이러한 이름표와 수식어들은 이데올로기와 신화를 담고 있다. '이데올로기'와 '신화'는 비현실적인 것을 의미하지 않는다. 거듭 말하지만, 사람들이 죽어나가는 것은 '현실' 때문이라기보다 이념과 이데올로기, 신화와 유토피아 때문이다. 공산주의는 반공주의와 마찬가지로 현대적 이데올로기의 일부다. 이른바 마르크스주의적 혹은 공산주의적 '세계'는 마르크스주의적 이념을 가지고 있는데, 이는 마르크스주의가 이념으로, '공산주의' 사회의 기획이 수사학으로 변형되었음을 의미한다. 마르크스, 엥겔스, 레닌이 국가와 국가의 쇠퇴에 대해 쓴 텍스트는 그냥 넘길 수 없을 정도로 방대하다. 사람들이 이 텍스트를 흐릿하게 만들고 그림자 속에 던져 버릴지언정, 그 내용을 반박할 수는 없다. 만약 역사 혹은 '역사적 방향'이라는 이름으로, 또 혹은 보다 통속적으로 실용주의, 정치적 냉소주의의 이름으로 그 텍스트들을 낡은 것으로 판정한다면, 이는 실상 마르크스주의 전체를 무너뜨리는 것이다. 마르크스주의는 여전히 어휘, 이데올로기를 공급할 수는 있지만, 더 이상 (이론적) 적실성(véracité)은 지닐 수 없다. 현재적인 이론적 · 실천적 상황에서 이 역설은 정점에 이르러 하나의 모순이 된다. 그러나 이 모순은 온갖 수단에 의해 그림자로 내몰린다. 이데올로기 개념을 정교화하면서 모든 이데올로기를 제거하려고 했던 마르크스의 사유가 이데올로기로 변하게 된 것이다. 또한 마르크스,

엥겔스, 레닌이 제시한 급진적 국가 비판은 국가의 독트린으로 전환된다. 이것은 은유(métaphore)를 넘어서는 실제적인 변신(métamorphose)이라고 할 수 있다![105]

과연 노동 계급은 어디에서 국가와 정치를 무너뜨리고 집단적 주체－정치적 주체－의 수준으로 올라서게 되는가? 노동 계급은 어디에서 어떻게 그 헤게모니(다소간에 폭력적인 '독재' 개념을 그람시의 이 개념으로 대체한다)를 행사하게 되는가? 노동 계급은 역사적인 것이 아닌 보편적인 것으로서 그들의 임무, 즉 급진적 부정성을 경유해 도달한 긍정성을 어디에서 달성하는가? 노동 계급은 1917년 소비에트를 통해 이를 개시하려 했지만, 그 이후로 어떻게 되었는가…?

악의에 찬 관찰자들은 이른바 사회주의 국가와 자본주의 국가 사이의 상동성과 대조점을 여러 번 묘사했다. 자본주의 국가의 경우, 종종 국가 자체가 피로의 징후를 보이지만 사회주의 국가는 결코 그렇지 않다. 이 국가는 저돌적이고 장기적인 안목에 따라, 그림자의 윤곽을 따라 움

105) 중국에 대한 입장은 유보된다. 마오가 문화대혁명 기간에 청년들의 지원을 받아 국가 안의 국가로서 당 기구를 무너뜨린 게 사실이라면, 여기에는 세계적 중요성이 있다. 그렇지만 국가 자체, 계획경제, 영토 조직화, 재구축된 당의 모습은 어떠한가? 우호적으로 보려 하더라도, 이와 관련해 분명하게 말하기에는 아는 것이 너무 없다.

직이는 것[106] 외에, 그 어떤 것도 빠져나가거나 걸러질 수 없게끔 '사회주의'를 강화한다.

안타깝게도, 부패는 국가 소멸과 거의 관계가 없다. 부패가 아래로부터 위를 향한, '권력'을 감시하는 민주적 통제로 이어지는 경우를 제외한다면 말이다. 실제로 노동계급의 헤게모니는 반대 계급에 대한 압력의 증대, 민주주의의 확장과 심화, 국가의 특권 소멸시키기라는 세 요소로 특징지어지는 반면 부패, 타락과 같은 요소는 오히려 우파의 비판을 정당화하는 데 이용되어 파시즘이나 군부 독재의 가능성을 낳는다.

7. 담론의 일관성에 대한 이론, 즉 논리학-아리스토텔레스 이래 서구 로고스에 대한 특권화된 표현-또한 놀랄 정도로 격상되었다. 논리학은 변화했을 뿐 아니라 사회정치적(sociopolitique) 관행으로 변신했다. 이제 논리학은 하나의 활동이 되었으며, 주어진 경제적 · 사회적 틀, 그러니까 생산 양식과 국가 내부의 사회적 결속을 도모한다.

논리학은 완벽해 보이고, 발전하는 것처럼 보인다. 사

---

106) (옮긴이 주) 억압적 구조를 밝혀내기 위해 돌진하는 것이 불가능하며, 그림자 속에서 은밀히 움직이는 방식만이 생존을 위해 선택 가능한 유일한 방식이라는 의미다.

람들은 이제 논리학이 다수의 논리들을 형성해 낸다고 말할 것이다. 자기 말과 기획에 대해서 '논리성', 즉 엄격한 일관성을 내세우지 않는 이가 누가 있겠는가? 실제로 일관성 이론은 이런저런 '대상'에 적용되면서, 자기 대상을 고정하려는 행위를 정당화한다. 이런 행위는 '전략'으로 불린다. 따라서 논리들(사회적인 것의 논리, 상업의 논리, 의미화의 논리, 폭력의 논리 등)은 자원, 목표, 행위자 등에 관한 전략의 측면에서 분석되어야 한다.

변증법은 패배하고, 폐기된 것처럼 보인다. '논리학-변증법'의 문제가 여전히 해결되지 않았다는 것을 숨겨선 안 된다. 일관성, 응집성, 평형성에 대한 이론, 즉 안정성에 대한 이론[논리학]과 갈등, 모순, 이행, 유동성에 대한 이론[변증법] 사이의 정확한 관계는 무엇인가? 단지 말할 수 있는 것은 현대적인 '논리주의'와 더불어, 서구 로고스가 그 정당화 이데올로기를 획득했다는 것, 그리고 어쩌면 그것이 그 최후의 모습일지 모른다는 점이다. 이 로고스는 기술 관료－균형 잡힌 구조에 대한 연구에 전문화된－의 매개를 통해 전략적으로 정치권력으로 연결된다. 이제 모순이 모든 곳에서 나타난다. 서로 대치하는 다양한 논리들과 전략들에서, 공간을 재단하고 배치하는 행위들에서.

8. 오늘날의 세계는 마르크스주의적인가? 명백히 그렇지

않다. 마르크스는 이중으로 학대당했다. 마르크스는 여기저기에서 연구되고, '고전적' 저자의 반열에 올랐고, 이제는 많은 나라에서 '문화적'인 것으로 취급된다. 사람들은 마르크스를 학생들과 투사들이 전용하는 몇몇 인용구로 축소했다.

이렇게 축소되고, 편협해진 결과 마르크스는 무뎌졌다. 정치적 비판은 사라졌다. 왜냐하면 이러한 비판이 파괴되어야만 이른바 '사회주의적'인 국가와 정치를 봐줄 수 있기 때문이다. 과학성(인식론, 경제 과학, 역사학, 사회학 등에서)의 추구라는 명목 아래, 이 사상은 무미건조한 것이 되었다. 그것은 조각들로 분리되었고, 일종의 박식함(마르크스학)에 의해서, 혹은 해석, 강의, 교정에 의해서 점점 더 추상화되었다.

마르크스의 사유를 복원한다고? 이 기획에는 두 가지 조건이 있다. 무엇보다도 먼저, 그 사유의 운동 속에서, 정치적이든 아니든, 철학적, 경제적, 역사적이든 아니든 텍스트를 이렇게 저렇게 선험적으로 배제하는 대신, 작품의 총체성에 접근하는 것이 필요하다. 마르크스의 사유를 그 이후의 개념들, 이론들, 문제들에 순치할 권리는 누구에게도 없다. 두 번째로 마르크스의 사유를 우리 시대의 체험에 연결하는 작업이 필요하다. 우리 시대의 체험은 다양한 문제들을 품고 있으며, 많은 부분이 그림자 속에 감춰져 있다. 여기에는 가장 거대하고 위험천만한 질문들이 포함된다. 국가란 무엇인가? 국가에 대해서, 국가 안에서, 국가와 더불어, 국가에 맞서서 무엇을 할 것인가? 이런 질문들 말이다.

마르크스의 사유를 공식화되고 제도화된 지식에, 체험에 대립하는 인식에 결부하는 것은 자멸 행위나 다름없는 기괴한 방식이다.

오늘날의 세계에는 마르크스주의적인 것이 전혀 없다. 어떤 소외도 사라지지 않았다. 반대로 새롭고 놀라운 소외들이 기존의 소외를 악화시켰다. 노동자, 여성, 어린이, 식민지인 등의 소외에 정치적 소외(전능한 국가에 의한), 기술적 소외, 공간적 소외 등이 중첩되고 있다. 또한 노동 자체도 그 모순적 지위를 극복하지 못했다. 즉 노동은 소외하고-소외당하는 상태에 있다. 노동은 생산에 의해 사회적 존재를 실현하면서도, 분열되고, 파편화되어 모든 '가치'를 박탈당한다. 하지만 동시에 우리는 헤겔적-마르크스주의적 소외 개념이 강렬한 궤적을 보이며 변화해 왔음을 알고 있다. 마르크스는 헤겔적인 모호성을 벗겨 내고 소외를 가능성의 차단으로 정의했다. 그것은 이론적으로(인식론적으로) 잘 규정된 지위를 갖지 못함에도 불구하고 많은 상황들을 밝혀냈다. 체험을 쫓아내려는 지적인 사디즘은 소외를 매장하길 원한다. 그러나 너무 늦었다.

소외 개념(혹은 이미지)이 쇠약해지기 시작하는 것은 이미 그 개념이 자기 할 일을 완수했기 때문이다.

9. 이 세계는 직접적으로도, 간접적으로도 마르크스주의적이지 않다. 마르크스적 아이러니의 정반대 방향에서, 마르크스의 적들이자 그가 죽였던 자들인 프루동, 슈티르너가 소생하는 아이러니가 나타난다.[107] 탈집중화에 대한 요구가 프루동을, 환원 불가능한 '개인'의 개념이 슈티르너를 소생시킨다. 혁명의 계속된 실패 이후, 특히 총체적 혁명의 실패 이후에도 저항, 반란, 전복은 자신의 권리를 되찾으려 한다. 이는 '지금 당장 모든 것'을 얻기 위해 정치적 혁명에 반대하거나, 국가의 파괴를 통해 정치적 혁명을 완성하려는 양상으로 나타난다.

이러한 세계가 감히 어떻게 마르크스의 이름을 내세우겠는가? 마르크스는 결코 [사회] 발전으로부터 [경제] 성장을 분리하지 않았다. 발전과 성장의 조화를 위해 마르크스는 성장에 앞서서 정치적 혁명을 내세웠지만 그 혁명은

---

107) (옮긴이 주) '마르크스적 아이러니'는 해방을 향한 마르크스적인 이념이 새로운 형태의 억압으로 귀결된 상황에서 기인한다. 그리고 그 '정반대 방향'의 아이러니는 당대에 마르크스가 제거하려 했던 주장들이 되살아나 현재 세계에 결정적인 영향력을 행사하는 상황을 가리킨다.

일어나지 않았다. 달리 말해서 '거꾸로 된 세계'는 뒤집히지 않았다. 오히려 발전으로부터 성장이, 전유로부터 지배가 분리되어 나오면서 거꾸로 된 세계가 완성되었다. 이는 마르크스가 상상할 수 없었던 일이다!

마르크스가 현대 세계를 바라본다면 그의 모습은 1848년의 2월 혁명기에, 인민과 노동자들의 구원을 믿었던 자비롭고 낙관적인 사상가의 모습일 수 없다. 이성은 더 나아갔다. 이성은 관념론적 이념에서 벗어난 다음 곧바로 산업 생산과 물질 노동에 견고하게 부착되었다.

그런데 일반화된 산업은 이제 합리성의 한계를 드러내며, 산업으로부터 폭력의 세계가 태어나 지속된다. 어떻게, 왜 그렇게 된 것일까? 레닌과 레닌주의는 이 질문에 답했는가? 마르크스주의의 존재를 인정하듯이 많은 사람들은 레닌주의의 존재를 인정하고, 마르크스-레닌주의를 정당화한다. 그러나 검토해 보면, 레닌주의는 스스로 분열한다. 변증법적 유물론? 농민 문제에 대한 연구? 그것은 카우츠키의 몫이다. 그에게 오욕을 뒤집어 씌웠지만, 레닌은 카우츠키에게 빚을 졌고, 발명의 영광은 응당 카우츠키에게 돌아가야 한다! 그리고 경험주의와 경험 비판론에 맞서서 레닌이 제출한 유물론은 거의 변증법적이지 않았으며, 초보적이고 조야한 수준에 머무른다.

한편 불균등 발전의 법칙(성장과 발전의 불균형이라고

하는 것이 더 적절할 것이다)은 마르크스의 일부 단편들 속에 암시되어 있었다. 물론 그 재앙적인 결과를 상상하고 그 파급력 전체를 드러내 공식화한 것은 레닌이다. 그 이후로, 이 법칙은 검증되고, 확장되고, 다양화된다. 현대 세계의 이 중요한 법칙에 대해서 우리는 그 중요성을 제대로 보지 못했다. 이 위대한 발견이야말로 레닌주의의 핵심이다. 불균등한 발전 속에서, 지역으로부터 – 지방권역과 국가를 거쳐 – 초국가적 수준에 이르기까지 모든 수준의 (거의 평화롭지 않은) 공존이 새로운 문제를 만들어 낸다. 불균등 발전은 산업화된 세계 속에서 제국주의, 즉 폭력을 야기한다. 그러나 불평등만으로 이 폭력을 충분히 설명할 수 있는 것은 아니며, 그것은 일부일 뿐이다. 불평등에 의해 자극되는 국가, 이 국가의 존재만이 폭력을 설명할 수 있다.

레닌주의의 장점이지만 동시에 가장 곤란한 지점으로 여겨지는 부분은 지식과 정당에 대한 이론이다. 지식은 지식인들의 것이다. 그들은 개념, 이론, 과학적 용어를 사용한다. 반면 노동 계급은 맹목적 자발성을 극복할 수 없었던 탓에, 외부에서 지식을 수용한다. 그 매개는 무엇인가? 바로 정치적 정당이다. 지식의 지지대이자 주체인 정치적 정당은 지식을 보유하는 것을 멈추지 않으면서, 노동 계급에게 지식을 전달하고, 알리고, 그들이 지식에 접근

할 수 있게 해 준다. 그런데 정치적 정당은 국가와 더불어, 국가 뒤에 숨어서, 스스로를 사회 위에 건립하고자 한다. 이는 경험을 통해 드러나고 이론으로써 증명될 수 있다. 모든 정치적 정당은—당이 그것을 알든 모르든—본질상 헤겔적이다.

지식에 대한 헤겔의 이론은 국가의 이러한 매개와 정치적 행위에 '실정적으로' 연결되고 그에 따라 마르크스주의로 스며든다. 그것은 마르크스적 비판을 회피하고, 현재적인 혹은 잠재적인 인식을 박탈함으로써 나아가 체험과 자발성, 사회적 실천까지도 박탈하는 이론이 된다. 이로 인해 인식과 체험의 대립이 나타나며, 그것은 정치적 인식은 당으로, 맹목적인 자발성은—명석함과 소양이 결여된—대중으로 귀속시키는 양상을 낳는다.

10. 그럼에도 불구하고 자본주의, 즉 자본주의적 생산 양식이 일관된 체계로 구성되어 지속될 것인지는 확신할 수 없다. 부르주아가 계급으로서 세계적 층위에서 명확히 구축되고, 생존할 수 있는지도 확실하지 않다. 노동 계급이 앞서 언급한 의미대로 '집단적 주체'로서 그러니까 정치적 주체로서 확립될 기회는 여전히 존재한다. 장애물, 제약, 폭력에도 불구하고 몇몇 징후들은 노동 계급의—이데올로기적이지 않은 실천적인—돌파(percée)가 가능함을 보

여 준다. 이 가능성만으로도 그 '체계'는 자체적으로 안정되거나, 모든 체계가 바라는 방식으로 스스로를 폐쇄할 수 없게 된다(체계는 폐쇄되자마자 자신의 구성원들을 가둔다. 스탈린주의와 스탈린주의자들이 그랬듯이).

어떤 이들은 체계로서(생산 양식으로서), 그리고 총체성으로서 자본주의의 현재적 존재를 부인하기도 할 것이다. 이들은 '자본주의'가 이미 국민국가들, '사회들'로 나뉘어, 각각의 특수성이 문화적 · 정치적 측면에서 일반적인 경제적 특성들을 압도한다고 본다. 이러한 관점은 마르크스주의적 분석을 일종의 민속학(folklore)으로 격하하며, 이는 다음과 같은 문장으로 표현된다. '마르크스는 죽었다.' 그게 아니라면 그것은 부르주아 시대의 종언과 프롤레타리아 시대의 도래를 선포하는 또 다른 방식일 수 있다. 프롤레타리아의 시대에는 프롤레타리아의 사상과 이데올로기가 부르주아의 가치와 이데올로기를 대체하게 될 것이다! 이런 과도한 주장들이 다른 많은 주장들과 함께 '좌파'에서도, 우파에서도 모호한 상태로 남겨져 있다.

이 이론가들, 이데올로그들은 자본이 한편으로는 특정 장소에 투자되고, 다른 한편으로는 또 다른 장소를 찾아 국가 공간 위를 표류한다는 것을 부인하는가? 서류상으로 표시되고, 서명으로 효력이 부여되고, 구체적 추상인 금(金)으로 (많든 적든) 보증받는 그런 자본에 대해서도?

이 자본들은 그것들의 자본의 소유자들에게 '이익을 가지고 돌아온다'. 어떻게? 투기를 통해 다른 자본을 직접적으로 생산하는 방식, 그리고 잉여가치를 생산하기 위해 투자하는 방식을 통해서.

이는 자본주의가 더 이상 존재하지 않는다는 것이 아니라, 그 '자본주의'가 더 이상 마르크스의 시대와 같은 방식으로 구축되지 않는다는 것, 즉 자본주의가 내적 모순들에도 불구하고 상대적으로 이해 가능한 하나의 총체로서, 상대적으로 명확한 '체계'로서 구축되지 않는다는 것으로 귀결된다. 차별화되고, 공간화되고, 세계화된 자본주의는 복수의 하위 체계들로 구성된다. 국민국가들, '통화 체계', 세계시장 등으로 말이다. 그러면 모순은 사라졌는가? 결코 그렇지 않다. 모순들은 복잡해지고 서로 간섭하면서 오히려 더 가중된다. 때때로 파열 지점을 스쳐 가지만 그 최종 경계에는 아직 도달하지 않은 채로….

이러한 의미에서, 광범위한 수준에서, 현대 세계는 '마르크스주의적'이지 않은가?

생산 관계가 변형되었는가? 그렇지 않다. 사유 재산은 이 사회의 요체로 남아 있다. 이제 사유 재산은 전체 공간으로 확장된다. 토지나 지하자원을 국가로 이전하는 것은 상황을 거의 변화시키지 않았다. 생산 수단의 국가적 관리도 마찬가지다. 국가의 자산은 이른바 '사유' 재산과 마찬가지로 이해 당사자, 관계된 이들, 생산자와 사용자가 생산력 및 생산에 대한 관리에서 손을 떼게 만든다. '사유화'하는 활동의 본질은 그것이 특정 개인에 의해 행사되든, 국가 기관에 의해 행사되든 거의 변하지 않는다.

오늘날 생산 관계의 재생산은 세계적 층위의 문제로 대두된다. 마르크스의 기대와는 반대로, 결과적으로 생산 관계는 본질적으로 자기 자신을 재생산한다. 물론 세계에는 많은 변화들이 있다. 경제 성장, 자본주의가 공간 전체로 확장되는 것(이른바 사회주의 국가에서는 보류된다), 세계시장의 힘과 통합(취약하면서도 헌법적 규정성을 지닌) 같은 변화들 말이다. 무엇이 사회적 관계의 재생산을 보장하며, 그것은 어떻게 이루어지는가? 무엇이 변화하고 무엇이 변화하지 않는가? 이에 답하기는 쉽지 않다. 가령 여성의 지위에서는 변화가 나타나고 있으며, 이는 생산 관계를 근본적으로 변화시키지는 않지만, 평가절하되어서는 안 될 심층적인 변화를 함축한다.

피라미드 사회는 자산을 그 기반으로 해서 구축된다. 피라미드 사회의 기둥은 산업과 도시화, 기업의 자산과 토지 자산이다. 피라미드 사회는 기성 현실, 심지어 프로그래밍된 현실로서 일상성, 도시적인 것에 의존한다. 그럼에도 이 방대한 과정 속에서 '사회의 사회화'는 진전하고 있다. 말하자면 기존의 사회적 장벽들이 무너지고 있으며, 이 장벽들은 오직 강제(폭력)에 의해서만 다시 세워진다.

충격적이면서 거의 받아들여지지 않은 진실을 반복하자면, 그것은 자본주의가—어떤 정치적 꼬리표와 이데올로기가 수반되는지에 관계없이—경제적인 것의, 교환과 교환가치의, 그리고 시장 지향적인 생산의 우위에 의해 특징지어진다는 것이다. 부르주아는 그들이 공포하는 국가적-정치적 질서에서 이러한 우선성을 보존한다. [마르크스의 논의가 함의하는 이상적인] 사회주의는 원칙적으로 거꾸로 된 세계를 뒤집고, 사용과 사회적 필요의 우선성을 복원한다. 마르크스에 따르자면, 사회주의는 전자본주의 사회의 특징이었던 관계의 투명성을 회복한다. 동시에 이 '투명성'을 이전에 개인적 관계에 개입되던 (경제 외적인) 직접적 폭력으로부터 해방한다.

자칭 '마르크스주의적' 사회주의의 목표가 본질적으로 경제적인 것으로 정향되고 있음을 상기하는 것도 이제는 구차하다. 우리는 마르크주의로부터 파생되어, 마르크스를 이용한—그 텍스트들을 남용함으로써—정당화된 경제주의와 생산력주의가 현대 세계에 침투했다는 것을 봐야 한다.

이러한 (아이러니한) 의미에서 현대 세계는 마르크스주의적이지 않은가? 아이러니하게도 '과도기적' 시기에 하나의 공식, 곧 성장의 공식이 일반화되었다는 사실이 이를 보여 준다. 그것은 어떤 공식인가? 이 공식은 그리스도교의 이상주의적인 망상과 그 유명한 '서로 사랑하라'는 구절, 그리고 마찬가지로 유명한 표어인 '만국의 프롤레타리아여 단결하라!'를 그다지 유익하지 않게 대체한다. 그 공식은 비록 의식되고 있지는 않지만 오늘날 지배적인 질서를 드러내는 지침이자 경구, 행위의 원칙인 '서로 착취하라!'로 표현된다. 부유한 나라들은 가난한 이들－가능한 한 빠르게 보복에 나설 이들－을 착취하고 억압하고 굴종시킨다. 지역들, 부문들에서도 이는 마찬가지다. 장인, 농민, 공무원, 지식인, 그리고 심지어 노동자도 상황과 사회적 관계로부터 (경제적) 최대치를 끌어내고자 남 못지않게 노력한다. 계급, 계급 분파, 그룹과 카스트들은 외관상 통합된 국민국가와 '사회' 속에서 상호적으로 착취한다. 잉여가치와 잉여생산물의 분할을 둘러싼 투쟁이 심화되고 가중된다. 다른 계층들은 (훨씬 적은 수단을 가지고) 부르주아와 경쟁하는 상황에서, 부르주아는 다른 계급들이 내세우는 '최대치(maxima)'에 맞서 (자기만의) 최적치(opitimum)을 관철함으로써 헤게모니를 강요한다.

이러한 양상이야말로 《자본》의 (미완성된) 결말에 제시된 마르크스의 '근본적' 분석에 부합하지 않는가?

11. 헤게모니를 쥔 부르주아는 마르크스주의를 부분적으로 흡수(어용화)했는데, 특히 산업적 실천(생산)에 기반한 합리성을 받아들였다. 이들은 마르크스주의 및 자신들의 정치적 경험, 개념, 실천을 활용해 과학과 지식에 바탕한 일정한 시장 통제를 시도했다. 그것은 전통적인 (경쟁적) 자본주의를 수정한 조직화, 곧 준(準)계획경제를 뜻한다.

극단적인 경우, 국가는 자본주의 기업들의 싱크탱크로 나타나며, 이는 약탈적 조직으로서의 국가와는 대조적이다. 앞서 말했듯이 국가의 이러한 양극적인 두 측면 사이에는 가능성, 절충, [다양한] 뉘앙스들의 방대한 스펙트럼이 나타난다.

마르크스가 조금이라도 옳았다면, 혁명적임을 자처하는 운동이 저지르는 가장 큰 오류와 부조리는 국가를 강화하는 것이다. 그런데 지금 모두가 실패의 길인 이 길을 따르고 있는 것 아닌가?

이 세계는 '마르크스주의적'이라고 말할 수 없다. 그런 관점에 따라 이 세계를 연구한다는 것은 아이러니의 차원에서만 가능한 얘기다. 정치인들이 모든 분야에서 -(조직화된) 거대주의를 함축하는- 무제한적인 성장, 지식의 힘을 옹호하는 관점을 받아들일 때 이들이 과연 마르크스주의자일까? 그렇게 믿는 이들도, 믿으려고 애쓰는 이들도 있다. 우리는 아이러니한 방식으로 이렇게 말해 줄 수 있다. 어쩌면 마르크스주의자일지도 모르지. 하지만…!

그럼에도 마르크스의 개념들은 명확한 의미를 지니고 있다. 그에 따르면 혁명이란 국가에 대항하는 것이며, 어느 한 시점에 국가는 반혁명적인 것이 된다.

이와 같은 주장이 아나키즘의 형식, 곧 인식을 거부하고 '야만적인 것', 개인주의 그리고 자연주의로 경도되는 형식으로 나아가지는 않는다. 마르크스의 주장은 **제도화된** 특권을 [아래로부터 형성된] **조직**으로 이전하는 것이다. 우리는 현재 이 특권이 더는 산업적 실천이 아닌, **공간적 실천**—산업에 중첩되고, 산업을 점점 더 과잉결정하는—에서 발생하고 있다는 것을 확인한다.

바로 이를 통해 마르크스의 사유는 현재적인 것에 기반해서, 즉 세계의 새로운 양상과 관련해서 재개된다. 그것은 원전에 충실한 반복과도, 대담한 해석과도 다른 길이다.

4장
니체 파일

1. 〈헤겔 파일〉과 〈마르크스 파일〉보다 〈니체 파일〉의 내용이 덜 풍부할까? 겉보기에는 그렇지 않다. 〈니체 파일〉의 내용이 더 파격적일까? 확실히 그럴 것이다. 왜냐하면 '니체주의'는 행동과 사회적 실천과 연관되기보다 문학적, 시적 광기에 접목되고, 수사적 열광으로 가득 차 있기 때문이다.

세기 초에 애인과 '자신의 삶을 살고자(vivre sa vie)' 하는 어린 부르주아 소녀가 니체의 말을 인용한다.108) 당시 프랑스에서 '니체주의'는 요란한 아이들을 낳을 일종의 좌파 아나키즘을 의미했다.109) 세기말 독일과 오스트리아에서는 스트라우스와 말러가 영웅적이고 위압적인 스타일의 곡을 차라투스트라와 니체에게 헌정했다. 나중에 프랑스에서는 니체적 교리(이런 표현이 가능하다면)의 '수용'이 정반대의 두 방향으로 이루어졌는데(지드와 드리외 라로셸,110) 각각은 좌파와 우파의 사례다), 당시에 그것은

---

108) 다니엘 르쉬외르(Daniel Lesueur), 《니체주의자!(Nietzschéenne!)》. 1905년 무렵의 소설이다.

109) 라울 바네겜(Raoul Vaneigem), 《젊은 세대를 위한 인생 지침서(traité du savoir-vivre a l'usage des jeunes générations)》, 갈리마르 출판사, 파리, 1968(이 책은 그 계보를 속이고 있다).

110) 앙드레 지드(Andre Gide)와 피에르 드리외 라로셸(Pierre Drieu la Rochelle)을 말한다.

엘리트주의적 태도, 즉 (자칭) 새로운 귀족의 형성을 의미했다.[111)]

프리드리히 니체와 관련해 그를 잇는 계보(la postérité)와 그의 영향력(l'influence)은 서로 구분되어야 한다. 전자의 경우, 그의 저작은 그가 사상가 · 시인 · 실천가의 특정 계보라 불렀을 정신적 계보 속에 편입된다. 반면 후자의 경우에는 몰이해가 개입되며, 그에 따라 연쇄적으로 오해가 확산된다. 다음으로 후자는 몰이해가 개입되고, 연쇄적으로 오해가 확산되는 경우를 말한다. 만약 니체에 대한 '제대로 된 독해'를 했다면, 아마도 그의 많은 제자[자칭 추종자]들이 사라졌으리라! 마르크스에 대해서도 똑같이 이야기할 수 있다(그러나 좋은 독해와 나쁜 독해란 대체 무엇인가?).

특정 계보는 다양한 관점에서 연구하는 것이 이롭다. 이를테면 니체와 조르주 바타유, 니체와 헤르만 헤세, 니체와 로베르트 무질과 같은 이들의 관계가 그렇다. 《유리알 유희》는 절대적인 것임을 자임하는 비의적 지식이 위

111) 〈니체 파일〉의 일부는 피에르 부도의 저작인 《니체와 자유 너머》에 이미 실린 바 있다. 1930년에서 1960년까지 프랑스의 작가들은 제네비에브 비앙키(Geneviève Bianquis)의 1928년 저작 《프랑스의 니체(Niezsche en France)》의 영향을 크게 받았다.

엄을 갖추고 권력을 추구할 때, 사회에 어떤 일이 일어나는지 예측한다. 어떤 일이 일어나는가? 수도원의 질서를 닮은 카스트 제도가 지속된다. 나라 전체에는 미치지 못하지만, 한 지역(카스탈리아)을 지배하는 이 질서는 권력 그리고 '실재'와 충돌하게 된다. 이 지식은 다듬어지고, 완벽해져서 진정한 총체성(수학적, 언어학적, 음악적, 역사적 등)을 획득하지만, 그 결과는 곧 총체적 실패다. 지식의 우선성에 대한 헤겔적 주장은 철학자와 철학을 배반한다. 그러나 헤르만 헤세는 헤겔의 엘리트주의, 로고스의 역할 그리고 기초 과학으로서 언어학의 역할을 포기하지 않았다. 동시에 그는 니체와 마찬가지로 음악에 지식과 동등한 가치를 부여하고, 음악을 지식의 경쟁 대상으로 여겼다. [로베르토 무질의]《특성 없는 남자》에 대해서 말해 보면, 이 위대한 책은 심히 니체적인 아이러니로 가득하다. 이 책은 슈티르너에 대한 응답으로,《유일자와 그의 소유》보다 훨씬 더 개인주의적인데, 1913년[112] 유럽을 배경으로 한 이 작품의 주인공은 모든 것을 갖고 있으면서도 아무것도 하지 않고, 아무것도 할 수 없는 존재로 제시된다.

완성된 〈니체 파일〉을 손에 들고 훑어보는 사람에게는

112) (옮긴이 주) 1913년은 1차 대전 발발 1년 전이다.

놀라움이 거듭될 것이다. 20세기 중반 프랑스의 저명하고 영향력 있는 정치가인 드골 장군이 철학자-시인의 사유에 대한 괴상한 오류를 저지르면서 니체에게 터무니없는 중요성과 책임을 부여했던 일이 특히 그렇다. 드골에게 니체와 독일은 서로 합치되어 있다. 그에 따르면 독일은 독일 정신을 반영하는 니체를 채택했다. 즉 이 관점은 독일의 모든 잘못을 니체의 '이론' 탓으로 돌린다. "비범한 성격과 힘에의 의지를 지닌 초인(Surhomme)[113]이 … 열정적인 야심가들에게 그들이 고대해 온 이상형으로 나타났다."[114]

정치가의 이러한 어리석은 표현과 실수는 모종의 결과를 유발한다. 먼저 이미 확인되었다시피 존중의 결여가 나타나며, 이어서 그 사람과 정치가 일반의 '사고방식'에 대한 의심이 생긴다. 그것은 독일 정치가들 또한 니체에 관해 치명적인 실수를 저지르는 것이 불가능하지 않으리

---

113) (옮긴이 주) 르페브르는 초인을 언급하는 대부분의 경우에 원어 그대로 '위버멘슈(Übermensch)'를 사용하고 있다. '쉬르옴(Surhomme)'이라는 프랑스어 번역은 니체에 대한 드골의 오해를 그대로 드러내는 것으로 볼 수 있다.

114) 다음을 참조할 것. 알렉시스 필로넨코(Alexis Philonenko), 〈전쟁의 철학자 드골(De Gaulle, un philosophe de la guerre)〉, 《논쟁 연구(Études polémiques)》 7호, 1973년 1월.

라는 생각으로 이어진다.[115] 이러한 오류들과 더불어, 기이하고 불가사의한 아이러니는 바그너화된 니체(니체 자신은 확실히 불만스러웠을), 즉 철학자-시인의 신화적 이미지가 오랫동안 그 위엄과 영향력을 지니고 있었다는 점이다.

매우 다양한 오해들로부터 아나키스트적 니체주의와 엘리트적(그러니까 '우파'적이고 심지어 파시스트적인) 니체주의가 성립한다. 최근 철학사가들의 편견 없는 작업을 통해서 니체로의 귀환이 추진되었고, 텍스트상의 진실이 복원되었다. 니체의 여동생인 엘리자베스에게는 시인-철학자의 죽음 이후, 위조의 책임이 있다. 반동적이고, 유대인을 배척하는(그녀 남편의 영향으로) 그녀는 니체 텍스트를 짜맞추고 삭제함으로써 그 의미를 변형하는 데 주저하지 않았다. 역사적 진실이 회복된 다음에도 니체는 일부 모욕을 감내해야 했다. '프랑스'식으로 합리화되고, 체계화되고, 교조화된 니체(이것은 현재 프랑스의 사유 경향, 즉 로고스와 데카르트적 코기토가 큰 위기에 빠진

---

115) 완성된 파일에는 니체에 대한 제3제국 이론가들 몇몇의 언급이 포함될 것이다. 이와 관련해서 앙리 르페브르의 《니체》를 참조할 수 있다(이 책이 쓰인 연도가 중요하다. 이 책은 니체가 파시스트적 해석과 무관함을 드러낸 최초의 저작이다).

상황에서 체면을 세우고 곤경에서 벗어나려는 철학자들이 만들어 낸 것이다)는 그의 시적 측면이 지닌 특유의 날카로움과 공격성, 고고함을 잃었다.

니체의 '영향력'—니체가 이 개념에 대해 말한 바를 고려한다면 이것은 의심스러운 단어다—이 갱신되면서 프랑스 철학의 흥미로운 갱신 또한 이어졌다. 헤겔의 '영향력' 아래에서 전문적인 철학자가 정치의 (맹목적인) 하수인이 된 것과 달리, 니체에 결합된 철학자는 어떠한 권력에도 반대한다고 밝힌다. 그 철학자는 단지 살아남아 있는 차원을 넘어서 부활한다. 그는 언어 속에서도 권력의 표식(힘의 표식 그리고 힘에의 의지에 대한 표식)을 찾아낸다. 때때로 그는 신과 '인간'을 죽인 다음에, 의미, 진리, 마지막으로 정체성(주어진 자기 자신으로부터, 이름을 붙이고 그 이름으로 불리는 것을 유지하는 자신의 정체성[자아 동일성])을 죽이는 데까지 나아간다. 니체를 따르는 이 철학자는 자신의 발언 순서가 되었을 때 거대한 경멸, 즉 위대한 것이 아닌 것에 대한 경멸을 공언한다. 니체와 마찬가지로 그는 사회와 국가 위에 문명을 위치시킨다(이를 받아들인다고 하더라도 문명 개념이 제대로 정의된 것은 아니다).

이 현대 철학자는 여전히 철학자로 남아 있는가? 그가 단지 철학적 측면에서만 니체에 관심을 가질 뿐이라면(혹은 언어학, 즉 니체 시대에 니체에 의해 '문헌학'으로 불렸던 과학의 유행에 편승한 것이라면) 그의 관심은 멀리 나아가지 않는다. 그로 인해 우리 현대 사상가들은 그들이 극복했다고 믿으면서도 소중하게 보존하고 있는 범주들 속에서 심히 얌전해진다. 만약 현대 사상가가 끝까지 간다면, 그러니까 그가 '힘에의 의지'를 깊이 이해한다면 그는 어디로 나아가게 되는가? 아래에 이 질문에 대한 답변(답변의 시도)이 제시된다. 이런 상황이 철학자를 불편하게 하고, 그의 용기를 휘청이게 할 수 있다. 왜 그럴까? 이는 니체가 철학 전체를 비난하고 거부하기 때문이다. 이는 마르크스와 마찬가지다. 마르크스는 철학이 실천과의 연관성을 상실하고, 인간에 대한 철학의 이념이 실현될 수 없다는 이유에서 철학을 거부하고 반박했다. 니체에게 철학이란 신화학 속 신화의 아름다움조차 상실한 신화들로 이루어진 것이다. 그에 따르면 철학적 표상들에는 기원(origines)에 대한, 원형적인 것(l'orginal)에 대한 몇몇 신화들이 포함되어 있다. 즉 철학은 세계, 인간, 의식, 사유의 시작을 드러낸다. 이때 철학은 질문 속에 존재, 신, 영혼, 자연 등과 같은 답을 미리 포함해 버린다. 이런 식의 세속화된 버전의 철학적 신화들에는 시원적 존재(한편으로 자연, 물질, '토대'와 같이 아래에서 드러나는 존재가 있고 다른 한편으로 신, 초월, 이데아같이 위에서 드러나는 존재가 있다), 이원론(선과 악, 사고와 불활성 물질) 등이 있다.

철학은 안일함을 벗어나려는 니체에게서 거부되며, 결국 오르페우스와 나르키소스의 몸짓으로 최후를 맞이한다. 오르페우스는 자신의 길에서 벗어나 잃어버린 삶을 되돌아보다가 그 자신까지 잃고 만다. 자신을 보여 주는 거울에 집착했던 나르키소스는 자기 자신이 단지 하나의 반영에 불과하다는 것을 깨닫고 그로 인해 죽음에 이른다. 철학과 철학자들은 원래 상태로 헛되이 되돌아가려는 오르페우스의 몸짓과 자신을 관조하다 죽음에 이른 나르시스의 몸짓 외에 다른 자원을 지니고 있지 않다. 이 두 경우 모두 철학이 종언에 이르는 길을 말하고 있다. 철학은 철학적인 정신적 공간 안에서 높이에 대한 환상과 깊이에 대한 환상을 만드는 것밖에 할 줄 모른다. 철학은 때로는 [모든 것을 드러내 밝히는] 투명성의 효과를, 때로는 [숨겨져 있는 무언가에 대한] 불투명성(실체성)의 효과를 연출한다. 철학은 자신의 실패 속에서 인간종의 실패를 확인한다. 즉 철학은 '인간'에 대한 초월을 강요하면서 종언한다.

2. 자세히 살펴보면 니체는 철학, 체계에 대한 추구, 지식 전달과 같은 범주에 속하지 않는다. 자신을 '끔찍한' 천재

로 내세운 이를 어떻게 묘사할 수 있을까. 니체는 다음과 같이 스스로에 대해 말한다. "내가 해야 하는 것들은 그 단어의 모든 의미에서 끔찍한 것이다. … 나는 개인이 아니라, 인류(l'humanité)에게 도전한다. … 내 이름에는 말로 다할 수 없는 숙명이 부착되어 있다…."[116] 니체는 종교적 정신, 과학적 정신, 정치적 정신에 관한 모든 담론의 원천을 드러내면서 그것들을 반박하고 해체했다. 니체는 서구 세계의 '위대한 해독가(le Grand Décodeur)'다. 이 표현은 니체의 언어처럼 시적이지는 않지만 그의 사유의 작동 방식을 보여 준다. 니체는 유럽의 모든 메시지, 모든 언어를 해독했다. 니체주의? 그것은 담론을 더 이상 비밀스러운 것으로 여기지 않는 이들의 태도다. 그것은 강제로 자물쇠를 부수고, 서랍을 열고, 금고를 파괴하는 것이다. 교회와 국가의 기록 보관소에 있었던 모든 것들이 여기, 앞에 있다. 누구나 이 어리석은 글들을 읽고 깔아뭉갤 수 있다. 하지만 이것은 글로 된 것들을 변화시킬 수 있을 뿐 사물을 변화시킬 순 없다. 수수께끼로 남고 싶었던 글들은 이제 간파되고 해독되며, 어떤 매력도 지닐 수 없게 된다.

위대한 해독가에게는 코드가 있는가? 그는 자신의 비

---

116) 1888년 12월 토리노에서, 여동생에게 보내지 못한 편지.

밀, 궁극적 비밀을 지니고 있는가? 그 비밀이란 모든 해독으로부터 면제된 궁극적 무코드(sans-code), 그러니까 도덕이나 법과도 무관하며 거처도 없는, 그야말로 모든 종언의 종언을 뜻하는 것일까?

니체가 냉혹하게 추구했던 것은 그리스도교 및 유대-그리스도교주의에 대한, 더 넓게는 서구권 전체에 대한, 그리스-라틴 전통에 대한, 유럽적 로고스에 대한 해부학과 해부(생물학적 용어), 분석, 재판(이지적이고 사법적인 용어), 해독(모더니즘으로부터 약간의 영향을 받은 용어)이었다. 이를 통해 니체는 시와 음악이 있는 동양에, 즉 서구의 무거움과 지루함에 반대되는 신성한 가벼움에 호소했다.

그 무렵 마르크스 계열에서 부르주아와 자본주의에 대한 소송은 이중, 삼중의 오판 속에 진행되었다. 사람들은 부르주아지의 변치 않는 거대한 진실을 물리도록 반복했고, 그에 따라 이 진실은 지루한 것이 되었다. 사실 부르주아의 가혹함, 그들의 이기주의, 부르주아 사회의 부정의함, 자본주의 불평등 등은 도덕적인 사안이었기에 처음부터 지루했다. 니체가 보기에, 정의의 이름으로, 자비의 이름으로, 진리의 이름으로 부르주아 사회를 비난하는 이들은 충분히 나아가지 못했다.

이른바 인간 과학은 19세기 말에 형성되기 시작했는

데, 자본주의의 폭력적인 기원과 가혹한 조건, 요컨대 자본 축적에 대한 문제를 등한시했다(사람들은 자본 축적에 대한 이론이 제3세계와 '후발' 사회주의 국가와 관련해 다시 관심사가 될 것이라고는 짐작하지 못했다). 인간 과학의 주장들이 한계에 부딪히고 논쟁에서 곤궁에 부딪히면서 사회를 경유해 '원시적인 것'으로, 민족학 혹은 인류학으로의 회귀가 나타났다. 이로 인해 현대 사회에 대한 탐구는 원래의 궤도를 벗어나 교훈적인 수사, 정치화된 역사성에 대한 것으로 전환되었다.

니체는 이러한 오류와 생략을 피했다. 그렇다고 방향을 바꾸거나 우회하지도 않았다. 니체가 자본주의와 부르주아에 대해 거의 언급하지 않았다면, 이는 그것들을 전체로서 경멸하고 비난했기 때문이며, 그 속에 관심을 기울일 만한 '대상'이 없다고 판단했기 때문이다. 또한 니체는 그것들을 유대-그리스도교주의에 포함된 것으로 보았다. 니체가 보기에 서구 전체는 초기부터 ―그리스의 패배 이후―현재의 모습에 이르도록 표류해 왔으며, 유럽의 방향은 16세기에 결정되었다. 물론 서구에도 다른 가능성이 있었지만, 종교개혁과 반종교개혁 이후 화폐의 부와 국가 권력이 결합하면서 그 향방이 결정되고 말았다. 보편적인 창조자(레오나르도 다빈치, 미켈란젤로) 혹은 '대가'―군주 체사레 보르자와 같이 탁월함과 지적 대담성을 지닌 인간－처럼 우월한 유형의 인간은 영원히 그 자취를 감추고 말았다.

니체에게 '현대성'－니체는 현대성이 자신과 가까운 유럽 사회에서 1880년경에 출현했다고 보았다－비판은 그리스 · 로마에서 시작해서 19세기 유럽의 야만에 이르기까지의 역사에 대한, 보다 광범위한 비판의 일부분이었다. 니체는 자본주의를 거의 언급하지 않았지만, 그는 자신이 논쟁을 축소하고 사유를 협소화한다고 생각하지 않았다. 오히려 그 반대였다.

니체는 종교를 다루든, 국가 · 경제 · 정치에 대해 다루든, 그 모든 곳에서 언제나 표상, 이데올로기, 지식에 의한 정당화를 단칼에 거부했다. 다소 지나치게 현대적인 단어로 표현하자면, 니체는 현재 사용되는 **코드(codes)**를 간파하고 공식화한 다음 그것을 쓰레기로 취급해 버린다. 즉 니체는 **체험된 것(vécu)**을 드러내기 위해서 인지된 것(conçu)과 지각된 것(perçu)을 폐기했다. 사람들은 고통받는 이에게 그가 일반 이익이나 진리의 이름으로 그 고통을 감내해야 한다고 백방으로 증명한다. 말하자면 굴욕을 당한 이에게, 사람들은 굴욕과 겸손의 미덕이 그의 운명임을 증명하는 것이다. 그러나 '내'가 '나의' 고통, '나의' 굴욕에 주의를 집중하고 그것을 명료하게 바라보는 순간, 모든 것이 달라진다. 정서적(affectif) 결과가 핵심이 되고, 주관적이고 우연적인 것이 전면으로 등장한다. 그러나 이러한 명료함이 '주체'나 '감정'의 개념을 전제하는 것은 아니다. 이것은 고통의 도덕적 정당성, 굴욕의 이데올로기적 합법성 이후에 도래하는 시적 사실이다. 체험은 깊어지고 어두워지며, 심오해진다. 체험은 스스로 선언하고 발언권을 요구하며, 그것을 쟁취한다. 체험은 시와 노래, 음악, 춤으로 말한다. 체험은 또 다른 변신을 북돋운다. 그에 따라 고통이 기쁨으로 변한다.

그러므로 니체의 작품에는 일반적으로 수용되는 지식 개념 – 헤겔주의에 의해 의례화된 – 의 의미 전도, 관점 전환이 나타난다. 이는 마르크스와 마찬가지인 것 아닌가? 그렇지 않다. 니체에게 세계의 전도는 객관적인 것, 실천적인 것과는 아무 관련이 없다. 니체가 말하는 체험의 복수는 주관성의 복수다. 헤겔주의, 그리고 나중에 마르크스주의 계열의 사상가들은 '주관성의 환상'을 물리치는 이론을 세웠다. 니체에게 주관성은 개념적인 것과 객관적인 것보다 근본적으로 올바른 것이다. 니체는 고대, 중세, 르네상스 시대의 사람들에 대해 말하면서도, 자기 자신을 생각했고, 자신이 겪은 고통, 반항, 굴욕을 돌아보는 것을 한시도 멈추지 않았다. 그는 온몸으로 육체의 적인 유대-그리스도교 전체를 경험했다. 그는 사유(pensée)를 통해서 위대한 르네상스인들의 열정을 경험했으며, 죽음의 매혹

—생존을 위해 극복해야 할 매혹—속에서 그리스인들의 비극적 감각을 깨달았다. 위대한 변형(mutation), 즉 '가치 전환(transvaluation)'이란 무엇보다도 자기 자신 안에 갇혀 있는 데카르트적 코기토, 주체 철학적 감옥에서 벗어나 체험을 긍정하는 것, 곧 주관적 순간을 긍정하는 것 아니겠는가? 고유한 내 삶의 매순간들은 돌이킬 수 없이 사라진다. 그 순간이 다시 돌아온다면, 다시 반복된다면 그것은 엄청난 행운이다. 그 가치는 무한하게 존재한다. '존재한다(est)'고? 아니다. 각각의 순간은 보잘것없는 것으로 '존재'하지만 내가 각각의 순간에 무한한 가치를 부여한다면, 나는 마침내 그 순간을 산다. 체험은 그런 것이다. 나는 체험에 무한한 가치를 부여할 수 있고 그래야만 한다.[117)]

이렇듯 니체는 시를 통해 지식(savoir)을 지배함으로써, 시인이 된다. 이것을 상황의 전도로써, '변증법적으로' 묘사할 순 있지만 실은 변증법적인 이론에 전혀 의존하지 않는 행위다. 이 행위는 지식을 버리거나 부인하지는 않는다. 이 전도에 의해 거부되는 것은 지식의 우선권이다. 이는 지식—곧 이데올로기—을 앞세워 실재를 '재현'하려

---

117) 1882년 6월 19일, 1881년 9월의 편지 등 참조.

는 집착을 뿌리치는 것을 뜻한다. 다만 그는 지식을 이용했다. 문헌학자, 심리학자, 사회학자, 역사학자로서 니체는 결코 지식과 학문을 포기하지 않았다. 니체는 이 학문들을 체험에 복종시킴으로써 그 우선권을 뒤바꾸었을 뿐이다. 니체에게 시는 인식에 이르는 수단이자 경로였다. 그는 지식과 비지식 사이의 간극을 없애지 않았다. 니체는 자연과학, 생리학, 물리학, 당대의 화학, 심지어는 논리학까지 연구했는데, 이는 철학과 시 사이를 매개하는 이론(영원회귀)을 지지하거나 반박하는 논의들을 살피기 위해서였다. 서구 로고스의 전개 과정은 저 높은 곳에서 그 중요성, 진리, 무한한 가치를 외치는 몇몇 명제들을 내놓았다. '나는 생각한다. 고로 존재한다'가 대표적이다. 하지만 이것은 옳지 않다! 내가 생각할 때 나는 존재하지 않고, 내가 생각한다면 이는 내가 존재하지 않기 때문이다. 즉 나는 존재를 추구한다. 이러한 의미에서 사유하는 '주체'란 이야기하고, 희구하고, 고통받는 '주체', 즉 비존재의 주체다. 헤겔의 반복되는 주장을 살펴보자. 그는 존재와 인식을 동일시하며, 따라서 실재와 이성적인 것을 일치시킨다(그 결과 심지어 강제로 실현되는 것까지 포함해서 실현되는 모든 것이 그 자체로 정당한 것이 된다). 그리하여 헤겔은 마침내 이념, 자기의식, 지식을 그 중심에 둔다. 헤겔의 이러한 주장은 얼마나 광기에 차 있으며, 얼마나 어리석은가! 우주에서 의식은 결코 보편적인 것이 아니다. 의식은 한 작은 행성의 환경 속에서 형성된 우연과 운, 마주침(좋든 나쁘든)의 결과다. 그것은 필연적인 것이 아닌 하나의 상황, 본질적인 것이 아닌, 우연한 사태다. 어쩌면 그것은 괴물일 수도 있다. 어쩌면 '존재'의 질병일지도 모른다. 이 질병은 의식적 존재에게 스스로를 인식하게 하는 고통을 주며, '무의식'은 알지 못하는 불행을 겪게 한다. 유한성, 죽음, 반복, 헛된 투쟁 등. 게다가 '의식적 존재'의 의식이란 발현되고, 발생되며, 점진적으로 소멸하는 것일 뿐이다. 즉 의식은 하나의 **표면**(surface)이다. 그 표면 아래에 깊이와 광명이 있다. 이 표면은 거울의 표면과 유사하다. 어떤 것을 반사하지만 그 자체로는 '아무것도 아니다'. 이 표면은 소중하고 경이롭지만, 허망한 것이다.[118] 접근 불가능한 깊이의 불투명성과 높이의 공허한 투명성

---

118) 니체, 《철학자의 책》, 마리에티(Marietti) 옮김, 오비에(Aubier) 출판사, 파리, 1969. 특히 단편 52, 64, 139를 참조할 것[(옮긴이 주) 가령 단편 64에서 니체는 인간의 예술적 힘이 이미지를 생성하는 힘과 이미지를 선택하는 힘으로 구성된다고 주장하는데, 이때 의식은 창조의 주체가 아니며, 표면에 떠오른 이미지를 수동적 반영하는 역할을 할 뿐이다. 또한 단편 139에서 니체는 인과성(causalité)이 경험적 사실이 아니라는 점을 강조하는데, 그에 따르면 의식은 언어적 구조에서 비롯된 은유를 사실로 받아들이게 된다. 니체, 《철학자의 책 : 이론 연구》, 마리에티 옮김, 앞의 책, 62~66쪽, 89~91쪽].

은 오직 이 표면, 거울에 의식을 내버려둔다.

진리, 지식, 의식을 그것들에 대한 환상이 아닌, 가치에 따라 정의하기 위해서는 인식, 곧 전체에 대한 인식이 필요하다. 철학, 문헌학(니체에게는 언어학, 수사학, 문체론, 언어의 역사를 의미한다), 예술 비평의 역사 등이 필요하다. 체험이 말해 주는 것이면서 인간의 고통이 숨기고 있는 것, 그리고 시가 밝혀내는 것, 이것들을 선언하기 위해서는 '인식을 가장 강력한 열정으로 만들어야 한다'. 그에 따라 지식은 그 자체가 부정되지 않으면서도, 더 넓은 개념이나 비전을 위해 거부될－상대화될－수 있다. 우주에서 의식－미미하고 기만적인 현실이지만 구체적 '주체'에게 무한한 가치가 있는－이 제자리를 찾기 위해서는 힘이 필요하다. 어떤 힘인가? 바로 인식의 힘이다. 이렇게 해서, 오직 이런 방식으로만, 의식은 스스로를 '현실'의 중심에 놓고 불확실하게 반사된 것을 '실체'로 여기는 상황을 멈춘다. 또한 의식은 스스로를 무가치하게 여기면서 파괴하는 것을 멈춘다. 순진하고, 오만한 낙관주의로부터 비관주의가 이어진다. 이것은 허무주의인가? 아니다. 관건이 되는 것은 더 이상 현실이 아니다. 다시 말해 현실을 연구하고, 현실을 읽어 내는 것이 아닌 변신(métamorphose)이 중요해진다. 실재를 변화시켜라! 삶을 변화시켜라! 이것은 '더 잘살고 더 많이 생산하는 것'이 아니라 다른 삶을 창조하는 것을 말한다. 현실을 변화시킨다는 것은 빛이 사물을 물질적으로 변모시키지 않으면서 사물들을 다르게 비추는 것과 같은 변화를 뜻한다. 예술이 그것이 닿는 것을 변화시키고 현실의 요소들로 '다른 것'을 창조해 내듯이. 비극이 공포, 피, 죽음으로부터 기쁨을 창조하듯이.

3. "우주 한구석, 태양계의 수많은 불꽃들이 퍼져 나간 가운데 하나의 별이 있었다. 그 별은 인식을 발명한 지적 동물이 살아가는 별이었다. 이것은 '우주적 역사'에서 가장 오만하고 가장 기만적이긴 했지만, 짧은 순간에 불과했다. 자연의 한숨 몇 번으로, 별은 응고되었고, 그 지적 동물은 죽어야 했다. 이것은 누군가 만들어 낼 법한 이야기다."[119]

이것은 1873년의 짧고 단호한 텍스트인 《비도덕적 의미에서 진리와 거짓에 관하여》에서 〈이론에 대한 소개〉의 서두다. 이 텍스트는 니체의 향후 견해를 알릴 뿐 아니라 언어 이론을 포함하고 있는데, 이를 통해서 우리는 니체의 논의가 가장 현대적인 언어학, 의미론, 기호론 내지 기호학의 노력을 알려 주고 심지어 능가하기까지 한다는 것을

---

119) (옮긴이 주) 니체, 《니체 전집》 3권, 이진우 옮김, 책세상, 2001, 443쪽.

깨닫게 된다. 이렇게 니체의 논의를 이해할 경우, 많은 오류나 외삽을 피할 수 있다. 하지만 이 텍스트는 니체의 다른 초고들, 초안들, 기획들, 청년기 작품들 가운데 애매한 것으로 취급되어 그 진가가 잘 알려지지 않았고 제대로 이해되지 못했다.

헤겔이 거침없이, 어떤 조심성도 없이 로고스중심주의, 유럽중심주의, 인간중심주의를 결합하면서, 바로 그 이념의 철학 속에서, 지식을 인간과 우주의 중심에 두는 순간, 그리고 니체에게 지구, 인간, 의식이 공간과 시간의 무한함 속에서 행복한 우연이자 어쩌면 물질적 자연의 오류일지도 모르는 것으로 간주되는 순간, 두 순간 사이에 무슨 일이 일어났는가?

많은 과학적 사건들이 있었다. 특히 다윈의 작품인 진화론이 나왔다. 《종의 기원》은 마르크스의 《자본》(1867)에 조금 앞서서 발표되었다. 과학계와 지성계는 다윈이 신학과 전통적인 철학에 가한 끔찍한 타격을 받아들여야 했다. 새로운 한 인물이 세상의 무대에 등장한 것이다. 니체가 진화론을 인식하고, 그리고 이 이론과 쇼펜하우어 사상(이데아가 아닌 무의식적인 삶과 본성을 인간 현실의 기원에 두는) 사이의 통합을 구상했던 것은 언제였던가? 정확히 말하기는 어렵지만 이 '탐구'가 니체 사상의 한 시기를 이끌었다는 것을 간과할 수 없다. 그 시기는 《인간적인 너무나 인간적인》에서 《아침놀》, 《즐거운 학문》에 이르는 시기(1878~1882)다.[120] 니체에게 다윈은 헤겔을 계승하는 것이다. "헤겔 없이는 다윈도 없다(Ohne Hegel kein Darwin)." 그러나 다윈은 게르만적인 모든 특성을 제거할 만큼 역사와 발전의 의미를 변형했다. 그럼에도 독일인들은 헤겔적이고 낙관적인 태도에 머물렀고 이는 분명 잘못된 것이었다.

마르크스와 엥겔스는 다윈의 위대한 저작과 이론이 과학의 새 시대를 열었다고 경의를 표했다. 이들은 그 귀결까지 헤아렸던가? 다윈이 옳다면, 마르크스가 포이어바흐를 경유해 헤겔을 교정하면서 확립했던 사상에서 '일반적 인간', '구체적 인간'은 더 이상 어머니-자연이 낳아 기르고 품에 안아, 사상의 정점으로 인도된 소중한 아이로 볼 수 없다. 인간 존재에 여전히 특권을 부여하는 이 자연주의, 이 낙관적 유물론—분명 스피노자에게서 연원했을—

---

120) 정확하게는 《즐거운 학문》의 354절 '종의 수호신' 그리고 357절을 볼 것[(옮긴이 주) 357절의 다음과 같은 언급을 참조할 수 있다. "헤겔의 경탄할 만한 방법을 생각해 보자. 이를 통해 그는 종의 개념이 상호적으로 발전해 나온다고 가르치면서 모든 논리적 관습과 습관을 넘어서 버렸다. 이 명제를 통해 유럽의 정신들은 최근의 거대한 학문적 운동인 다위니즘을 예비할 수 있었다." 《니체 전집》 12권, 안성찬 · 홍사현 옮김, 책세상, 2005, 348쪽].

은 무너진다. 다윈주의자에게 '인간'은 이제 우연의 산물일 뿐이다. 종들은 생존 경쟁 가운데, 이에 적합한 형태를 만들어 내고, 다른 것들은 소멸시킨다.

인간종은 이상해 보인다. 고전적인 신학과 철학에서 이 종은 자연과 물질과 생명과는 이질적인 어떤 것이며 그에 따라 초월성 이론과 관련된다. 그러나 진화론은 인간종을 자연 속으로 돌려보낸다. 이 종은 척추동물, 포유동물 등 일반적인 유(類) 가운데서도 '특수'한 존재다. 그러나 그 특수한 성격은 제대로 정의되지 않으며, 인류학은 과학적 기반 위에 성립되기 어렵다. 인간의 특징이 무엇인가? 말과 언어? 직립 자세? 두개골? 턱뼈? (마르크스가 말했던) 손과 노동? (반성적인) 자기의식? 웃음? 지식? 진화론은 '인간'에 대한 다른 해석을 제시한다. 인간종은 자연의 '종언'을 지시한다. 이 종언은 어떤 의미인가? 궁극 목적? [자연을] 고갈시킨다는 뜻인가? [자연의] 오류? 실패한 종이라는 뜻인가? 쇼펜하우어가 제시한 생의 의지의 철학은 이 질문에 대답하지 않은 채 질문을 더 알기 어려운 것으로 만든다. 쇼펜하우어가 말하는 앎이란 어떤 것인가? 그것은 맹목적인 생의 의지와 생에 대한 포기 사이, 인간종과 세계에 대한 긍정과 자동파괴되는 미래 사이에서 일종의 불확실한 혼합물로 남겨져 있다.

헤겔과 니체 사이,[121] 수십 년 동안 과학은 변화하고 진보했으며, 그것은 '철학적' 질서에 상당한 영향을 주었다. 그러나 과학 이외의 새로운 측면도 있다. 우선 마르크스에 따르면 두 번의 혁명 실패가 있었다. 유럽에서 1848년의 혁명이 실패했고, 1871년 프랑스에서도 혁명이 실패했다. 이러한 일들로 누가 이익을 보았는가? 바로 제국주의로 향하던 독일 제국이다. 프랑스에 부과된 전쟁배상금은 독일 산업을 자극했다. 그것이 독일 경제를 '이륙'시켰다. 불과 몇 해 만에 독일은 경제적 · 정치적 낙후성을 만회했다. 독일은 이 낙후성을 채워 나가면서 그들의 이론적 탁월성을 상실했고 그것을 교양 있는 속물들의 갑갑한 박학으로 대체했다. 철의 재상은 모든 전선에서 성공을 거두었다. 니체는 힘에의 의지의 과시적인 상승을 목격하지 않았는가? 몇 년 동안 니체는 정치적 굴곡들을 제대로 분간하지 못했다. 쇼펜하우어처럼, 그는 힘에의 의지를 여전히 생의 의지로 불렀다. 그러나 점차적으로—때때로 정치적 장대함에 감탄하기도 하면서— 니체는 권력의 추

---

121) 헤겔과 괴테는 1831년과 1832년에 죽었다. 마르크스는 1842년경, 25세쯤부터 정치적으로 글을 쓰고 개입하기 시작했다. 마르크스의 마지막 주요 저작은 1875년에 쓰였다. 이때 니체는 이미 《비극의 탄생》과 《반시대적 고찰》을 비롯한 여러 책들을 출판했다. 앞서 인용했던 '이론적' 텍스트는 1873년에 쓴 것이다[(옮긴이 주) 《비도덕적 의미에서 진리와 거짓에 관하여》를 가리킨다].

구가 돈이나 명예의 추구만큼이나 사회적 관계를 지배한다는 사실을 깨닫게 된다. 니체의 관점에서 쇼펜하우어의 생물학적-자연주의적 생의 의지에 힘의 의지를 밀착시키는 철학적 접근은—최악의 의미로—사변적 · 추상적인 것이었다. '의지는 생명 속에서만 존재한다. 그러나 이 의지는 생의 의지가 아니라 실제로는 지배의 의지다. 오 현자들이여 이것이 생이 나에게 가르쳐 준 것이며, 이를 통해 당신들 마음의 수수께끼를 풀어낼 것이다.' 차라투스트라는 이렇게 말했다. 의식의 기초로서 주체는 '생각하는' 것도 아니고, 이런저런 것을 '의욕하는' 것도 아니다. 그것은 다른 이들을 구속하고 지배를 추구하는 것, 곧 **지배의 리비도(libido dominandi)**로 파악된다. 힘에의 의지는 인간종의 사회적 · 정치적 행위 안에서, 무엇보다도 국가 안에서 파악될 때, 자연과 생명을 밝히는 것이 된다. 그 반대 방향으로 이해되어선 안 된다. 나중의 것이 이전의 것을 밝히고, 결과가 원인을 드러내며, 성취된 발전이 과정을 이해하게 해 준다는 마르크스의 언급처럼(비록 니체는 이 발언을 알지 못했지만).

니체의 경험에서 본질적인 것은 그가 공포 속에서 깨달은 것으로—이는 니체가 1870년 전쟁 이전에 독일을 떠난 이유이기도 하다—비스마르크 국가가 나폴레옹 국가의 모방이었으며, 유럽의 모델이 될 것이라는 점이었다.

니체는 1888년 2월 21에 쓴 편지에서 유럽이 "군사적 무장에 열을 올리는 영웅적인 고슴도치의 모습을 하고 있다"라고 빈정댄다. 이러한 인식은 니체로 하여금 국가에 반대하고, 이어서는 독일에 반대하는 강렬한 선언을 하게끔 했다. 이 선언은 《즐거운 학문》과 《차라투스트라는 이렇게 말했다》의 시기에 나온 것으로, 그것은 유사 다윈적인, 진화론자의 시기, 《인간적인 너무나 인간적인》의 잔혹한 격언들을 쏟아낸 시기가 끝났음을 의미했다. 니체는 '인간'의 비밀이 생물학적 이론의 이름으로 불릴 수 없고, 거기에서 탄생할 수도 없다고 확증했다. 헤겔이 선언했듯, 의미 또는 의미의 부재는 역사적 질서를 지닌 현실을 통해서 드러난다. 그러나 니체에게 의미는 헤겔주의의 반대 관점을 취할 때 나타나는 것이었다. 이러한 인식은 더 멀리, 초인(Surhumain)을 향한 사유로 이어진다.

《즐거운 학문》은 시에서 시작해 시로 끝난다. 책의 부록으로 실려 있는 그 마지막 시들의 제목은 〈포겔프라이[122] 왕자의 노래〉로 이는 무법자 왕자의 노래를 뜻한다. 첫 번째 노래에서부터, 새처럼 노래하는 왕자는 서구 전체를 공격하며, 괴테를 경유해 로고스에 도전장을 내민다.

---

122) (옮긴이 주) 'Vogelfrei'는 법을 벗어난 상태를 뜻한다.

이는《파우스트》제2부의 결말을 패러디하는 방식이다.

세계의 유희는 위풍당당하게
존재와 가상을 뒤섞어 놓는다
영원한 어릿광대가
우리를 뒤섞어 놓는다. 그 안으로![123]

이 구절 바로 앞에 나오는 내용들은 니체의 내면을 드러낸다. 특히《즐거운 학문》의 377절이 그렇다. '우리들 실향민들(Wir Heimatlosen)'로 시작하는 이 구절은 독일 국민에 대한 평가와 유럽에 대한 평가[124] 사이에 삽입되어 있다. 실로 우리들 실향민들은, 두려움을 모르는 자들이기도 하다.《즐거운 학문》의 마지막 부분인 5부의 제목 또한 '두려움을 모르는 자들(Furchtlosen)'이다.[125]

차라투스트라는 대담하게도 더 멀리 나아가고, 더 강

---

123) (옮긴이 주) 원서에는 독일어 원문에 이어서 프랑스어 해석이 제시된다.

124) 356절, 357절, 362절 등도 참고할 것.

125) (옮긴이 주)《즐거운 학문》379절은 다음과 같다. "우리들 두려움을 모르는 자들, 이 시대의 보다 정신적인 인간들은 이 시대에 대해 두려움을 모르고 살 만큼 우리의 장점을 충분히 잘 알고 있다."《니체 전집》12권, 앞의 책, 387쪽.

하게 몰아붙인다. "국가라고? 그게 뭐지? 좋다! 내가 이제 민족들의 죽음에 대하여 말하려 하니 귀 기울여라. 국가란 냉혹한 괴물 중에서도 가장 냉혹한 괴물이다. 이 괴물은 거짓말할 때조차 냉혹하다. 괴물의 입에서 '나, 국가가 곧 민족'이라는 거짓말이 새어 나온다. 거짓말! 민족을 창조하고 그들에게 믿음과 사랑을 제시한 것은 창조자들이며, 이런 방식으로 이들은 삶을 섬겼다. 이어서 파괴자들이 나타나 국가라고 불리는 올가미를 쳐 두고, 민족에게 칼 한 자루와 100개의 욕망을 매단다."[126]

19세기 말, 니체에게 국가를 공격하는 것은 곧 독일을 공격하는 것이었다. 니체는 북쪽 나라보다 양지바른 남쪽을 좋아하는 실향민(Heimatlos)이자 유랑자, 여행자였다. 니체는 북풍과 함께('구름의 사냥꾼인 북서풍'[127]) 남쪽으로 가서 그곳의 삶의 방식과 지향하는 가치를 받아들였다. 그것이 곧 즐거운 학문이다. 니체는 '위대한 건강(die grosse Gesundheit)'[128]을 찾길 원했다. 니체는 삶 대신에

---

126) 《차라투스트라는 이렇게 말했다》, 〈새로운 우상에 대하여〉[(옮긴이 주) 《니체 전집》 13권, 앞의 책, 79쪽 참조].

127) (옮긴이 주) 《즐거운 학문》, 〈포겔프라이 왕자의 노래〉에 수록된 마지막 시를 가리킨다.

128) 《즐거운 학문》 382절[(옮긴이 주) 《니체 전집》 12권, 앞의 책, 392쪽].

국가의 무게, 그리고 갑갑한 문화와 현학적 지식의 무게를 받아들인 자신의 조국, 독일을 포기했다.

《아침놀》과 《즐거운 학문》에서 시작되어 점점 더 엄격해지는, 독일 비판의 진정성은 서신을 통해서 확인된다. 1888년 10월 8일 오버베크에게 보낸 편지에는 독일인이 '문명의 모든 거대한 불행들'에 양심의 가책을 느껴야 한다는 니체의 비난이 간추려져 있다. 그에 따르면 유럽이 더 넓은 지평을 예감하고 길을 발견할 때마다, 독일은 그 가능성에 개입하고 그것을 망가뜨렸다. 18세기에 영국과 프랑스가 과학적 사고와 행위 방식을 발견했을 때, 독일은 칸트 철학을 퍼뜨렸다. 또한 독일은 유럽을 경제적 · 정치적 공동체로 만들 수 있는 유일한 인물이었던 나폴레옹을 쓰러뜨렸다. 오늘날(1888) 독일인들은 머릿속에 제국을 품고 있었고, 이로 인해 '가치에 대한 위대한 질문을 최초로 제기할 순간'에 배타주의(particularisme)가 재발하게 했다. 이보다 더 결정적인 순간은 없었으며, '누가 그것을 의심하겠는가?' 독일은 유럽과 서구 세계를 타락의 길로 이끌었다. 유럽인들이 (경제적, 기술적) 진보의 길로 돌격할 때, 그들은 자신들의 타락을 알지 못했다. 페리클레스 이후 그리스가 몰락하고 빈곤한 삶으로 전락했듯이, 유럽은 '소멸의 의지, 거대한 무기력' 속에서 실패하게 될 것이다.

니체 또한 후대의 많은 시인들과 예술가들(또한 많은 관광객들)처럼 '낙후된' 국가로 도피했다. 이는 단지 '낙후'되었기 때문이 아니라 그곳에 '현대화된' 국가들이 상실한 문명이 조금이나마 보존되어 있었기 때문이다. 빈곤할지언정 그곳에는 사회적 관계들이 더 '풍요'로웠다.

덧붙일 내용들이 있다. 첫 번째는, 독일의 사회민주당 강령에 대한 마르크스의 비판과 니체의 독일 국가주의에 대한 비판 사이에 이렇게 괄목할 만한 동시성과 명확한 일치가 나타난다는 점이다! 심지어 그 구체적 시기도 일치한다. 1875년 무렵, 독일과 독일이 지배하던 유럽은 나쁜 국면으로 들어선다. 국가의 압력이 매우 강력해지고 매우 합리적으로(이데올로기적으로) 정당화되면서 혁명을 원하는 모든(심지어 사회민주주의자도 포함해서) 행위와 사유를 괴멸시켰다.

니체의 비판은 마르크스주의적 비판과 같은 지점에서 출발한다. 그 출발점은 헤겔과 국가 이론으로서 헤겔주의 -헤겔이 이론화한, 특히 유럽에서 정치적 합리성을 실행하는 국가의 원리와 실천-이다. 다만 시작점은 같지만 둘은 다른 방향으로 나아간다. 새 왕자(Prince-Oiseau)의 시들은 마르크스와 엥겔스의 글과는 거리가 멀며 그 비판적 의도에서도 공통점을 찾을 수 없다. 마르크스, 이어서 엥겔스는 망설임 끝에 독일의 '좌파' 정치가와 사상가들과

(듀링을 제외하고) 협상했다. 또한 마르크스와 엥겔스는 무슨 일이 있어도, 독일의 노동 계급－조직력과 의식의 측면에서 세계를 선도하는 존재－에 대한 기대를 거두지 않았다. 하지만 같은 시기에 니체는 민주주의자와 사회주의자를 포함한 독일 전체에 실망했다. 새 왕자는 인연을 끊었다. 그는 남쪽으로, 즐거운 학문으로 날아갔다. 그것은 삶과 건강, 향유, 시와 사랑(이 얼마나 아이러니한가!)을 향한 비행이기도 했다. 혁명적으로, 자신들의 방식으로 법을 넘어서는 마르크스와 엥겔스가 끝내 자기 발등을 찍었듯이, 사랑, 광기, 향유, 즐거운 학문을 추구한 무법자 왕자 또한 결국에는 아무것도 찾지 못한다.[129)]

두 번째로 언급할 것은 헤겔을 포함해, 유럽의 교양을 갖춘 모든 세대의 뇌리에 로마 제국의 위대함과 데카당스가 깊이 각인되었다는 점이다. 모든 정치 분석가들은 자신의 국가, 왕국, 왕이 로마의 권세가 쇠퇴한 것과 같은 일을 어떻게 하면 피할 수 있을지 고민했다. 헤겔은 여기에서 양과 질의 관계에 대한 자신의 변증법적 원칙을 검증했다. 그에 따르면 일정한 한계를 넘어서게 되면, 그 한계 안에서 형성된 것이 폭발한다.

---

129) 이것은 니체와 루 살로메 사이의 복잡하게 얽힌 슬픔, 불행한 궁정 연애의 시도(1882)와 연관된다.

이와 달리 니체에게 성찰의 주제와 문제를 마련해 준 것은 그리스였다. 니체의 사유는 역사가 아니라 회고를 지향했다. 니체는 그리스 철학에서 소크라테스를 전후한, 정치 사상가들(아리스토텔레스와 플라톤), 그리고 그리스 도덕주의자들, 스토아주의자들, 에피쿠로스주의자들에게 유럽적 로고스의 문제를 제기했다. 마르크스가 《요강》에서 방법론적으로 규정했듯이, 사유는 현재에서 과거로 가면서 질문하고, 과거로부터 현재로 오면서 재생산한다(역사적으로 설명한다). 첫 번째 과정이자 기초적인 과정[현재에서 과거로]은 역진하는(régressivement) 것으로 정의된다. 이어서 전진하는(progressive) 과정이 뒤따르며 부차적으로 여기에 날카로운 질문들이 끼어든다. 헤겔 역시 이런 방식을 이해했고 말했지만 실천하지는 않았다. 대신 그는 역사적 생성의 시간을 재구성(대략적인 특징들에 따라 생성하고, 재생산하기)했다.

니체는 유럽을 묻기 위해 그리스에게 질문을 던졌다. 시대를 앞서간 그는 자신을 유럽인이라고 느낀다. 즉 니체는 자신을 더 이상 독일인이라고 여기지 않았다. 그러나 유럽과 그 로고스 및 실천(경제적, 정치적)은 그를 괴롭힌다. 과거의 그리스인들 또한 웅대한 번영의 시기를 지나 쇠락했다. 호전적인(논쟁적인) 기질을 자극한 전쟁이 그들을 자멸로 이끌었다. 이런 까닭에 유럽은 자신의 위대함의 희생자이자, 외부 야만인에게 위협당한 로마에 비할 수 없으며 오히려 그리스와 닮았다. 다만 그리스에서 지배적인 것은 국민국가가 아니라 도시국가였다. 유럽은 대담한 기질, 자신만만한 이성, 내부 투쟁의 측면에서 그리스와 닮았다. 모든 희망이 가능할 것 같았던 순간에 그리스 도시는 쇠퇴하고 그리스는 데카당스에 빠진다. 그것은 제국의 쇠퇴라는 수준에서가 아니라, 훨씬 더 중대한 문명의 데카당스에 의한 것으로 이해되어야 한다. 유럽은 어떠한가?

세 번째로 언급할 것은 19세기 말 유럽과 독일에서는 문명과 고도의 문화를 형성하는 최고로 고양된 수준의 이해와 의사소통이 사라졌다는 것이다. 이해를 위해서는 참조할 것들, 인용문들, 박학함이 요구되었다. 마르크스에게 그러했듯이, 니체와 관련해서도 엄청난 몰이해와 오해가 뒤따랐다. 마르크스와 마찬가지로 니체 역시 이를 알고 있었다. 마르크스의 편지에서처럼, 니체의 편지 역시 이른바 '제자들'이 최악의 오해를 만든다는 것을 잘 보여준다. 한편 독일이 산업과 군대로 지배했던 유럽은 그 갑갑함과 야만에 얼마나 위협당했던가! 피렌체, 로마, 파리, 빈이 차례로 그들의 스타일에 따라 '새로운 아테네'의 이름으로 불릴 수 있었던 시기에 비하면 대체 얼마나 쇠퇴한 것인지.

1880년에서 1890년 사이, 독일인들은 이미 국가 이데올로기를 통해 수없이 침투한 정치적 위대함에 사로잡혀 있었던 나머지 독일에 대한 니체의 공격과 그의 국가 비판 사이의 어떤 연관성도 밝혀내지 못했다. 사람들은 니체를 독일 문화의 변절자, 조국을 겨누는 아나키스트적인 적으로 여겼다. 그렇지만 니체가 독일을 상대로 논쟁했던 것은 단순히 독일 국가가 그 힘을 과시했기 때문이 아니라, 반대로 독일이 '이방인' 즉 보나파르티즘과 나폴레옹 국가로부터의 오염에 스스로를 방기했기 때문이다. '민족주의자'와 쇼비니스트의 방식은 모든 곳에서 대동소이한 것으로 나타났다. 니체는 편지 속에서 독자들이 자신을 '아나키스트 듀링'—엥겔스가 얄팍한 개량주의로 보았던 것을 민족주의자들은 이렇게 부른다—과 혼동하는 것을 불평했다.[130] 《차라투스트라는 이렇게 말했다》의 몇 안 되는 구매자들 중에는 바그너주의자(자신들의 우상을 옹호하기 위해서), 반유대주의자들도 있었는데, 이는 저자인 니체를 반유대주의자로 알려진 그 여동생의 남편과 연관시키기 위해서였다. 하지만 니체는 이러한 비방에 대항하기를 멈추지 않으면서 다음과 같이 말했다. 부풀어 오르기

---

130) 1885년 니스에서 오버베크에게 보낸 편지.

도 전에 썩어 버릴 우려가 있는 반죽[유럽]에서 유대인은 [반죽을 썩히지 않고 부풀리는] 효모와 같은 역할을 하며, 그들 없이 유럽은 실현될 수 없다!

이런 연유로 독일인들은 니체의 국가 비판을 받아들일 수도, 전유할 수도, 해석할 수도 없었다. 그들은 국가 비판을 '사회', '조국'에 대한 거부이자 동시에 신과 도덕에 대한 거부로 받아들였다. 유럽에서 이런 오해가 독일만의 일이었을까? 물론 그렇지 않다. 프랑스에서도 마찬가지였다. 같은 시기 프랑스에서도 니체에 대한 오해가 적지 않았고, 니체보다 더 나아간 이는 아무도 없었다.

4. 니체는 사방에서 헤겔의 요새를 포위했다. 그는 체계를 이루는 세 개의 거대한 탑, 즉 역사 이론, 언어 이론, 지식 이론에 맞서 결정적인 공격을 가했다.

역사에 대한 공격은 매우 일찍부터 시작되었다. 《비극의 탄생》(1869~1872)은 그 제목 자체가 하나의 선언이었다. 기념비적인 《미학》 3권에서 헤겔은 비극과 관련해, 그리스 극작가들이 아이스킬로스가 확립한 모델에 따라 '국가, 정신적 보편성 속에서 도덕적 삶, 그리고 자연적 도덕성으로서 가족' 사이의 근본적인 대립을 다룬다고 보았다. 그에 따르면 비극은 갈등을 해소해 가는 역사 속으로 들어선다. 즉 이 역사는 국가, 가족, 개인이라는 영역들의 조화로 귀결된다.

이와 달리 니체에게 비극은 탄생한다. 비극은 보다 광범위한 합리적 과정의 결과물이 아니다. 즉 비극(그리고 그 어떤 것도)은 이전의 원인들, 앞선 조건들의 결과로 주어지지 않는다. 또한 비극은 특정 순간의 합리적인 역사성에 대한 '표현'도 아니다. 아티카 비극은 해결 불가능한 심오한 갈등으로부터 탄생한다. 이 갈등은 고갈되지 않을 만큼 비옥하고, 어떠한 종합으로도 귀결되지 않으며, 고유하고, 예측 불가능한 국면으로부터 만들어진다. 즉 아티카는 비극의 탄생지이자 요람이다. "이성의 관점이 아닌 직관의 직접적인 확실성에 따라, 예술의 진화가 아폴론적인 것과 디오니소스적인 것의 이원론과 관계되어 있음을 이해할 때, 마치 생식이 성의 이원성에 의존하듯, 생성이 아폴론적인 것과 디오니소스적인 것 사이의 끝없는 투쟁에 달려 있으며 그것을 잠시나마 중단하는 것은 덧없는 화해뿐임을 이해할 때, 우리는 미학에서 결정적인 진보를 이루게 될 것이다."[131] 성(sexes)과 마찬가지로, 또한 심오한 진실을 개념보다 더 잘 표현해 내는 신들의 형상과 마찬가지로, [아폴론적이고 디오니소스적인] 예술의 형식

---

131) 《비극의 탄생》의 첫 대목[(옮긴이 주) 《니체 전집》 2권, 이진우 옮김, 책세상, 2005, 29쪽 참조].

들은 양립할 수 없다. 그것들은 하나의 총체성, 하나의 시대정신(여기에서는 그리스의 시대정신)을 형성하지 않는다. 아폴론적 예술인 조각과 디오니소스적 예술인 음악은 얼마나 대조적인가! 또한 예술과 지식은 얼마나 대조적인가! 그리스에서는 예술이 지식을 지배했지만, 소크라테스와 더불어 지식이 우위에 서게 되며, 이는 예술의 죽음으로 이어진다. 이러한 대립물의 갈등은 인지된(conçu) 갈등이 아닌, 체험된(vécu) 갈등인 한에서 창조를 자극하며, 이 창조적인 갈등은 헤겔의 변증법적 모순과 차별화된다. 모순과 적대는 여전히, 그리고 언제나 문제적이지만(니체는 아이러니하게도 《비극의 탄생》을 쓴 몇 년 뒤 모든 독일인은 헤겔적이며 앞으로도 그럴 것이라고 자조적으로 쓴다), 모순의 본질과 의미는 발본적으로 변화한다. 모순은 더 이상 사유되는 것이 아니라, 살아 있는 것이 된다. 모순들은 '체험'의 순간들 사이에 자리를 잡고, 인지된 것, 더 정확히는 재현(la représentation)이 그 뒤를 따르게 된다. 모순들은 꿈과 도취라는 두 세계 사이의 투쟁 속에 자리한다. 아폴론의 왕국은 놀라우면서도 평화로운 꿈, 즉 고통이 빛과 그림자의 유희로 변하는 꿈처럼, 아름다운 외양으로 나타난다. 디오니소스의 왕국은 도취의 상태로, 여기에서는 개인의 경계가 사라지고, '개체화 원리(principuim individuationis)'가 무너진다. 그 결과 주체성은 춤, 난교, 잔인함, 쾌락 속에 소멸한다. 꿈과 도취(아폴론과 디오니소스)는 성과 마찬가지로 서로 대립한다. 즉 그것들은 갈등과 욕망이다. 갈등은 결코 '종합'으로도, 제3항으로도 귀결되지 않는다. 그러나 수태(fécondation)는 다른 존재로 이어져, 생성하는 것들 가운데 한쪽을 반복한다. 즉 그것은 남성이거나 여성, 꿈이거나 도취'이며(est)', 대립을 멈추지 않는 '세계'의 한쪽 혹은 다른 쪽이다. 여기에 헤겔적 의미의 소외를 말할 자리는 없다.

사랑이 그렇듯, 꿈과 도취는 사물들을 확증하는 대신 그것들을 변형한다. 꿈과 도취는 '실재'를 견뎌 내고, 지식을 통해 그것을 신성화하지 않는다. 꿈과 도취는 곧장 실재를 변화시킨다. 누구나 이를 경험해 볼 수 있다. 이 경험은 과거에 반작용하며, 위대한 그리스 신화들의 의미와 그 중요성을 이해할 수 있게 해 준다. 이러한 방식은 통상적인 역사, 역사적 지식과 어떤 공통점도 없다.

'정치경제학 비판'에 대한 예비적인 언급으로 알려진 텍스트(《요강》 서문[132])에서 마르크스는 한 가지 수수께

---

132) 《마르크스 선집》 1권, 362쪽 이하 참조[(옮긴이 주) "어려운 것은 그리스 예술과 서사시가 일정한 사회적 발전 형태들과 결부되어 있다는 것을 이해하는 것이 아니다. 어려운 것은 그것이 아직도 우리에게 예술의 즐거움을 제공해 주며, 어떤 점에서는 예술의 규범과 도달할 수 없는 모범으로 여겨진다는 것이다." 마르크스, 《정치경제학 비판 요강》 I,

끼, 즉 경제주의와 역사주의로 환원될 수 없는 한 가지 사실을 드러낸다. 그것은 생산 양식이 완전히 변화했음에도 그 의미를 유지하는 그리스 신화, 비극의 '영원한 매력'이다. 마르크스는 불카누스[헤파이스토스]의 대장간이 현대의 야금술로 대체되고, 상업의 신인 메르쿠리우스[헤르메스]가 관장하던 소규모 교환이 세계시장으로 대체되었음에도 불구하고 어떻게 그리스 신들이 그 의미를 간직할 수 있는지 묻는다. 나중에 마르크스와 엥겔스는 토대의 변화, 사회 구조 및 상부 구조의 변화 속에서 시대와 생산 양식을 관통해 존속하는 논리와 법에 대해서도 유사한 질문을 제기했다. 즉 논리와 법의 지속성은 경제적이고 역사적인 접근으로 설명될 수 없다.

니체는 마르크스가 남긴 물음에 답했다. 그 물음은 헤겔은 상상조차 하지 못했던 것인데, 왜냐하면 헤겔에게 대장장이 불카누스는 신이라기보다는 나중에 야금술로 발전할 지식(노하우)을 상징했기 때문이다.

《비극의 탄생》에서 소크라테스를 향한 니체의 공격은 소크라테스가 놀라운 삶의 방식을 발명할 수 있었던 그리스의 탁월함을 개념적 지식으로 전환한 것에 대한 고발이

김호균 옮김, 도서출판 그린비, 2007, 83쪽).

었다. 이 격렬한 공격은 헤겔과 초기 모더니티를 동시에 겨냥했다. 그에 따르면 기술과 지식을 갖춘 인간, 이론적 인간은 아는 것은 많지만 제대로 살아가는 인간이 아니다. 니체의 논의에 등장하는 소크라테스가 이미 헤겔과 모더니티를 포함하고 있다면, 이는 시간을 헤겔과 역사가들의 방식에 따라 이해해서는 안 된다는 의미를 내포한다. 니체에게 중요한 것은 기원이 아니라 계통, 계보였다. 그러니까 니체는 시간상의 양적 · 질적 발전이라는 의미에서의 역사를 거부했다.

헤겔적인 역사와 역사성에 대한 공세는 《반시대적 고찰》133)에서도 계속되었다. 왜 반역사주의인가? 니체는 헤겔 시대의 생존자로서 초기 그리스도교를 다룬 자유주의 역사가 슈트라우스를 겨냥함으로써 자신의 이러한 입장을 공고히 했다.

a) 역사주의는 다소간에 철학과 연관된 학문 분야에 한정되지 않는다. 역사주의는 '문화' 전체에 침범한다. 그것은 기억과 문헌학적 박식으로 문명을 덧칠함으로써 모든

---

133) 《반시대적 고찰(Unzeitmässige Betrachtungen)》은 '시의적절하지 않은(intempestive)'으로도, '부적합한 시기의 고찰(Considérations inopportunes)'로도 옮겨진다. 그러나 이 독일어 제목이 말하는 것은 '시간을 초월한 고찰(Considérations intemporelles)'이다.

스타일을 잃어버리고 문명의 전승을 정지한다. 그에 따라 역사주의는 교육을 오염하며 교육은 (삶을 위한) 훈련이기를 멈춘다.

1873년, 헤겔 사후 40년이 지난 이 시점에 그의 이름은 지평선에서 거의 사라지고, 헤겔주의는 더 이상 유행하는 것이 아니었다. 부당하다고? 몰이해라고? 사람들은 더 이상 헤겔을 이야기하지 않았지만 독일 제국은 그 정점에서 밑바닥까지 헤겔화되었다. 독일의 지식인과 석학들이 찬양한 미덕(참고문헌의 정확성, 전문화된 [학술] 활동)은 니체에게 갑갑함과 현학적 태도일 뿐이었다. 그리스를 더 많이 연구할수록 그들은 그리스다움(hellénité)과 멀어졌다! 한편 과학적 야만은 자신들의 후원자인 국가에 봉사하기 시작했다. 또한 역사를 선전물로 활용하는 국가 권력은 지식으로써 역사를 파괴하고, 결과적으로 역사를 혼미한 상태로 유지했다. 과시적인 도덕적 미덕, 지적 정직성은 모든 도덕이 그렇듯, 그 반대인 위선과 거짓으로 바뀐다. 즉 지식은 진실성을 모방함으로써 자멸한다.

b) 예술(특히 음악, 시, 비극)은 이 사슬을 끊고 악순환으로부터 벗어나려고 한다. 모범적이고 기념비적인, '아이콘이 된' 과거에 대한 물신은 창조 능력을 파괴하지만, 예술은 '사물들', 곧 실재와 국가에 맞서 전복적으로 솟아오른다.

c) 역사주의는 뛰어넘을 수 없는 장애물에 부딪힌다. 역사주의가 사건과 사고, 격동과 전쟁을 관통하는 합리적 과정을 규정할 수 있다 하더라도, 기원과 종언에 대한 문제들은 해결 불가능하다. 그것은 자의적인 시기 구분(가령 헤겔에게서 불확정적으로 규정된 선사시기, 역사, 탈역사의 구분)과 결부되어 있다.

기원에 관한 한, 역사의 기원은 언제나 아득한 옛날에 묻혀 있어서 제대로 드러나지 않는다. 역사화하려는 모든 연구와 접근들은 모든 기원을 후퇴시킨다. 살아 있는 개별적 존재, 하나의 종, '인간', 생명, 지구, 종교 일반 혹은 특정 종교 등 그 어떤 것의 기원일지라도. 의미와 궁극적 목적 또한 마찬가지다. 기원은 이중화된다(예컨대 계통발생과 자기 발생으로). 역사화하는 이성(역사를 통해 정당화되고, 역사를 이러한 이성 자체의 기원으로 보는)은 기원과 종언, 원인과 의미, 설명적인 연관 관계(원인-결과)를 가정한다. 그에 따라 헤겔은 의식에서는 감각을, 실천에서는 논리에 제어되는 활동을 그 시작으로 가정(전제)했다. 예술철학과 역사철학에서라면 그 시작은 동양과 중국이다! 또한 헤겔은 국가를 궁극적 목적으로 가정했다. 그는 역사의 원동력으로 지식과 이성을 전제했고, 자연, 생명, 육체, 인민을 거쳐 그것들이 파급되는 길을 열었다.

니체는 그런 것이 역사의 원동력이 아니라고, 훨씬 더 강하게 응답할 것이다. 역사의 원동력에 대해 말할 수 있는 한, 그것은 이성도 지식도 아니다. 실천적 이해관계와 잘 정의된 정치적 목표도 아니다(비록 이 이해관계와 목표가 항상 일정한 역할을 수행하긴 하지만). 역사의 원동력? 그것은 바로 힘에 대한 의지다. 그것은 권력을 위한 권력의 추구다.

d) 역사와 역사가는 의식할 수 없었기 때문에, 그들이 그 중요성을 깨닫지 못한 일련의 모순들 속에 용감하게 개입한다. (변증법적) 모순에 대한 논리적 이론을 세운 헤겔도 마찬가지로 (논리적) 모순, 곧 비일관성에서 벗어날 수 없었다. 역사가와 역사화하는 사유는 **생성**, 심지어 경계도 한계도 없는 철학적 생성을 가정하는데, 그것은 기원으로도 종언으로도 향하지 않기에, 난처한 여러 질문들을 회피할 수 있게 해 준다. 그들은 시간적 진화의 도식, 즉 생성하는 발전의 개념을 받아들이며, 그 결과 원인과 결과의 일관된 연속성을 통해 다양한 '현실'의 발생을 설명할 수 있게 된다. 그런데 그들이 그 속에서 발견한 것은 무엇인가? 바로 **반복**이다. 그도 그럴 것이 동일한 원인이 동일한 결과를 반복하지 않는다면, 역사에 대한 인식, 곧 습득된 지식이 어떻게 가능하겠는가? 반복적인 것은 역사가를 끌어당긴다. 그것은 반복이 설명을 요구하는 역사가들의 요

청에 동일한 원인과 결과로 응답하기 때문이다. 그렇지만 반복적인 것은 생성하는 발전의 시간적 도식을 파괴한다. 그 결과, 역사가 반복되기 때문에 역사가들도 이를 되풀이하는 아이러니가 발생한다. 즉 과학으로서 역사는 부동주의(동일한 원인, 동일한 결과, 동일한 형식과 구조, 항구성, 불변성, 반복을 발견하는 것)에 의해서도, 유동주의(연결과 국면, 고유한 상황을 강조하는 것, 한마디로 차이를 강조하는 것)에 의해서도 반박된다.[134]

그런고로 우리는 둘 중 한 가지를 받아들여야 한다. 국가, 즉 역사의 열매이자 최후의 항구성이 역사를 종식시킨다는 것—이때의 역사란 그 시작부터 모든 '계기'에 포함되어 있고, 퍼져 있었던 합리성에 의해 이러한 귀결을 예정하고 있었던 역사를 말한다—을 받아들이던지, 아니면 '중간 지점', 즉 매개적 기간에 불과한 이 '종언' 너머로 나아가야 한다는 것을 받아들여야 한다. 과연 어디로 나아갈 것인가? 《반시대적 고찰》을 출간한 지 10년이 지난 다음(1882) 니체는 이렇게 답한다. 초인(Surhumain)을 향해서.

e) 이러한 이론적 상황은 실천적 상황에 상응한다. '실

---

134) 앙리 르페브르, 《역사의 종언》.

재적인' 역사는 국가라는 현실에 매몰되었다. 과거에 전쟁은 나름의 의미를 지녔다. 보다 정확히 말하면, 과거에는 전쟁에 그러한 의미(신과 신앙을 위하여, 왕을 위하여 등)를 부여하는 것이 가능했다. 현대의 전쟁은 국가들 사이에서 각자의 입장을 '해명'하는 차원 이상으로 나아가지 못하며, 힘에의 의지 사이의 정치적 대결 외에는 새로울 것이 없다(니체는 이것을 대체로 **제국주의** 전쟁이라고 말하면서, 이를 최대의 경제적 이윤을 얻기 위한 것이 아닌 권력에 대한 추구와 결부한다). 이 사회는 기억, 추모, 도상들과 기념물로 가득 차 있지만, 그 사회의 지식 속에는 자신의 비참한 현실을 비추는 거울 외에 다른 것은 없다. 이러한 사회는 진정한 미래를 표현할 수 없다. 정치가들은 그 본성상 사유도, 상상력도 부족하다. 그들은 과거의 노선들을 연장하는 것만을 알 뿐이며, 전망을 결여한다. 니체적 관점은 하나의 '관점'(가치)이 과거마저 규정한다는 사실을 보여 줌으로써 과거와 현재를 상대화하는 데 그치지 않는다. 곧 니체적 관점은 미래를 개방한다. 그것은 하나의 전망, 통로이자 경로, 지평이다. 정치가들은 가능성의 뒤편에서 살고 사유하고, 행동한다. '현실' 가운데 가장 오래되고 가장 잘 정의된 것에 맞추어 가면서 말이다. 정치가들이 알든 모르든, 그들은 헤겔주의자다. 유럽이라는 위대한 아이디어가 민중의 삶 속에 주입되고, 위대한 모험이 시작되려는 바로 그 순간, 정치인들과 정치 사상가들은 국민국가를—그것이 영원히, 영원을 위해 작동한다고 상상하면서—절대적인 것으로 옹립한다! 이전에는 유럽이라는 대의를 위한 투쟁, 심지어 전쟁(나폴레옹이 일으킨)이 의미를 지녔다. 그러나 이제 국가들 간의 투쟁, 특히 유럽 국가들 간의 투쟁에는 더 이상의 어떤 의미도, 그럴듯한 어떤 이유도 없다.

한 세기가 지난 다음 《반시대적 고찰》(1873)을 다시 읽어 내기란 매우 어렵다. 저자의 이후 작품과 사건들을 고려하지 않는다면 더욱 그렇다. 즉 이 시기에 형성된 '내용' 이상의 사안들을 참조해야 한다. 1873년에는 아직 유럽의 이념이 제대로 나타나지 않았고, 이는 10년 뒤 《즐거운 지식》에서 본격화된다. 니체는 이 10년 동안 유럽적 경험을 쌓았다. 그는 프랑스 남부와 이탈리아에서 살면서 '위대한 건강'에 근접한, 다른 삶의 방식을 발견했다. 그것이 바로 《즐거운 학문》이라는 제목이 가리키는 바다. 권력에 맞서서 무엇을 해야 하는가? 다른 곳으로 가라. 다른 경로를 찾으라. 기계를 부수고, 톱니바퀴를 고장 내기 위해 가능한 일을 하라. 어떻게? 시를 통해서. 이것이 가능한가? 어떻게 그것을 미리 예상하겠는가? 즐겁게 모험을 해 보자. 더욱이 유럽에 대한 니체의 관점은 정치적 혹은 경제적 '현실'에 기반하는, 기반하게 될 기획들—유럽 합중국,

공동 시장, 이런저런 유럽의 공동체—과 어떤 공통점이 없다. 니체의 기획은 '역사적' 지식(그리스, 그러니까 페리클레스 시기의 위대한 그리스의 가능성, 그리스의 타락)에 기초한다. 또한 근본적으로 그것은 이른바 역사적 생성의 '비역사성'에 기초하는데, 그 속에서 계기[순간]들은 오직 '극복'된 것으로서[변형을 거친 차이로서] 되풀이된다. 활동 중인 힘의 유희나 힘의 결절점이 반복되는 것은 언제나 가능하며 개연성이 높다. 그와 같은 결합은 시공간상으로 극히 멀리 떨어진 상황에서도 인식된다. 그러므로 고대 그리스와 현재의 유럽 사이의 유비(analogie)는 메타역사적인 의미가 있다.

어쨌든 "이제부터 우리 앞에는 일련의 기나긴 파괴, 폐허, 격변이 놓여 있다. … 이 어두운 물결을 기다리는 우리가 어째서 더 큰 두려움을 느끼지 않는 것일까?"135)

《반시대적 고찰》 이래 니체가 보여 준 용기는 아나키즘적 방식으로 권력 남용에 맞서는 것으로 설명될 수 없다. 니체의 사유는 더 멀리 나아간다. 니체는 국가의 정치적 존재에 대항할 뿐 아니라 '실재'의 정치화, 즉 문화와 사고와 삶의 정치화에 대항한다. 이것은 단지 이 정치화가 편

---

135) 《즐거운 학문》 343절[(옮긴이 주) 《니체 전집》 12권, 앞의 책, 320쪽].

향적이고 악의적이어서, 정보를 왜곡하고, 지식을 곡해하며, 진리를 부인하기 때문만은 아니다. 정치화는 가능성의 경로를 막고 개방을 봉쇄한다. 수단과 목적에 따른 '현실정치'로서 모든 정치는 '실재' 즉 성취된 것으로부터 벗어날 수 없다. 그런데 '실재'와 가능성 사이에는(현실주의와 유토피아 사이라고 할 수도 있다) 균열과 단절이 있다. 헤겔적 개념으로서 '실재'는 가능성과 결합하는 조화로 간주되지만, 그것은 이제 장애물로 기능한다. 그러한 실재는 국가와 함께 '합리적으로' 폐쇄된다. 국가는 미래로 향하는 경로에 요새를 구축하고, 포격을 피한다. 그것은 미래로의 통행을 방해한다.

그렇다면《반시대적 고찰》이래 니체가 끊임없이 주장했던(특히《인간적인 너무나 인간적인》에서) 정신의 자유란 무엇인가? 니체는 민주주의자와 자유주의자들이 주장했던 의견 표명의 자유와 구분되는, '구속되지 않는 정신(libre esprit)'을 부각하고자 했다. 민주주의자와 자유주의자들이 으뜸가는 위대한 자유로 삼는 정신의 자유는 종교로부터, 종교적 유형의 권위로부터, 신학적 계통의 교조주의로부터 벗어나는 것을 뜻한다. 니체는 이에 공감하지만, 그러면서도 이 자유가 결실을 맺어야 한다고 본다. 니체는 "나는 무신론자다"라고 하면서 만족하는 것이 아니라 "신은 죽었다. 그러므로 나는 혼자다! 세상에 혼자다! 더 이상의 최종적인 목적성은 없다! 더 이상의 진실은 없다! 더 이상의 인류학도 존재론도 없다! 나는 혼자! 나와 함께 혼자다! '나'와 '나'의 끝도 목적도 없는 대화 속에서, 증인도 없다! 판사도 없다! 신도, 악마도, 선도, 악도 인정하지 않는 나 혼자임에도, 행위들의 위계를 결정하고, 평가하고 그에 대한 관점을 취하지 않을 수 없다"라고 말한다. 신과 더불어서, 아버지를 옹립하거나 아버지를 만들어 내는 행위도 죽어 없어진다. 결코 누군가 가계도를 찾는 것을 막을 수는 없지만, 부계 계보에 대한 신학적-철학적 정당화는 그와 관련된 철학과 더불어 소멸한다. 여기에서 포이어바흐의 반(反)신학은 정점에 이르며, 이는 그의 소외 이론이 밀어붙인 귀결점이기도 하다. 즉 인간은 자신의 신에게로 흘러가는 것을 멈출 때 고양된다.[136)]

자유로운 정신은 '고전적인' 탕자와도, 교양인과도 닮지 않았다. 자유로운 정신은 종교로부터 해방되지만, 이것은 사소한 '개인의 의견'을 마음에 간직하기 위한 것이 아니다. 헤겔에게 임의적인 자유가 그렇듯이, 니체에게 의견의 자유는 더 이상 자유의 한 형태가 아니다. 자유로

---

136) 《즐거운 학문》 285절, "이때부터 아마도 인간은 신에게로 흘러가지 않고 점점 더 높은 곳으로 오르리라"[(옮긴이 주) 《니체 전집》 12권, 앞의 책, 263쪽].

운 정신의 자유는 정치적 성격을 띤다. 즉 어떠한 정치도 그대로 수용하지 않고 비판의 체(crible)로 걸러 낸다. 어떤 국가도, 국가의 어떤 결정도 이러한 자유로운 사고 앞에 은총(국가적 은총)을 누리지 못한다. 자유로운 정신은 느슨하게 보일지라도, 폭력과 적대 관계와 전쟁의 부조리를 규탄할 용기를 지닐 것이다. 서로 닮은 것들이 적대하고 싸움을 벌일 때, 이러한 다툼보다 어리석은 것이 또 있겠는가? 이 '자유로운 사상가'는 현재적인 것을 정당화하고 합법화하기 위해 역사에 호소하는 것을 전적으로 거부한다. 자유는 그로 하여금 도전하고 싸울 것을 명한다. 자유로운 사상가는 자신의 조국을 떠날 것이다. 그것은 신발의 먼지나 털면서 도망치는 것이 아니다. 그것은 더 잘 보기 위해서다. 마치 여행자가 도시를 벗어나 전체를 보고, 건물의 높이를 측정하는 것처럼 말이다. 그것을 더 잘 보기 위해서, 즉 자신의 진실을 더 잘 보고 말하기 위해서다. 그리고 때로는 일시적으로 진실을 숨김으로써 더 큰 힘으로 그것을 해체하기도 한다…. 니체적인, 이 자유로운 사상가는 영웅의 용맹성을 가지고 있다. 그는 투사이자 전사다.

5. 로고스의 이론가로서 헤겔에게 언어 이론이 없을 리 있는가? 헤겔의 언어 이론은 《정신현상학》에서 등장한다.

《정신현상학》에서 논리와 역사는 언어에 대한 인식의 획득을 전제한다. 언어가 삼중적 측면을 지니고 있기에 언어에 대한 인식 또한 삼중적 계기들로 구성된다. 첫째는 즉각적인 긍정성, 둘째는 매개적인 부정성, 셋째는 앞선 두 측면을 극복하고 통합하면서, 상위 수준에서 재정립되는 긍정성이다.

첫 번째 계기 : 주체와 대상, 즉 초창기의 의식, 즉 실재 이전, 언어 이전, 지각 이전의 것과 '여기 지금'에 대한 지각된 실재 사이의 최초의 상호작용은 제3항을 탄생시킨다. 반성은 제3항에 객관적 현실성도, 주관적 비현실성도 부여할 수 없지만, 제3항은 이 두 조건의 본질적 성격을 유지한다. 제3항은 '실재적인' 대상은 아니지만 '감각 가능한'—반향적인—것이며, 또한 '비실재적'이지 않지만 의식들 사이의 관계를 규정한다. 각각의 의식은 기호를 통해 그 자신으로부터 밖으로 나오며, 동시에 그 자체 안에 다른 의식과 대상을 수용한다. 여기에는 소외와는 다른 타자성(altérité)이 있다. 왜냐하면 초기 상태의 즉자적 의식은 타자를 지정하고 명명함으로써 스스로를 파악하기 때문이다. 이 수준에서 의식은 감각적인 변화와 다양성을 통해 동일성을 구제하고, 상대적인 동일성, '즉자적 의식' 속에서 스스로를 확립한다. 감각적인 것은 처음에 '지금 여기', 지각된 공간과 시간에서 시작해서, 이어서 사물 자

체 즉 나무와 어떤 것을 나무로 만드는 것, 나뭇잎과 어떤 것을 나뭇잎으로 만드는 것으로 향한다(이것들을 단어, 디자인과 같은 기호로 지칭하는 순간, 우리는 이미 실재의 수준에 도달하게 된다).

두 번째 계기 : 기호와 그것들의 연결, 언어들 나아가 비언어적 기호들(가령 헤겔이 《미학》에서 상세하게 다루었던 건축)은 차가우며, 얼어붙어 있으며, 움직이지 않는다. 고립된 소리, 즉 기준음에 따라 완벽하게 정의된 하나의 '음절' 내지 '순수'한 소리란 무엇인가? 그런 것은 없다. 치명적인 것으로서 기호는 죽음을 진행시킨다. 무기가 살아 있는 것을 종결하듯, 언어는 예리하고 파괴적인 도구로서 자연을 파편화한다. 그래서 마법과 제의의 주문, 저주, 요술, 다양한 기원들 속에서 언어가 사용된다. 언어의 부정적 계기는, 철학적으로, 내용 없는 공허한 추상으로 특징지어진다. 이것은 죽이고 죽는 치명적인 계기다. 담론은 무한하게 연장되고, 단어들은 형식주의, 수사학, 언어적 편중 가운데 공허와 연관된다. 그에 따라 이런 담론은 '악무한(mauvais infini)'으로 이어진다.

세 번째 계기 : 긍정성은 개념 안에서 보다 높은 수준에서 재정립된다. 개념은 부정적 계기를 통해서 활동적 역량, 즉 대상을 공격하고 부수며, 총체성을 파편화함으로써 분석하고 활용하는 주체적 활동성을 유지한다. 개념은

부정성과 더불어 감각적 기층에서 멀어졌다가, 감각적인 것의 암묵적 내용을 재파악한다. 또한 개념은 첫 번째 계기인 긍정성으로부터 인식을 간직하며, 그것은 각각의 '실재적' 대상(처음부터 지식에 할당된 요소)으로부터 일반적인 것과 고유한(차이 나는) 것을 파악하는 것을 의미한다. 이 수준에서 언어의 요소들은 계사(존재), 실사(주체), 속사(질, 객관적 속성, 관계 등)로서 의미를 부여받게 되며, 그에 따라 기호, 곧 기호의 수집과 연결이 지식의 몸통을 이루게 된다.

그러므로 헤겔에게 (일상) 언어는 과학의 단단한 토양이 된다. 사람들이 원하는 대로, 언어가 성장의 중심이자 인식론적 수단이 되는 것이다. 기호에는 자의성이 없으며, 기호들의 추상적 성격 또한 전혀 자의적이지 않은데, 이는 형식적 추상과 객관적 지식이 분리되지 않기 때문이다. 설령 기호가 어떤 '비(非)사물'을 전달하더라도, 그 기호의 성격을 단지 자의성의 한계를 드러내는 것으로 볼 수 없다. 그것은 오히려 **체계** 안으로 기호의 진입을 돕는 추상을 정의하는 것으로 이해될 수 있다. 나아가 이 체계에 대한 **지식**(언어에 대한 담론이 아니라)은 그 정점에서 국가라는 정치적 계기와 합치한다. 알다시피 헤겔에게 국가란 전혀 자의적인 것이 아니다.

이제 언어에 대해 마르크스의 언급을 살펴보자. 우리

는 마르크스가 헤겔의 세 번째 계기에 대해 중대한 유보를 드러내고, 두 번째 계기에 대해서는 약간 보충하는 정도에 만족하며, 전체적으로는 헤겔의 이론, 즉 언어로부터 로고스로의(이성으로의) 연결을 수용한다는 점을 확인할 수 있다.

《신성가족》의 널리 알려진 구절은 헤겔이 시도한 이념(개념과 현실의 통일로서 절대적 이념, 즉 개념적, 담론적, 논리적 형식과 그 내용의 결합 및 그에 따른 결정성)의 개념적 확장에 맞선다. 헤겔은 나무나 과일의 개념을 만들어 낸 다음, 나무나 과일의 관념이 '실재'의 나무, '실재'의 과일을 낳는다고 선언하는데, 마르크스는 이것을 사변적 마술이라고 지적한다. 그에 따르면 헤겔주의는 관념을 세계의 **목적인**(cause finale)으로 만들어 버렸다. 마르크스는 이에 맞서서 《자본》의 첫 번째 장에서 상품의 언어를 설명한다. 재화(사회적 노동의 객관적 생산물)의 교환은 사유(사회적 관계의 주관적 생산물)의 교환과는 다르지만, 그에 비견되는 효과를 발생시킨다. 사물들은 상품이 됨으로써 **교환가치**의 실현 매체가 된다. 이 대상은 교환관계(상업)에 연결되며 그에 따라 실천적(일상적) 담론은 이중적 측면을 지니게 된다. 그것은 주관적이고, 형식적인 측면과 객관적 측면인데, 전자는 부정성으로, 즉 언어에 대한 집착으로 기울게 된다. 그러니까 상품의 세계는 그 실정성, 언어, 논리(논리의 규칙과 마찬가지로 상품 교환의 규칙은 등가성의 법칙을 따른다)를 지니며, 돈, 화폐, 기호들에 의해 평가될 수 있다. 인식과 관련해서, 한편으로 그것은 실천에서 생겨났으면서도 스스로를 결정적 지식으로 여기는 '정치경제학' 같은 이론을 비판하는 데에서 기원한다. 다른 한편으로 인식은 직물, 설탕, 밀 따위를 사고파는 일상적인 것 자체의 분석으로부터 기원한다. 마르크스에게 이론이란 《자본》의 시작 부분에서 나타나듯, 상품의 모호한 언어(마르크스는 이를 상형문자라고 부른다)와 사람들이 노동하고, 사고팔면서 경험하고 말하는 일상적 담론을 동시에 해독하는 것이다. 그에 따르면 기호이자 기표로서 돈, 화폐 자체에 고유한 논리가 있는 것이 아니라, 처음에는 돈에 의해, 나중에는 자본에 의해 모델화되는, 특정한 사회적 실천의 논리가 있을 뿐이다. 이때 이론은 자본주의의 경험적 언어와 억압받고 착취당하고 굴욕을 겪으며, 소외당한(자신의 고유한 진실을 박탈당한) 이들의 언어를 동시에 해독함으로써 혁명의 언어를 발명한다.[137] 그럼에도 불구하고 마르크스의 이러한 고양된

---

137) 르페브르, 《언어와 사회(Langage et Société)》[갈리마르 출판사, 콜렉시옹 이데, 1970] 7장, 336쪽 이하, 그리고 《마르크스(Marx)》(PUF 출판사, 1970)를 참고할 것[(옮긴이 주) 뒤에 언급된 책은 '뛰어난 철학

인식은 여타의 인식과 지식에 비교했을 때 정도와 수준에서 본질적으로 다르지 않다.

니체의 언어 이론으로 돌아가 보자. 그것은 오랜 기간 분산되어 있어서 오랜 기간 어둠 속에 머물러 있었던 텍스트 속에서 발견된다.[138] 이 텍스트에 대한 성찰은 오늘날의 학자들, 곧 언어학, 의미론, 기호학 전문가들이 숱한 환상과 시간 낭비에서 벗어나게 했을 것이다. 니체의 이 텍스트들을 헤겔과 마르크스의 텍스트와 대면하게 하는 것은 가치가 있다. 이를 바탕으로 지식 전체, 서구 로고스와 그 경계들에 대한 거대한 관점들이 펼쳐진다.

니체는 헤겔과 정반대의 길을 간다. 질문들이 제기되는 (어두운) 배경은 서로에게 정반대로 인식된다. 지성? 니체에게 그것은 은폐함으로부터 탄생한다. 지성은 거짓말의 기술로서 그 힘을 발전시킨다. 인간종의 진실이 정직하게, 순수하게 본능적으로 출현한다는 것을 어떻게 믿겠는가? 의식은 그것을 지배하는 눈(l'œil)처럼 표면을 미끄러져 지나갈 뿐이다. 의식은 거울처럼 두께도 실질도

자들(Sup Philosophes)' 총서 중 르페브르가 참여했던 저작을 가리킨다].

138) 이미 인용한 《철학자의 책》에 포함된 핵심 텍스트로서 《비도덕적 의미에서 진실과 거짓에 관하여》의 서문을 참고할 것.

없으며, 단지 반사할 뿐이다. 현대성이 언어 외에 다른 것을 언급하지 않는 것은 얼마나 추악하고 갑갑한가! 현대성이 자기만의 언어로 스스로를 부각할 때, 기쁨이나 향유, (사라진) 초월 같은 것들은 더 이상 언급되지 않는다. 현대성은 이러한 침울한 혹독함과 지루함을 얼마나 편애하는지!

'언어가 현실을 적절하게 표현하는가?'라는 질문에 대해 니체는 단도직입적으로 그렇지 않다고 답한다. 매우 상이한 수많은 언어들이 존재한다는 것이 그 증거다. 특정 '대상'이 한 언어에서는 남성에 속하고 다른 언어에서는 여성에 속한다(프랑스어로 태양은 남성, 독일어로 태양은 여성, 프랑스어로 달은 여성, 독일어로 달은 남성이다). 어째서 나무는 남성이고 식물은 여성인가? 이러한 전환은 얼마나 자의적인가! 단어란 무엇인가? 소쉬르는 '개'라는 단어가 개념(기의)에 상응하는 소리(기표)라고 말할 것이다. 그에 앞서서 니체는 개념(개라는 개념)을 전제하는 이 분석의 오류를 비난한다. 그[개를 가리키는] 단어는 신경 자극의 음향적 재현일 뿐이다. '개'라는 대상? 이것은 인상들의 연속이다. '돌'이나 '뱀'도 마찬가지다. 단어와 언어는 (사물과 인간 사이의) 관계를 지시할 뿐이며, 이 관계를 은유적으로 표현할 뿐이다. 그 결과 은유와 환유는 담론의 '표현적' 특성과는 관계없는 것이 되며—이미 일차적 수준에서의 코드화와 해독(표현과 해석)을 전제하는－이차적 수준 혹은 이차적 코드의 성격도 지니지 않게 된다. 은유와 환유는 어떤 '수사적' 기법이 아니라, 언어의 탄생을 주재하는 선한 요정 혹은 나쁜 요정처럼 존재한다. 이미지에서 소리로 신경 자극(촉각적, 청각적, 시각적)을 전달한다는 사실에는 이미 은유화가 내재해 있다. 즉 은유(Métaphore), 그것은 한 영역에서 다른 영역으로의 도약이자 하나의 존재를 다른 존재로 바꾸는 역량, 변신(métamorphose)의 역량이라는 강한 의미로 받아들여져야 한다.

단어는 비동일적인 것의 동일화를 통해서만 개념으로 확립된다. 라이프니츠의 차이에 대한 발견과 관련해 헤겔이 했던 농담을 떠올려 보자. 어떤 나뭇잎도 다른 나뭇잎과 동일하지 않다. 그것은 사실 동일성에 대한 헤겔의 이론을 거부한다. 헤겔의 이론은 동일한 것의 반복－A는 A, 나뭇잎은 나뭇잎, 나무는 나무, 열매는 열매 등－을 통해서 부차적으로 차이를 받아들일 뿐이다. 니체는 "확실히 하나의 나뭇잎은 완전히 다른 잎과 동일하지 않으며, 나뭇잎의 개념은 이 차이들을 의도적으로 포기한 덕에 형성된다"라고 말한다. 이로써 '나뭇잎'이 될 어떤 사물의 표상, 원형적 형식이 떠오른다. "그것을 따라서 모든 나뭇잎들이 서투른 손길로 엮이고 그려지고 채색되는데… 단 하나의 표본도 정확하게 완성된 것은 없다."[139]

'나뭇잎'에 대해서 말할 수 있다면, 정직함 같은 인간의 '질'에 대해서도 마찬가지로 말할 수 있다. 그렇다면 진리란 "은유, 환유, 의인화된 유동적인 다양체, 그러니까 인간관계의 총합이며, 그것은 시적으로, 수사적으로 고양되고, 전치되고, 장식되어 있으며, 오랫동안 사용된 후 사람들에게 확고한 것으로, 표준적인 것으로, 강제적인 것으로 여겨지는 것이다."[140] 최초의 은유와 환유는 전통으로 내려오는 강제화된 도식들 속에 사라진다. 즉 진리는 사회적이고 정치적인-사회에 소속되기 위해서 각자가 인정하고 선언해야만 하는 것-'가치' 속에 형성된다.

이와 같이 언어에 대한 니체의 이론은 담론, 사회적 관계, 이 관계의 구성적 '가치' 사이의 연결을 확립한다. 언어는 이상적 진리나 주어진 현실에 대한 표현과 아무 공통점이 없다. 언어는 인식의 도구가 아니라 질서, 곧 권력에 복무하는 도식이다. 그것은 카스트에 따라 피라미드적인 질서를 구축할 수 있게 하며, 자연과의 관계에서 새로운 세계를, 법, 특권, 규정된 관습에 대한 사회적 세계를 창조할 수 있다. 특유의 규제적이고, 절대적인 측면으로 인해

139) 《철학자의 책》[(옮긴이 주) 《니체 전집》 3권, 앞의 책, 449쪽].

140) (옮긴이 주) 니체, 《니체 전집》 3권, 위의 책, 450쪽.

"개념이라는 거대 건축물은 로마 납골당 같은 경직성을 보여 준다". 대체 이 고명한 질서, 위풍당당한 상태는 무엇인가? 그것은 "수학 특유의 엄격함과 가혹함을 논리적으로 발산하는"[141] 묘지다. 즉 개념의 공간과 사회의 공간은 일치한다. 예술에 관한 한, 오직 이론가의 후손들만이 그것을 이차적이고 파생된 활동으로서, 즉 '표현'으로서 간주한다. 하지만 예술은 사회의 토대, 아니, 더 정확히는 사회의 근원이다. 모든 사회, 모든 문명은 예술적 작품에 비견되는 작품을 만든다. 그러므로 수사학과 마찬가지로 미학은 근원적인 것이 된다. 인간의 건축술적 재능은 천재적인 건축물로서 사회, 국가를 지어낸다. 이 강력한 건축적 재능은 거미줄처럼 약하고 섬세한 재료로 개념이라는 거대한 돔을 만들어 낸다.

언어 과학을 '인식론적 초석'이 되는 우월한 지식의 핵심이자 중심으로 여김으로써 언어와 담론을 일상적 사실처럼, 평범함의 수집물처럼 간주하는 흔해 빠진 관점, 니체는 이런 것을 발명한 게 아니다. 반대로 니체는 언어(더 정확하게는 언어들)를 사회적-논리의 관점에서, 사회적 삶의 필수적인 계기이자 비록 그 '토대'까지는 아닐지언정

---

141) (옮긴이 주) 니체, 《니체 전집》 3권, 위의 책, 451쪽.

그 근간이라고 본다. 그에 따르면 때때로 언어는 민중이나 '엘리트들' 사이에서 불화, 혼란의 계기가 되기도 한다. 요컨대 언어는 그 탄생, 그 요람(시공간상에서 인간종과 개인들의 탄생)에서부터 잠재적으로든 실제적으로든, 지식으로 정의될 수 없는 것이다. 언어는 변신(métamorphose)의 힘이며 그 힘은 (인식 체계상의) 최종적인 획득물인 지식에 의해서 저지된다. 은유와 환유는 최초의 명명 행위에서부터 등장하며, 감각적인 것과 자연으로부터 다른 세계를 끊임없이 등장하고 재등장하게 만든다. 여기서 다른 세계란 사회와 '가치'와 규제된 관습에서의 다른 세계, 곧 체험된 것의 세계를 뜻한다.

언어는 그 배경과 근원에 있어서, 강하고 광범한 의미로 시적(poétique)이다. 즉 언어란 창조자다. 사회적 실천, 의사소통은 단지 대상과 작품을 만들어 내기만 하는 것이 아니다. 그것들은 단순히 기존에 있는 물질들을 결합하는 것이 아니다. 그것들은 창조한다. 새로운 것이 솟아오르고, 죽고, 재등장하고, 반복되고, 변화하고, 차이 나게 하고, 하나의 변형이 다음 변형으로 옮아간다. 사람들(개인들), 사물들, 단어들 사이에 지식과 관련되거나 지식의 기반이 되는 어떤 대응 관계가 있지는 않다. 그러나 언어를 통한 관계와 통일성, 더 정확히는 시적인 질서에 따른 통일성이 존재한다. 이 통일성은 더 이상 모두에게 공통적인 지식의 차원이 아니라, 암묵적이거나 명시적인, 수용되거나 거부되는 '가치'의 차원에 존재한다. 언어의 치명적인 순간이 있다면, 그것은 언어가 정치적 담론으로 사용되는 순간이다. 언어에 우월한 '순간'이 있다면, 그 순간은 시인들의 담론 속에서 이루어지는 시적 사용에서 발견될 것이다. 헤겔에게는 철학자가, 마르크스에게는 혁명적 사상가가 언어의 특성을 최고의 수준으로 고양하는 존재이지만(철학자는 언어를 개념으로 이끌며, 혁명적 이론가는 언어를 노동 계급과 연대하는 정치적 행위로 이끈다), 니체에게 그런 존재는 시인이다. 시인은 '납골당'에서, 사회의 웅장하고 침울한 궁전으로부터 단어들을 추출한다. 시인은 지식과도, 정치적 행위와도 공통점이 없는 '실정성'을 단어들(담론들)에 되돌려준다. 즉 시는 담론에 의해 축출된 자연과 담론에 사로잡힌 변형의 힘을 재탄생시킨다. 그러므로 시인이 태양이나 도시에 대해서 말할 때, 시인은 다른 사람들과 똑같은 대상을 말하고 있지만, 그것은 실상 같은 대상이 아니다. 시인은 몸에 대해서 말하지만 그것은 다른 몸이다. 시인은 (몸이나 자연의) 리듬을 발견함으로써 필멸적이고 전통적이며 제약된 언어를 초월한다. 니체가 언어에 헌정하는 텍스트는 너무도 유명한 소쉬르의 《일반언어학 강의》의 교조적인 개념론보다 비할 데 없이 멀리 나아간다. 알다시피, 철학자들은 명목론, 개념론, 실재론(플라톤적)이라는 세 가지 입장을 규정했다. 그들 대부분은 체계의 건설가이자 지지자로서 명목론자든, 개념론자든, 실재론자든 선택해야만 한다고 믿는다. 철학적 인식은 이러한 용어 가운데 하나로, 즉 절대적인 것으로 정향된 태도와 주제로 정의된다. 그런데 니체는 각각의 태도를 정도와 수준으로 본다. 니체는 경험적 명목론을 제시하고, 이를 사회정치적 개념론, 이어서 시적인 실재론과 중첩한다. 경험적으로, 나뭇잎, 강아지, 인간의 개념은 불확실하고 다양한 흔적들(기억, 감각, 이미지)을 가리키지만, 우리는 그것으로 이 개인, 이 나뭇잎, 이 강아지, 이 사람을 가리킬 수밖에 없다. 결국 소쉬르 이래 중심적으로 간주되고 논쟁거리가 된 '기표-기의'의 관계는 일의적이지도 않고 잘 정의되지도 않는다. 대부분의 단어들은 여러 가지 의미를 지니며, 의미를 고를 수 있게 하는 '가치'를 함축하고 있다. 그러나 의사소통 속 담론의 효과라는 측면, 즉 사회적-문화적-정치적 수준(우리가 말하려는 바)의 개념에는, 사회적 사실로서 언어로부터 획득하는 현실성이 존재하며, 그에 따라 개념은 제도적 영향력을 지니게 된다. 그것은 카스트와 계급이라는 전통, '가치'로부터 구축된 사회적 건축물에서 권리, 법, 진리 자체가 실제적 존재감을 갖게 되는 것을 말한다. 더 높은 차원에서는 상징적이면서도 구체적인 현실들이 존재하며, 이는 음악가나 시인만이 접근가능하다. 그것은 경험적인 혹은 사회적-정치적 진리와는 다른 방식으로 실재적이다. 예를 들어 태양은 하나의 상징이면서 상징 이상이다. 태양은 세계, 그러니까 우주, 에너지의 중심, 열기를 내는 아궁이, 순환과 복귀, 비극적인 소멸과 부활을 드러내는 영광스러운 몸이다. 음악가와 음악, 비극적인 연극과 비극이 시인에게 말해 주듯 태양은 시인에게 말한다. 태양은 귀가 있는 이들이 춤과 심오한 노래로부터 무엇을 배우는지 눈으로 확인한다. 태양은 그러므로 삼중적인 존재다. **경험적인** 존재(과학의 대상으로서 취하는 수준에서), **사회적인**(인간 활동의 시공간을 조정하는 존재로서), 마지막으로, **시적인** 존재(상징적이고 신화적인)다. 이 마지막이야말로 최고의 중요성(가치)을 지닌다. 이와 같은 언어의 수준과 정도 속에서 모든 종류의 횡단, 대체, 변형, 전환, 환유가 작동한다. 니체는 합리적인(사회적이고 정치적인) 언어에서 시각적(비전, 전망, 관점 등) 은유의 중요성을 수차례 주목했다.

바로 이 지점에서 **메타철학적**(métaphilosophique) 사유가 출현한다. 메타철학적 사유는 철학자의 질문에 답하지만 그 자체는 더 이상 철학이 아니다.

감각들의 카오스, 감성의 혼란에 질서가 부여되어야만 했다는 점을 받아들이자. 이 질서가 금지[142]를 통해서 시작되어야 했다는 것을 받아들이자. 시간은 [이런 식으로 형성된] 역사 자체와 함께 끝난다. 그러나 그 기간은 연장된다. 어째서인가, 그리고 그 원리는 어떤 것인가? 사회적이고 정치적인 실천의 수준에서 보자면 담론은 순수하지 않으며, 언어에는 위험성이 없지 않다. 지식 역시 마찬가지다. 그리하여 우리는 이 수준에서 권력의 문제와 다시 만나고 그것을 재발견한다. 철학은 권력의 담론을 생산하고 재생산해 왔다. 외관상으로만 분리되어 있을 뿐, 철학은 권력과 분리되지 않는다. 오직 시인만이 이러한 담론을 초월한다.

6. 지식에 대한 니체의 비판은 지식의 파괴를 목표로 삼는가? 니체는 지식에 맞서는 비지식, 법도 믿음도 없는 담론을 옹호하는 것인가? 아니다. 분명 그렇지 않다. 이 점은 거듭 강조되어야만 한다. 니체가 지식을 파괴한다는 식의 해석은 니체의 생각을 터무니없는 것으로 왜곡한다. 다시 말해 로고스에 대한 물신을 부조리에 대한 물신과 비합리적인 것에 대한 물신으로 대체하는 방식은 물신들 사이를

142) (옮긴이 주) 금지의 원어는 'interdit'이고 르페브르는 이음줄을 넣어 'inter-dit'로 썼다. 이는 금지의 명령이 말과 말 사이에 개입하는 것임을 드러낸다.

헤매고 방황하는 사유일 뿐이다. 시(La poésie)는 인식을 금지하지 않는다. 오히려 시는 체험에 개입함으로써, 지식과는 질적으로 다른 인식에 대한 통찰에 이른다. 이러한 '살아 있는', '체험적인' 인식은 다른 영역(경험적, 사회논리적, 사회정치적)에 새로운 의미를 부여하고 그 영역들을 복원한다. 이 인식은 추상적 지식과는 그 본성과 본질에서 상이하며, 이는 단지 정도의 차이가 아니다. 이 인식은 체험의 잔혹함, 현재의 모습을 만드는 냉혹한 힘 관계를 드러낸다. 또한 이 인식은 이념과 글쓰기, 이른바 서생들의 투쟁과는 아무 공통점이 없는, 격렬한 투쟁의 모습을 드러낸다.

한 영역[지식이 작동하는 영역]에서 다른 영역으로 나아가기 위해서, 우선은 지식의 영역에 대한 경계 설정이 필요하다. 이것은 로고스와 사회논리적 담론의 한계를 드러내는 것을 뜻한다. 그것은 정치적 활용과 논리적-언어학적 기반에 의존하는 정치 사회라는 활동 무대를 지닌다. 그러나 이 지식은 잔재들, 차이들, 몸 자체, 체험 전체를 무시와 몰이해, 오용, 심지어는 어리석음과 악의적으로 혼동하면서 그것들을 제거하려 한다. 또한 지식을 추구하는 이들의 오랜 알리바이였던 무지를 이용하기도 한다. 그러니까 오히려 지식이야말로 그 자체로 몰이해이자 오용이며 최악의 경우, 우둔함이라고 해야 할 것이다! 시적인 성찰은 지식, 특히 정치적(국가적) 지식의 환원적인 전개를 거부한다. 말하기에는 순진함이 남아 있을지 몰라도, 글을 쓰는 자라면 그 누구도 그런 순진함을 지니고 있지 않다. 여기서 지식과 권력 사이의 연결, 동맹, 나아가 근본적인 공모가 드러난다. 말하기를 복원하는 시적 글쓰기를 제외하고, 모든 글쓰기는 환원적이며, 이는 언어에 치명적이다.

비지식과 지식에 대한(혹은 사람들이 말하듯이, 생각 안의 생각 없음과 지각 가운데 지각 없음에 대한) 니체의 사유는 서로 상반된 두 방향을 좇는다. 그에 따르면 현대성 속에서는 비지식을 정복하고 합병하고 지식 속으로 용해하려는, 폭력적인 기획이 전개된다. 이것은 곧 환원의 기획이다. 반대로 비지식의 의미에 대해 반성(혹은 성찰)하고, 발견(폭로)하며, 인지되지 않은 것을 발전시키고(전개하고, 펼쳐 내며), 이러한 상황을 유발하는 제약 행위를 폭로하는 기획도 있다. 조금은 독특한 이[두 번째 방향의] 해독은 논리적인 것과 다른 방식을 전제한다.

정신분석학의 모호함은 프로이트도, 그 제자들도 이 두 경로 가운데 하나를 명확하게 선택하지 않았기 때문 아닐까? 이와 달리 니체는 두 가지 관점을 모두 제시했고, 그 중 두 번째를 선택했다….

니체적 인식에 대한 관점과 시적 실천은 지식에 대한

헤겔식 구성 방식과 직접적으로 대립한다. 같은 문제에 대한 마르크스주의 이론의 입장은 대립이라기보다는 분기라고 해야 할 것이다. '이론적 실천'이라는 명목으로, 사람들은 마르크스주의적 인식 개념을 헤겔의 개념과 뒤섞었다. 마르크스주의 이론을 다룰 때, 마르크스가 시도한 고전 철학에 대한 비판과 전문화된 과학성(우선적으로 정치경제학)에 대한 비판이 지성에 대한 비판적 이론으로 확장된다는 것을 떠올려 보자. 여기에 내재된 야망과 포부에도 불구하고, 이것은 노동 분업에 바탕을 둔 것이다. 과학, 실험실, 집단의 내부에는 기술적 분업과 상호보완적인 노동이 존재할 것이다. 보다 광범위한 층위에서는, 즉 사회적 분업의 층위에서는 시장(자본주의적이든 아니든)이 이 법칙을 부과한다. 그것이 바로 인식의 사회적 지위를 형성한다. 철학자가 지적 노동에 대한 사회적 분업을 초월하더라도, 온전하게 성공하기는 어려우며 그는 위험과 위기를 감수해야만 한다. 비판이 작동할 결정적 순간을 놓치지 않는, 급진적 비판만이 확실한 극복을 성취한다.

지식 자체는 (일상생활로부터, 민중으로부터) 분리되고, (분리된 제도 속에) 확립되고 (생산에, 그리고 정치 활동 등의 다양한 활동에 투입됨으로써) 융합되며, **자본의 소유물**(한 명의 자본가나 계급으로서 자본가의 소유물이 아닌 자본이 헤게모니를 실행하는 사회의 소유물)이 된다. 그러므로 이론과 행위의 목표는 자본주의로부터, 부르주아로부터, 그들의 국가 및 국가 일반으로부터, 정치적 사용으로부터 인식을 탈환하는 것이어야 한다. 이것은 (비전문적인 것, 일상적인 것, 전체적인 인식보다 우월한 것으로서) 전문성을 거부하고, 나아가 개념 안에서 혹은 사회적인 안 속에서 지적 주체를 발견하는 것을 전제한다. 어떤 방식으로? 마르크스는 모든 층위, 모든 수준, 모든 영역에서 벌어지는 계급투쟁을 통해서라고 답한다.

우리는 니체적으로도 답할 수 있다. "인식의 의미와 중심을 바꿈으로써, 그리고 헤게모니가 인식을 왜곡하는 사회, 헤게모니가 지식 위에서, 지식과 더불어 힘을 행사하는 사회의 모든 활동 속에 은폐된 것들을 폭로하는 분석을 통해서, 지식의 메시지와 비지식의 메시지를 모두 해독함으로써, 비지식을 축소하지 않고 있는 그대로 이해함으로써, 기저의 가치를 되찾음으로써, 그것은 때로는 이 가치들을 드러내고 고려하기 위해서, 때로는 – 세심하고도 자상한 비판적 체에 통과시켜 – 거부하기 위해서다."

서구적 지식, 즉 로고스가 물질적 성장(경제주의, 생산력주의, 양적주의)과 연관된다면, 위에서 제기한 질문과 니체의 답변은 충분히 유효한 것이다. 그렇지만 그것은 로고스로부터 이탈하는 것이다. 마르크스와 마르크스주의 사유는 로고스를 사회적 성취로서 수용한 본질로 간주하고 이를 자본주의와 부르주아의 저당권으로부터 해방시키고자 한다는 점에서 니체와 다르다.

로고스의 '탈중심화'가 단지 언어적 작업(문학적 실천으로서)으로 구축될 수 있는지는 확실하지 않다. 니체의 주장은 더 나아가야만 한다. 로고스에 대한 물신주의와 그 일관성 없는 수사학을 욕망의 물신주의와 욕망의 수사학으로 대체하면 된다고? 이러한 마구잡이 기획은 니체의 관점에도 전혀 부합하지 않는다.

여기에서도 헤겔의 주장을 이용해 니체의 관점이 점하는 위치를 짚어 볼 수 있다. 헤겔에게 욕구(besoin)[필요]는 긍정적인 것, 합리적인 것임을 떠올려 보자. 욕구는 대상에, 생산적 노동에 대응한다. 그에 따르면 어떠한 욕구도 고립되지 않으며, 자연적 욕망의 직접성으로 회귀하지 않는다. 그에 따라 욕구는 합리적 전체를 구축한다. 즉 욕구는 국가 안에서, 시민사회 체계적 작동 속으로 말려들어가는 하나의 체계를 구축한다. 욕구의 체계와 노동의 체계는 대응한다. 각각의 욕구는 만족을 규정한다. 즉 욕구는 대상, 그러니까 재생산 가능한(이 생산성의 조건은 정치경제학과 연관된다) 대상을 소비한다. 자연적 직접성을 넘어서는 한에서, 욕구는 추상적이면서 사회적인 것으로, 두 측면은 연동된다(오늘날 사람들은 궤변이라고 할 것이다). 반면 욕망(désir)에 대해서라면, 그것은 《정신현상학》에서 서술된 직접성에서 빠져나오지 못한다. 욕망은 욕망하기를, 그리고 욕망되기를 욕망하는 것이다. 욕망은 욕망된 대상을 파괴하고, 집어삼키고, 가혹하게 다룬다. 그것은 스스로를 파괴한다. 광기 어린 즐거움이 폭발하는 가운데, 자신을 황폐화하는 것 외에 다른 흔적은 남기지 않는다. 결국 사유와 욕망은 낭만적 수사와 끝없는 말장난, 비합리적인 망상으로 잘못 정의되는 길에 들어선다.

마르크스는 어떤가? 그는 욕망이 아니라 욕구를 선택한다. 마르크스는 교환가치를 분석하기 위해 욕구를 괄호 안에 넣어 두긴 했지만, 욕구와 사용은 연결되어 있다. 노동에 대한 마르크스주의의 비판은—마르크스 역시—욕구의 비판으로 나아가지 않으며 드문드문 스쳐 지나갈 뿐이다. 서구 사회의 합리성(부르주아에 의해 제한되지만, 현실적인 것으로서 합리성)을 받아들이는 헤겔과 마르크스 사이에는 몇몇 유보에도 불구하고(《1844년의 경제학 철학 초고》에서) [욕구에 관한] 이 지점에서의 불일치는 나타나지 않는다. 지난 한 세기 동안 마르크스주의자들의 성찰은 이 골칫거리를 회피했다. 은밀한 논쟁이 이들을 분열시킨다. 욕구는 제한되어야 하는가(일부 트로츠키주의자들의 주장)? 혹은 무한하게 확장해야 하는가(생산력주의자의 주장)? 또 혹은 욕구의 인위성에 맞서 싸워야 하는가(도덕주의자, 휴머니스트, 자연주의자의 주장)?

이제 니체와 더불어 전혀 다른 관점이 열린다. 욕망, 체험(오인되고, 스스로를 인식하지 못하는)은 시와 결부된다. 감히 말하건대 그것은 폭발적으로 소모되는 에너지에서 비롯되는 최초의 욕망이자 최종적 결과다. 특정한 에너지(에너지는 양화될 수 있지만 그것이 별로 중요하지는 않다)가 중심에, 즉 '주체'에 응축된다. 이 에너지는 작용함으로써, 또 효과를 생산함으로써만 존재하게 된다. 살아 있는 혹은 생각하는 존재는 노동 속에서와 마찬가지로 유희 속에서, 투쟁 속에서, 이 에너지를 사용한다. 그들은 광적으로 낭비한다. 욕구? 그것은 생명 에너지에 대한 투자이자 조용한 대가일 뿐이다.[143] 무엇이 그것을 만들어 내는가? 언어, 사회적-정치적 구축물, 정치적 힘과 이데올로기적 압력, 또한 여기에는 노동이 개입된다….

'심오한'(이 인용부호는 일종의 반어법을 드러낸다. 니체는 반짝거리는 거울 표면에서 의식적으로 빠져나오자마자 아이러니하게 표현하고, 의심을 드러낸다. 오직 시인만이 그 너머로 비약할 수 있다) 사유, 즉 적어도 《즐거운 학문》 이전까지 니체의 사유는 다음과 같다. 초기에는

---

143) (옮긴이 주) 이러한 의미에서 욕구는 특정한 대상으로 분배되고, 그 대가를 성취하는 전략적 · 사회적 행위로 이해될 수 있다.

신체라는 '근원', 폭발적으로 축적된 에너지, 생리 현상에 형태가 갖춰지지 않았고, 우연이 중대한 역할을 한다. 이어서 두 과정이 초기의 근본적인 혼란 속으로 특정한 질서를 도입한다. 즉 언어로부터 단순화하는 논리가 도입되고, 판단과 평가로부터 선택을 가능케 하는 윤리적 혹은 미학적 가치가 도입된다. 그에 따라 비로소 사회적 삶이 '작동'할 수 있게 된다. 그것은 규정된 것이든 해방된 것이든 욕구의 군림을 뜻한다.

위대한 욕망은 다양한 욕구와 활동에 의해 분산된, 그리고 논리적 관습과 도덕적 평가에 의해 고착화된 에너지를 불러 모은다. 위대한 욕망은 최초의 욕망과 다르다. 표면 아래의 깊이와 해발고도가 서로 다른 것처럼 말이다. 처음에 욕망은 무의식적인 것이고, 무분별하게 소모된다. 그러나 불러 모아지고, 응축된 창조적 에너지는 더 이상 낭비되지 않는다. 아무렇게나 대상을 생산해 내지 않으며, 우발적으로 상실되지도 않는다. 위대한 욕망은 곧 초인의 욕망이다. 그것인 이미 초인의 존재 자체이며, 그 탄생이다. 이 욕망은 유희하지만, 이 놀이의 규칙에 순진함은 없다. 그것은 야만성 없이 파괴한다. 그것은 최고의 의식, 극복(지양)[144]의 의식에 도달한다. 즉 그것은 파괴되고, 소비되고, 초월된다. 위대한 욕망은 인식을 포함하며, 예술, 특히 삶의 예술과 결합한다(《즐거운 학문》이 제시하는 고도의 문명 속에서 사람들은 욕망하는 것을 배우므로).[145] 그것은 우리(인간적인 너무나 인간적인 우리!)가 알고 있는 것을 훨씬 넘어서는 것이다.

7. **힘에의 의지** 개념(혹은 이미지-개념)은 헤겔이 제시했던, 의식이 겪는 목숨을 건 투쟁과 어느 정도 관련된다. 니체는 모든 독일인이 일정 부분 헤겔적이며, 그 결과로 폭력에 참여하게 된다고 반복적으로 말했다. 《정신현상학》에서 자기의식은 배아 상태에 있는 의식들의 상호작용으로 탄생하는데, 이 고통스러운 탄생은 투쟁 없이는 불가능하다. 그것은 직접적인 것 너머, 자연 너머에서—'무의식적인 것' 너머에서—추상화와 반성(자기의식) 속에서 드러나게 되는데, 이는 목숨을 건 투쟁을 내포하며, 투쟁의 과정에서(더 정확하게는 그 투쟁의 끝에 다다라서야) 각

---

144) (옮긴이 주) 극복(dépassement) 다음의 괄호 안에 지양을 뜻하는 독일어 'Überwinden'이 병기되어 있다.

145) 《즐거운 학문》 334절 참조[(옮긴이 주) 한국어판 니체, 《니체 전집》 12권, 앞의 책, 302~303쪽. "음악의 세계 안에서 우리에게는 이런 일이 일어난다. 우선 우리는 전체적인 주제와 선율을 듣는 것을 배워야 한다. 즉 소리를 골라내서 듣고, 구분하고, 독자적인 생명으로 분리하고 경계를 짓는 것을 배워야 한다. 그다음에는 그것을 견뎌 내려는 노력과 의지가 필요하다. (…) 우리가 지금 사랑하고 있는 모든 것에 대한 사랑도 우리는 그런 방식으로 배워 왔다"].

'행위자'는 타자에 의해서 인식되고 재인식되며, 결과적으로 자기 자신을 반영(인정)하게 된다. 거울 놀이? 언어유희? 손장난? 전혀 아니다. 헤겔의 사유에는 에로틱한 요소가 전무하다. 자기의식이 출현하기 위해서는 싸워야만 한다. 주인과 노예는 무기를 쥔 채 대결한다. 그 속에서 지식은 이익을 얻지만, 철학자는 훨씬 뒤에 그것을 깨우친다. 너무나 뒤늦게야.146)

마르크스가 제시한 계급투쟁은 의식의 목숨을 건 투쟁이라는 헤겔의 개념을 계승하는가? 그렇기도 하고, 아니기도 하다. 아니라고 할 수 있는 것은 마르크스에게서 투쟁은 고대, 중세, 자본주의라는 정확한 역사적 조건을 동반한 것이기 때문이다. 또한 마르크스에게 투쟁은 의식 일반의 현상학적 순간이 아니기 때문이다. 절대적으로 아니다. 그 대결은 계급들 사이에서 일어나는 것이지, 관조적인 '주체들' 사이에서, 주인과 노예 사이에서 일어나는 게 아니다. 또한 인정(타자 속에서 자기 자신에 대한, 자기 속에서 타자에 대한, 자기 스스로에 대한)이 투쟁의 이유와 목적이 아니라는 점에서도 둘은 다르다. 마르크스에게

---

146) (옮긴이 주) 헤겔에 따르면 지식은 자기의식의 —투쟁을 동반한— 탄생 과정에서 생성되고 발전하며, 철학자는 현실의 갈등과 변화를 뒤따라가며 해석할 수 있을 뿐이다.

투쟁은 생산 수단과 사회적 잉여생산물의 소유를 둘러싼 투쟁이다. 그럼에도 불구하고 헤겔과 같다고 할 수 있는 부분은 계급투쟁이 끝까지 전개됨으로써 속박된 자기의식이 교육되고, 이르든 늦든 의식의 변화가 노동자에게 이익이 되도록 상황을 역전한다는 점이다.

니체의 힘에의 의지는 의식의 '목숨을 건 투쟁'과는 다른 것이다. 곧 힘에의 의지는 하나의 순간[계기]이 아니라 영구적인 것이며, 역사의 과정에서 [다른 것에 의해] 극복되지 않는다. 지식 자체는 힘에의 의지에 봉사한다. 힘에의 의지는 전복되지 않는다. 만약 노예가 주인에게 반항한다면, 주인을 무찌르고자 다시 한번 죽음을 무릅쓴다면, 이는 패배의 기억(르상티망)보다 의지가 더욱 강해졌기 때문이며, 그가 주인을 받아들이기보다 싸울 것을 독려하는 '가치'를 발명했기 때문이다. 이 투쟁은 쌍방의 상호인정으로 끝나지 않는다. 그것은 어제의 승자를 꺾는 승리, 혹은 반란자들의 패배로 이어지며, 종종 승자들이 패배한 이들의 '가치들'에 물드는 결과를 낳기도 한다. 그렇다고 해서 억압받는 자, 패배자가 '힘에의 의지(Wille zur Macht)'를 빼앗기지는 않는다. 그들은 단지 더 약했을 뿐이며, 때때로 이는 일시적인 상태일 뿐이다. 예를 들면 여성이 그렇다.[147]

니체는 속임수 때문에 제목이 바뀐 책, 원래 '생성의 무죄(L'Innocence du Devenir)'라고 이름 붙였던 책에서 '힘에의 의지'의 존재론을 시도했다. 이 존재론은 예상된 '소여', '현실'을 받아들이는 합리화나 이론화와는 전적으로 다르다.

분명 힘에의 의지는 신체에서 나타나는 생명 에너지를 표현하는 것이다. 이 에너지는 다양한 방식으로 축적되고 소비되며, 가장 흔하게는 폭력과 더불어 발생한다. 그러나 이 에너지가 자제되고 긴장을 유지할 때, 그것은 정교해지며 절정에 이르러 기쁨을 얻는 집중의 수준, 즉 시적 창조와 향유에 도달한다(의지는 연속적으로 증가하는 긴장과 최고점으로 향하는 정도에 따른 리듬을 타며, 이완과 방출의 순간, 번개 같은 분출, 해방, 자기 파괴, 어쩌면 오르가즘과도 같은 양상에 이른다).

그러므로 힘에의 의지 이론은 근본적이면서도 복잡한 에너지와 연관된다. 즉 힘에의 의지는 또 다른 힘에의 의지, 다른 에너지에 대한 의지와 대면하며, 이것들은 통일성 속에서 다양한 상호관계를 형성하게 된다. 그에 따라 힘에의 의지는 사회정치적 수준에서 군림한다. 권력 투쟁 속에서, 힘에의 의지는 순수한 모습으로, 그 자신만을 바

---

147) (옮긴이 주) 그에 따르면 여성은 사회적인 조건에 의해 약자로 위치 지어졌을 뿐 동등한 힘의 잠재력을 지닌다.

라보는 것으로 드러난다. 그것은 투쟁을 강화할 뿐 투쟁을 극복하지 않는다. 즉 국가 안에서 힘에의 의지는 스스로를 드러내고 폭로되며, 벌거벗겨진다. 그것은 억압자와 피억압자(고용주와 노동자) 같은 모든 관계에서, 남성과 여성, 아이와 부모 속에서도 발견된다. 니체에게 이윤이란 힘에의 의지를 불러오는 하나의 구실, 자극, 수단일 뿐이다. 논리적 차원에서도 이런 식이다. **동일성**, 즉 표현되고, 명명되고, 떠맡아지고, 먹여지며, 부여되는 것으로서 동일성은 언어를 통해 특권화되는 방식으로 힘에의 의지에 기여한다.

힘에의 의지는 이미 성립된 권력에 귀속될 수 없다. 이 의지는 자기 파괴적 즐거움(남용, 과격함, 광적인 야망 등)일 수 있다. 힘에의 의지를 정의하는 것은 권력 자체보다는 권력의 정복 과정이다.[148] 이 과정에서 힘에의 의지는 가면과 위장술(덕, 공평무사, 자선), 수단(스스로를 확립하고, 사물을 명명하고 질서를 부여하는 '가치들')을 엄청나게 발명한다.

---

148) 조르주 바타유는 이를 혼동한다. 그는《내적 경험》에서 명령의 관념과 결합한 고전적인 주권 관념이 사물의 질서에 개입함으로써 변질된다고 썼는데, 이는 그 관념이 이성적인 것이 됨으로써 더 이상 독립적일 수 없게 되었기 때문이다. 바타유는 니체를 헤겔화한다!

그러므로 힘에의 의지의 개념은 세계의 개념, 다시 말해 하나의 세계 해석, 세계에 대한 총괄적(globale) 관점을 동반하게 된다. 그것은 오랜 기간 철학으로 불렸다. 그 계보를 어떻게 설명할 수 있을까? 사람들은 보통 쇼펜하우어가 니체에게 끼친 '영향력', '생의 의지'에 대한 생기론 철학을 이와 연관 짓는데, 생기론 철학은 실제로 《비극의 탄생》에 영감을 주었다.

니체의 작품들을 각각 살펴보는 것이 아니라, 이후의 저작들로부터 이전 저작들을 조명하는 방식을 취해 보면, 그러니까 《즐거운 학문》과 《차라투스트라는 이렇게 말했다》의 기쁨의 폭발에 이르는 10년간의 삶과 창조를 고려하게 되면, 매우 색다른 관점이 열린다. 니체는 유럽적 의식의 기저에 있는 흐름을 드러낸다. 그 흐름은 로고스에 대립하는 것으로서 철학과 국가의 공식적인 합리주의에 의해 그림자로 던져진 것이다. 그 그림자란 《즐거운 학문》의 기반이 되는 궁정풍의 사랑, '지배의 리비도'를 비롯한 세 가지 '리비도'를 제시하는 아우구스티누스주의, 마지막으로 법률의 위압적인 부성에 맞서 로고스와 말씀의 우선성을 비판하고 정신의 도래를 기다리는 위대한 이단(아벨라르두스, 피오레의 요아힘의 이단)이다.

따라서 여기에 핵심이 있다. 니체는 그리스-로마적인 혹은 유대-그리스도교적 철학과 다른 선조로부터 왔다. 시

(poésie)란 해방하는 것이다. 시는 감상과 평가, 가치 부여 그리고 놀이와 예술 속에서 드러나는 변신(métamorphose)의 힘을 드러낸다. 시를 통해서 신체적인 생명 에너지가 (니체적 의미에서) 초월된다. 생명의 에너지, 즉 힘에의 의지는 스스로를 죽임으로써가 아니라, 자신을 극복하고 다른 영역에서 스스로를 드러냄으로써 극복된다. 그 영역은 바로 시다. 시는 해방의 순간에 태어난다. 시인은 모든 창조자들과 마찬가지로, 그리고 다른 예술가들보다는 더 나은 방식으로, 힘에의 의지를 포기하고 거부하며 그것을 넘어선다. 이와 같이 초인은 인간적인 것을 초월하고, 또한 무엇보다도 인간들 및 그들 사이의 비인간적 관계를 만들어 낸 '힘에의 의지'를 초월한다. 차라투스트라는 힘에의 의지를 죽이기 위해서, 쇼펜하우어적인 금욕주의자처럼 생의 의지를 부정하기 위해서, 고독으로 물러나는 것인가? 오히려 그 반대다. 차라투스트라는 마침내 드러난 자신의 존재를 찬양하며, 태양과의 대화는 이 발견과 이 찬양을 이야기한다.

힘에의 의지에 대한 니체의 분석은 섹슈얼리티와 그 문제들을 무화하지 않는다. 하지만 그것을 전면화하지도 않는다. 이 이론은 성적 영역(감각적 리비도)을 원인과 이유의 영역이 아닌 효력과 결과의 영역으로 간주하고자 한다. 인간이 다른 모든 영역에서 겪은 것(힘의 효과, 권력의 남용, 박탈과 굴욕)은 성적 영역에서 보완적이고 보충적인 좌절로서 나타난다. 이 좌절은 원인이라기보다는 결과다.

8. 니체주의? 그런 것은 존재하지 않는다. 헤겔주의는 존재하지만, 마르크스주의는 존재하지 않는다. 니체의 이론(힘에의 의지에 대한, 혹은 초인에 대한, 혹은 영원회귀에 대한)은 존재하지 않는다. 지식(실천적-이론적 지식)에 대한 헤겔적인 실천과도, [마르크스의] 정치적 실천(즉 원칙적으로 그리고 변증법적으로 반정치적인 실천)과도 차별화되는 **니체적 실천**이 있을 뿐이다.

시적(poétique) 실천, 더 정확히는 **제작적**(poiètique) 실천은 서구 로고스에 의해 과대평가되어 인식된 것과 지각된 것을 제물 삼아 체험된 것에 높은 가치를 부여한다. 현실을 초현실로, 손쉬운 조작으로, 무력함으로 변형하는 것이 아니라 인간을 초인으로 변형하는 행위를 통해서, 이 실천은 힘에의 의지를 초월한다. 초인은 힘에의 애착을 극단적으로 밀어붙이는 것과 거리가 멀다. 반대로 초인은 다른 빛, 다른 지평, 다른 세계를 개막함으로써 스스로를 해방한다.

이 관점은 불가능한 것을 가능한 것으로 만들려는, 말하자면 하나의 기획을 의미하는 것인가? 아마도 그럴 것이다. 현실의 파괴, 서구 로고스의 의미에서 '주체(코기토)'의 파괴, 권력에 봉사하는 동일성의 파괴, 권력에 의해 확립된 규범과 가치의 파괴, 요컨대 급진적인 전복이라는 측면에서 이 관점은 하나의 '기획'으로 인정된다. 그러나 그것으로는 충분하지 않다. 이 기획은 죽음의 거대한 위험, 즉 허무주의(le nihilisme)를 강조한다. 초인은 현대성, 국가, 권력을 지닌 이들(계급들)의 자동적인 파괴를 돕는 것으로 만족하지 않는다. 이 기획은 해체로부터, 또 다른 것, 즉 긍정을 이끌어 내고자 한다. 기성 질서를 한 지점씩, 한 곳씩 파괴하거나 그것을 단순히 부인하고 반박하는 대신, 이 기획은 창설하고자(fonder) 한다. 무엇을? 윤리? 물론 아니다. 미학? 더더욱 아니다. 그것은 윤리와 미학을 극복하는 삶의 방식을 창설하고자 한다. 무엇에 기반해서? 아마도 그것은, 다른 것으로 환원될 수 없으면서, 서로 분리되지도 않는, 디오니소스와 아폴론 사이의 합의에 따를 것이다. 헛된 싸움을 거쳐 영웅이 되는 것, 의식이(이른바 의식의 획득이) 영적 힘으로 권력을 쓰러뜨리는 것, 이런 것은 니체적 광기라 할 수 없다. 이것들은 '심연'으로, 곧 욕망, 무의식으로 되돌아가는 것 이상은 아니기 때문이다. 니체가 채택한 것은 서구적 태도, 그러니까 비판적 추론도 아니며 동양적 태도, 곧 존재론에 결부된 주권으로부터의 해탈, 포기, 명상도 아니다. 니체는 그런 것들이 아니라 투쟁을 채택한다. 대체 어떤 투쟁인가? 그 투쟁은 허약한 수단과 전술을 가지고, 힘 있는 자들만큼이나 능숙하게 힘의 유희를 좌절시키고, 그 힘을 가지고 노는 것([직접적인] 타격을 회피하는)이다. 그에 따라 그 투쟁은 특정한 수단(시적 글쓰기), 특정한 세력으로 연결되는 전략(stratégie)에 도달한다. 그것은 폭력을 포함하지는 않지만 그렇다고 해서 폭력을 배제하는 것도 아니다. 폭력이 허용되는 유일한 때란 오직 폭력의 사용을 통해서 폭력 없는 사용(l'usuage)을, 다시 말해, 교환, 부, 힘의 사용이 아닌 사물들의 단순한 '사용 가치'를 회복할 수 있을 때다.

"현실주의자들에게 : 열정과 공상에 맞서 갑옷을 갖추어 입었다고 믿는 냉철한 존재들이여, (…) 당신들은 여전히 물고기들보다도 극히 모호하고 열정적이지 않은가?"[149]

9. '르상티망(ressentiment)'이라는 니체적인 주제와 헤겔적인 '소외' 개념 — 마르크스는 사회적 실천을 설명하기 위해 소외를 헤겔의 체계에서 분리했다 — 의 공통점은 무엇인가?

---

149) 《즐거운 학문》 57절[(옮긴이 주) 한국어판 니체, 《니체 전집》 12권, 앞의 책, 127쪽].

니체에게 '인간'은 욕구의 존재, 혹은 욕망의 존재로서가 아니라 '르상티망'의 존재로서 살아가는 것이다. 이 용어에는 어떤 것을 '다시 느낀다(re-sentir)'라는 사소한 의미(감정, 인상)보다 훨씬 많은 것이 담겨 있다. '주체'가 스스로 빠져나왔다고 믿는 과거 상황은 흔적을 남긴다. '무의식' 속에? 어쩌면 그럴 것이다. 그러나 그 흔적들이 '무의식' 자체를 구성하지는 않는다. 그 흔적들은 기억과 정확히 일치하지 않는다. 르상티망은 재인식하는 것과 다르다. 최초의 상황이 되살아나고(re-vit) 반복된다. 그 상황은 다시 돌아오며 그에 대한 기억은 강박적이고, 의미심장하며, 결정적인 것이 된다. 동시에 '주체'는 스스로를 상황에 밀착시키는 데 적극적으로 나선다. 즉 주체는 현재를 방기하고 과거를 되살린다. 주체는 현재(l'actuel)를 살아가지 못하고 도망친다. 그의 체험은 더 먼 배후의 '심연'에 멈춰 있다.

니체는 정신분석학은 예고하는가? 어느 정도는 그렇다. 하지만 니체의 이론은 더 깊이 나아간다. 르상티망을 형성하는 것은 어떤 심리적인 사건, 결핍, 고통이 아니다. 그것은 거의 언제나 굴욕(humiliation)이다. 니체는 바로 이런 방식으로 소외 개념을 깊이 파고들어 간다. 굴욕으로 소외된 존재의 르상티망은 회복불가하며, 복구될 수 없으며, 돌이킬 수도 없는 어떤 것이다. 어째서인가? 이는 굴욕을 부인하고, 거기에서 독특한 쾌락을 발견하기 때문이다. 그리고 무엇보다 여기에서 겸손(l'humilité)이라는 덕을 끌어내기 때문이다. 즉 사람들은 굴욕을 수용하고 덕을 갖추고 겸허해지면서 그것을 불안스러운 행복으로 바꾼다. 나아가 굴욕적인 상황 또는 그와 유사한 환경을 찾는다. 그에 따라 결국에는 자신을 짓밟은 힘에의 의지의 희생자, 먹잇감, 대상이 된다.

인간주의적이고 낙관적인 합리주의는 완전한 탈소외가 초창기의 소외를 제거하며, 소외가 나타난 과정을 거꾸로 밟아 감으로써 그것이 달성된다고 가정한다. 헤겔의 절대 이념은 세계가 자신의 품을 떠나는 최초의 소외를 재흡수하며, 심지어는 세계를 [일종의 통과의례처럼] 지식을 통해 넘어서야 할 일종의 시험장으로서 재구성한다. 그 결론은 노예가 주인을 이기고 (헤겔적 의미에서) 패배의 상황을 극복할 수 있다는 것이다. 이는 마르크스에게서도 마찬가지로, 그는 노동 계급이 떠맡아 재편하는 생산적(산업적) 노동이 소외하는-소외된 노동, 분열된 노동, 외적 힘에 의해 강요된 노동을 철폐할 것이라고 본다.

니체는 더 이상 구체적인 소외-굴욕, 심대한 박탈-가 흔적 없이 사라진다고 생각하지 않는다. 피억압자, 피지배자는 자기 자신으로부터 숨거나 혹은 (결국 같은 말이지만) 자기 삶의 조건을 그저 받아들임으로써 스스로 살아갈 수 있게 하는 '가치'를 자기 안에서 형성했을 것이다. 말하자면 자기 깎아내리기(l'abaissement)가 보상, 복잡한 심리적 과정, 설명, 정당화를 거쳐 존재의 이유로 자리 잡는 것이다. 그것은 위계적인 자리, 장소를 표시한다. 그에 따르면 굴욕을 당한 모든 이에게는 우연이더라도 자기 아래로 평가절하할 수 있는 다른 굴욕이 있다. 여성, 어린아이, 동물, 저주받은 이들이 그렇다. 모욕을 당한 이는 굴욕의 순간을 자기만의 방식으로(힘 있는 이에게 바치는 오마주, 충성, 헌신 등) 정의하게 된다. 현대성의 조건하에서는 르상티망의 인간들이 증가한다. 그들은 도처에 있다. 모두가 그것을 느낀다. 권력으로써 기존 권력에 앙갚음하려는 이들 역시 이 운명을 벗어나지 못한다. 오히려 그 운명을 지속시킨다. [르상티망이 사회 전체의 감정 구조인 한] 남성들과 마찬가지로, '르상티망의 여성들'도 있으며, 어쩌면 모든 여성들이 그럴지도 모른다. 이때 이들은 자신들의 불행을 (이들을 보호한다는) 도덕이나 종교와 결부하는 대신, 문제를 남성들 즉 '수컷들'에게로 돌린다. 이와 같이 모욕당하고 굴욕당한[150] 이들은 모두 함께

150) 니체의 서신은 도스토옙스키(뒤늦게 프랑스어 번역으로 된 것을 읽고)와 그의 열정에 대한 발견을 보여 준다[(옮긴이 주) 니체는 도스토옙스키의 《지하생활자의 수기》를 프랑스어로 처음 접했다].

악순환, 치명적인 고리, 회전문을 형성한다. 그것들은 직접적으로든, 간접적으로든 르상티망의 반복을 강조하며, 오직 르상티망에 대해서만 이야기한다. 누가 그러한가? 특히 여성들과 신자들이다. 군주제든 어떤 정부든지 간에 국가의 '신민'이 되려는 자. 노동자는 어떤가? 어쩌면 그럴 것이다. 주인이 그들을 지배할 줄 안다면 언제나 그들은 노예다. 르상티망은 죽음보다도 선호되는, 노예 상태에 대한 동의의 비밀을 누설한다.

말하자면 죄의식(culpabilité)은 명확한 행위의 결과라기보다는 하나의 상태(état)다. 이 상태는 국가(l'Etat)라는 기호 아래 창궐한다. 본래적인 것이든 하찮은 것이든, 치명적인 것이든 경미한 것이든, 잘못에 대한 감정은 르상티망과 연결되는데, 그것은 설명을 요청하는 감정으로서 불안의 근원이 된다. 전쟁, 유해한 활동 등 죄의식을 유발하는 상황은 부족하지 않다. 그러나 죄의식이 형성되는 기반－죄의식의 근원적 성격－은 유럽인에게 잘 포착되지 않는다. 그 결과 종교인, 철학자, 정치인들은 자신이 의식의 독인 르상티망을 품고 있다는 것도 모른 채 그 감정을 이용하게 된다.

니체에게 보다 중요한 것은 죄의식의 감정과 독이 들어간 그 원천으로서 르상티망을 진단하거나 설명하는 것이 아니라 치유의 길을 드러내는 것이다. 즉 목표는 건강,

큰 병을 이겨 내는 위대한 건강, 르상티망이 이끄는 허무주의다. 건강을 재발견하는 길은 무엇인가? 자연으로의 회귀? 아니다. 오히려 반대로 자연, 곧 힘에의 의지, 그리고 생성, 르상티망, 죄책감의 시험을 극복하는 것이 필요하다. 《즐거운 학문》은 승리와 패배, 침략과 굴욕이 산재한 역사적 시간 대신에 생성의 무죄를 비춘다. 그것은 섭리에 의해 조립되거나 숨겨진 합리성으로부터 마련되는 길을 따르지 않는다. 그것은 우연을 통해 나아가며, 인간 일반으로서 한 사람 한 사람에게 책임이나 죄의식을 추궁하지는 않는다. 다만 그렇다고 해서 특정 개인, 곧 힘 있는 자에 대한 추궁의 필요성이 사라지는 것은 아니다.

10. 헤겔, 마르크스와 동시대에 키르케고르는 생성(진보)의 길목에 반복(répétition)이라는 뜻밖의 장애물을 둔다. 쇠렌 키르케고르는 이 역설을 신비주의적인 방식으로 소개했다. 키르케고르의 반복(욥이 모든 것을 잃고 나서 신에게 요청하는 것이자 키르케고르가 연인인 레진에게 그의 깨진 사랑을 위해 요청하는 것)은 영원을 내세움으로써 사악한 경이로움인 시간을 축출한다. 신은 죽은 자를 소생시킬 수 있고, 시간을 정지할 수 있으며, 시간을 되돌릴 수도 있다. 즉 신은 원래의 순수함, 속세의 재물(욥의 경우), 사랑하는 이(쇠렌 키르케고르의 경우)처럼 잃어버

린 것을 되돌릴 수 있다. 이러한 과정의 중심에는 초월(la transcendance)이 있다. 반복의 역설이 도입되는 것은 바로 이 지점이다.

1870년에서 1871년의 전쟁이 일어났을 때 니체는 역사, 이성, 인식이 진창과 피바다에 빠져 있다고 선언한다. 최초의 반복은 폭력이다. 폭력은 결정을 내리는 사람들에게는 그 필연성이 명확해 보이지만, 그것을 감내해야 하는 사람에게는 말도 안 되는 것이다.

니체가 반복을 전면에 내세우는 것은 시, 음악, 극(비극)에서부터다. 우리는 니체가 자신의 산문과 시에 나오는 단어나 문장에서 각운, 두운, 환기, 연쇄 등을 사용하는 고전적 방식을 어떻게 활용하는지 탐구해 볼 수 있다. 니체의 시는 음악을 모방하지 않는다. 음악이 되려고 하지도 않는다. 그의 시는 다른 예술의 법칙에 언어를 복종시키지 않는다. 오히려 음악의 성취를 언어로 가져온다. 음악은 반복을 기반으로 한다. 음악은 테마(바그너의 라이트모티프, 푸가의 테마 등)만이 아니라 '음표', 음정, 음색, 리듬(박자) 등 모든 것이 반복적이다. 그럼에도 음악을 논할 때면 모두가 신선함, 움직임, 분출, 흐름, 쉼 없는 창작력, 나아가 시간성을 이야기한다. 차이 없는 반복은 없으며, 반복 없는 차이도 없다. 한편 비극을 살펴보면, 비극은 반복을 통해서 심화된다. [배우의] 미리 준비된, 반복적인 대사는 영웅을 소생시키는데, 비극적 행위, 죽음을 부르는 순간, 희생적인 제의는 바로 이러한 의식이 치러지는 장소에서 다시 시작된다. 이처럼 비극적 행위는 단지 똑같이 반복되는 것이 아니라, 차이를 품은 채 다시 체험된다. 이 차이가 바로 비극이 건네는 '비극적 기쁨'이다.

니체는 반복을 성찰의 중심에 둔다. 반복이 생성을 대체하는가? 엄밀하게 보면 그렇지는 않다. 문제는 어떻게 반복 속에 생성이 있을 수 있는지, 그리고 어떻게 생성 속에 반복이 있을 수 있는지 정확히 이해하는 것이다. 니체에게 헤라클레이토스적인 흐름의 고대적 이미지는 반복에 대항하는 것이다. 하지만 '순수한' 반복만 따로 분리해낼 수는 없다. 반복만 자의적으로 고립시키게 되면, 생성은 이해 불가능한 것이 된다. 세계에는 시간(심지어 리듬, 계보, 순환이라는 복수의 시간들)과, 그리고 생성으로부터 창조된 놀랄 만한 다양성이 존재한다. 반복은 시간 속에 있다. 이러한 역설은 지식으로 설명될 수 없는 것처럼 보인다. 니체는 지식을 부정하지는 않으면서, 자기 자신을 인식된 것과 체험된 것, 그러니까 지식과 비지식의 경계에, 그 능선 위에 위치시킨다. 이 비지식, 곧 체험, 기쁨, 고통은 언제나 반복되는 것이면서, 언제나 새로운 것이다. 신성한 웃음, 신의 춤으로서 즐거운 학문은 슬픈 학문보다 체험을 더 잘 드나든다. 이것이 바로 시(poésie)다.

이것은 생성의 도취이자 반복의 도취다. '모든 괴로움과 함께 돌아오라', 이는 삶에 대한 긍정을 표명하는 방식이다.

사람들은 음악, 비극, 시를 통한 지식 비판보다 지식에서 시작하기를 원하는가? 그것은 가능하지만 니체의 길과는 정반대다. 니체는 자기 사유의 요소들을 이른바 철학적 수준에서 체계화하지 않았다. 니체를 체계화한다면, 그것은 니체를 배반하는 것이다. 여기 그리고 지금, 우리는 니체를 배반할 것인데, 말하자면 이는 니체가 지닌 전도된 측면을 명확하게 드러내고, 더 잘 표현하기 위해서다. 니체에게 차이는 본질적인 것이다. 비록 본질적이라는 용어가 정확한 표현은 아니겠지만 말이다. 이성주의자, 국가공무원 등 차이에 이의를 제기하는 이들에 맞서서 이러한 차이의 중요성을 어떻게 입증할 수 있을까?

반복, 그것은 동일성이다. 그것은 바로 A=A라는 논리적 동일성의 원리다. 이 형식적 원리는 가능한 한 절대적 반복에 가까운 반복을 뜻한다. 그렇지만 이 두 번째 A는 단지 두 번째인 까닭에, 첫 번째 A의 절대적이고 완전한 반복일 수 없다. 이는 형식 논리와 연관된다. 또한 여기에는 숫자들, 말하자면 1+1=2라는 수학이 연관된다. 이렇듯 하나의 반복은 차이를 발생시킨다. 차이가 더 미세하고 적은 내용을 가질수록 잔여는 최소화된다. 그러므로 그 차이는 투명하다. 그러나 하나의 연산에서 다음 연산으로, 하나의 반복에서 다음 반복으로 넘어가면서 무한이 생성된다. 가령 정수의 무한 집합(그 내부의 차이가 최소인 집합)은 다른 무한 집합(분수, 초월수)들을 만들어 내고, 나아가 '무한수(초한수)'라는 개념을 이끌어 낼 수 있게 한다. 이렇게 무한수의 영역에 이르면 수들 사이에서 최대한의 차이가 생겨나게 되는 것이다. 이것은 순수한 논리가 논리적으로 극복된다는 것을 보여 준다.

반복, 그것은 수의 생성이며 나아가 집합의 생성이자 공간과 공간들의 생성이다. 무한한 것은 반복을 통해 생성되며, 그것은 오늘날 거의 완전히 규명된 개념들—수열, 순환, 집합, 초한수, 연속성의 힘, 가산, 불(不)가산, 집합들의 집합—에 의지한다. 최대한의 차이(무한-유한의 차이)는 이런 식으로 지각되고 파악된다. 그러나 한편으로 반복은 수의 영역에만 국한되지 않는다. 반복은 되풀이되는 동작과 실제적 행위로 확장되며, 선형적인 반복은 거대한 영역을 아우르게 된다. 여기에는 일반적으로는 수용하기 불가능한 조건이 전제된다. 그 조건이란 반복이 차이를 생성하고, 거꾸로 차이는 특정한 시간 동안 반복을 통해서 생산된다는 것이다.

이러한 의미에서 지식은 반복 그 자체(기억, 반복 연산, 논리 등), 곧 반복에 대한 지식이다. 이는 노동이 반복적인 동작으로 구성되는 것과 마찬가지다. 반복의 거대한 장이 폐쇄될 수 있는가? 그렇지 않다. 반복은 되풀이해서 배가 된다. 즉 복제되고 이중화된다. 대칭과 비대칭, 거울과 신기루 효과, 거울 효과, 메아리, 반사, 이미지가 여기에서 비롯된다. 그렇다면 가면은? 기만적인 반영은? [모두 마찬가지다]….

반복은 또한 기억 속에서 드러난다. 따라서 모든 인식은 재인식(회상)이다. 르상티망은 그 반대편에서 고통을 주는 역할을 한다. 언어 자체, 즉 분절된 소리들의 반복(조합) 역시 선형적인 반복으로 볼 수 있지 않을까? 정신적 현실, 그러니까 '자의식'－중복하기, 복제하기, 복제된 것－과 그 토대이자 기반인 신체, '무의식'이 서로를 부르고 불러내는 상호작용 역시 반복에 기반하고 있지 않을까?

그러나 반복은 다시 선형적인 것과 순환적인 것이라는 두 갈래로 나뉜다. 순환적인 것은 리듬이다. 리듬, 그러니까 살아 있는 몸의 리듬은 곧 반복이다. '무의식'은 선형적인 것과 순환적인 것의 (유동적인) 경계에 위치한다. 세포에서 인간에 이르기까지 모든 살아 있는 몸은 정보를 수신하는데, 다양한 메시지 가운데 극히 일부만을 해독한다. 메시지와 코드에 대한 이론, 중복과 변형에 대한 이론, 정보에 대한 이론은 반복의 이론에 속한다. 살아 있는 몸은 이중적인 특성을 지닌다. 즉 방대한 에너지가 순수한 에너지, 정보적 에너지, 관계적 에너지, 상황적 에너지로, 그리고 선형적이고 코드화되고 탈코드화된 메시지로 배치되고 소비되는데, 그것은 순환과 리듬에 따라 이루어진다. 이처럼 살아 있는 몸의 이중성은 반복의 이중적 특성, 곧 선형적인 것과 순환적인 것과 연관된다.

이것이 전부가 아니다. 아직 전부 다 말한 게 아니다. 반성적 시선으로 세계를 들여다보면, 계절의 순환, 삶과 죽음의 순환이 드러난다(디오니소스와 그의 힘이 시련과 비극적인 소멸, 그리고 부활을 통해 드러난다). 반성적으로 우주를 들여다보면 여기에서는 빛이 드러난다(아폴론, 그러니까 이상적인 것과 명석함이 드러난다). 모든 존재의 기초는 에너지이고 에너지는 퍼져 나간다. 즉 에너지의 법칙, 그것은 소비되는 것이다. 그것은 스스로 낭비함으로써 분산된다. 그리고 '손실-집중'의 순환을 통해서 에너지의 유희가 펼쳐진다. 에너지는 진원지, 중심, 핵을 형성하고, 그 주변으로 구체의 형태로, 체계를 구축한다. 이 과정은 아주 작은 입자에서 은하에 이르기까지, 미시적인 것과 거시적인 것을 모두 아우르면서 진행된다. 이 모든 것에는 항상적인 긴장과 행위의 의지가 동반된다. 그것은 곧 힘에의 의지이며 그 의지는 관대한 방식으로든, 난폭한 방식으로든 발산된다. [에너지의 진원지로서] 태양은 이미 경험적이고, 사회정치적인, 상징적(시적)인 삼중적인 존재 방식을 지니게 된다. [에너지의] 작은 진원지로서 살아 있는 몸, '주체'—뇌와 그 주변—또한 마찬가지다. 이 이름 높은 주체는 실체가 아니다. 그것은 하나의 중심, 곧 충동과 욕망의 작은 중심일 뿐이다. 한마디로 그것은 에너지다. 그것은 소비되고, 분산되지만, 반드시 흔적을 남긴다.

여기에서 반성적 사유는 지식과 비지식을 분리하는 가장자리에서 마치 춤을 추듯 움직인다. 이 경계의 한쪽에는 반복을 통해 생성된(스스로 생성하는) 지식이 있다(아이러니하게도 지식으로부터 출발해 반복을 통해 지식을 생성하지만, 결국은 비지식으로 정착한다). 다른 한쪽에는 체험이 있다. 체험은 이러한 지식의 생성에 무관심하지만, [지식-비지식 사이의] 차이를 통해 인식되고 인정되는 새로운 차원을 받아들인다. 그 속에는 삶이 있다. 삶은 기쁨, 쾌락, 불안, 무아지경과 춤으로 이루어진다. 또한 여기에는 비극(영웅의 부활, 재현을 반복함으로써 시간을 거역하는 것), 음악(고통과 분리되지 않는, 기쁨의 돌출과 부활), 시(가능성을 일깨우며, 거부를 거부하는 것), 죽음(삶과 함께 반복되는 것), 마지막으로 역사(불확실성과 확실성, 기억과 지식, 과거라는 무덤과 그것을 소환하는 빛, 장애물이자 호소)가 있다.

지식은 최소한의 차이에 의존하며, 반대로 예술은 최

대한의 차이에 의존한다. 최대한의 차이는 환원적인 방식으로, 일련의 집합, 체계, 논리로부터 유도될 수 없다. 그렇다면 니체의 관점에서 생성은 어떤 것인가? 생성은 순환적인 것과 선형적인 것, 진화와 혁명의 총체다. 그것은 자기 자신과 타자, 동일성과 차이의 총체이자 그것들의 상호작용이며 그것들을 발생시키는 것이다. 그러므로 생성은 모호하면서도 지성적인 것이다. 그것은 신화적 사유이면서 합리적 사유이며 세계이자 우주다. 여기에는 디오니소스와 아폴론, 즉 지하의 미로이자 빛이 공존한다. 철학은 어떤가? 철학은 관료제(교회, 정치)의 분비물인 형이상학적(비유적) 장치에서 분리되어 전적으로 새롭게 구성된다. 즉 철학은 다른 층위에서, 다른 시각에서 구성되며 다른 모호함을 지니게 된다. 다시 말해 철학은 다른 궤적을 지닌, 다른 기획이 되는데, 이를 통해 논리학에서 음악까지, 수학에서 시에 이르기까지, 초보적인 것에서 작품까지 모든 것이 다른 방식으로, 총체화되고, 총체화한다. 그것들은 성찰을 배제하지 않는 가운데, 접근 불가능한 영역, 즉 탈아, 고통에 가까운 쾌락, 무아지경, 죽음으로 되던져진다. 그렇다면 생성은 무엇인가? 그것은 변화다. 즉 변화하는 총체성 자체를 제외한 모든 것이 변화한다. 생성은 반복과 역설적인 관계에 놓여 있다. 생성이 어떻게 쇠퇴하고, 타락하는지는 반복을 통해서만 드러난다. 이

차원에서 문제는 죽느냐 사느냐가 아니다. "너는 너 자신이 되어야 한다(Werde das du bist)."[151)]

그렇다. 우리는 '그렇다'라고 함으로써 최악의 가설을 받아들이게 된다. 이것은 동일한 것의 영원한 반복이라는 끔찍함, 말하자면 우리 자신을 만든 우연들, 보잘것없는 너무 인간적인 존재를 만든 상황들이 반복된다는 것을 받아들이는 것이다. 하지만 동시에 바로 지금 이 순간에 생성의 의미와 함께 태어나는 초인의 경이로움을 받아들이는 것이기도 하다.

여기에서, 철학적 사고의 위대한 두 계통인 엘레아적인 계통과 헤라클레이토스적 계통이 만난다(경험주의와 합리주의, 유물론과 관념론, 유명론과 개념 실재론과 같은 다른 흐름들이 여기에 뒤얽히기도 한다). 고대와 현대의 엘레아주의자들은 운동의 중요성을 부정할 순 있어도, 운동의 존재 자체를 부정할 수는 없다. 제논의 그 유명한 역설을 교리로 바꾸지 않는 한 그것은 불가능하다. 반대로 헤라클레이토스주의자들은 최소한 주기적인 반복의 중요성을 인정해야만 한다(헤라클레이토스는 이미 '위대한 해'의 개념을 통해 이러한 순환을 받아들였다).

---

151) (옮긴이 주) 이는 존재와 비존재의 구분을 넘어 자기 자신을 창조하라는, 새로운 실천과 결단의 촉구로 이해될 수 있다.

보편적 생성 이론은 반복을 단지 외관에 지나지 않는 것으로 취급해 거부할 수 없다. 가지적이고 불변하는 것의 이론은 무정형적인 흐름과 운동 이론을 거부하는 것처럼 보이지만, 결국에는 생성이 형식들, 규정된 '존재들', 이름 붙여진 종과 속을 창조한다는 것을 인정해야 한다.

무엇이 사유로 하여금 실제적인 몸짓에 개입할 수 있게 해 주는가? 바로 반복이다. 모든 활동은 반복에 의존하는데, 이는 활동 자체가 일련의 동작, 목표를 반복하는 것이기 때문이다. 철학은 실천적(기술적) 행동의 이러한 특성을 밝혀냈다. 헤겔에 따르면 관행 속에서, 노동 속에서 관건이 되는 것은 변증법적 이성이 아니라 분석적 지성이다. 마찬가지로 마르크스 또한 변증법적 사유는 오직 총체성의 수준에서 현실과 가능성 사이의 대립 속에서 자신을 발견하고, 실재와 그 모순을 드러낸다고 본다. 하지만 이와 같은 반복, 즉 되풀이되는 몸짓, 반복적인 행동, 기계적이고 기술적인 개입(마르크스에 따르면 이러한 개입은 자연을 변형하는 생산력의 일부다)이 전체(총체성)의 수준에서 새로운 것이 생산되는 것을 배제하지는 않는다.

대상, 생산물, 몸짓이 모두 반복되는 현대 사회에서 반복의 중요성이 커졌다는 것이 정말 놀랄 만한 일인가? 반복을 통해서 이 세계에 대한, 이 세계 내부의 지식을 만들어 냈다는 만족감에도 불구하고, 그 뒤에는 모종의 불안감

이 뒤따른다. 그에 따라 우리는 니체가 반복의 체계를 구축하기보단 현대성에 내재된 허무주의를 극복하고자 차라투스트라의 창조에 열중한 이유를 더 잘 이해하게 된다. 우리는 앞서 시인 니체가 언급하지 않은, [반복의] 체계를 그려 보였는데, 실상 그것은 헤겔 이후로 현대적 사유가 정교화한 수많은 체계들 중 하나에 불과하다. 모든 체계의 정신[152]은 자신을 가두는 감옥에 세심하게 빗장을 걸어 마조히즘적인 쾌락을 끌어낸다. 그러나 니체를 통해서 그 빗장은 열린다. 그렇다. 그는 '망치로 때려서' 그것을 열지만 여기에는 '그의 피'가 함께 묻어 있다.

현대성은 반복으로 빠져든다(그리고 반복의 의식 속으로 빠져든다. 그러나 그것은 표출되는 동시에 범수학주의, 범개념주의, 구조와 조합의 물신주의, '설계도'와 모델 등의 이데올로기에 의해 은폐된다). 그에 따라 현대 시대는 반복의 맛을 그 찌꺼기에 이르기까지 만끽한다. 그러나 이전에는 역사, 즉 자신의 원천이 있다고 믿어 온 역사조차 반복을 부정하거나, 아니면 물신화된 생성, 합리화된 생성을 내세워 반복에 미미한 역할만 부여했다. 이러

---

152) 보다 최근의 사례들인 이브 바렐, 미셸 쿠르스카르, 장 보드리야르를 앞서 언급했다. 여기에 허버트 마르쿠제, 마셜 매클루언, 자크 모노 등이 함께 제시되어야 한다.

한 기념비적인 역사와 마찬가지로 체계화된 기념비화된 철학은 붕괴하며, 그에 따라 많은 이들이 믿었고, 믿고 있는 정당성과 합법성의 근거 역시 붕괴한다. 현대성은 이중적이다. 모든 것이 변하고 모든 것이 변하지 않는다. 모든 것이 동요하고 모든 것이 정체된다. 가장 고약한 반복은 폭정의 반복이 아닐까? 혁명은 자유의 이름을 내세워 고대의 전제정을 보다 강화된 현대적인 버전으로 부활시킨다. 그러나 반복은 권력과 국가의 영역에 국한되지 않는다. 반복은 기술의 매개를 통해서 거대해진다.

니체가 역사, 역사주의, 진화주의, 그리고 ― 헤겔적 ― 생성 철학에 대한 비판을 통해 드러낸 반복의 중요성은 시, 음악, 비극에 대한 엄격한 분석을 거쳐 지속적으로 확인된다. 반복의 중요성은 이제 [일상의] 모든 곳에서 확인된다.

일상생활에 대한 비판적 분석은 순환적인 반복(시간, 낮과 밤, 주, 월, 계절, 필요)과 선형적인 반복(노동, 가족적 삶, 사회적 관계의 몸짓과 행위)의 개입을 드러낸다. 이는 경제 현상의 분석, 보다 폭넓게는 (생산을 둘러싼) 사회적 관계의 재생산에서도 나타난다. 이 재생산은 반복의 일반화에 기초한다. 즉 모든 것이 반복되면, 사회적 관계는 자동적으로 갱신된다. 자동화됨으로써 일반적 자동주의의 일부가 되는 것이다. 반복과 생성 사이의 갈등은 철학과 지식만의 문제가 아니다. 그것은 (이데올로기적) 환상으로서의 현대성만의 문제도 아니며, 곧 전체 사회의 문제다. 모든 것이 재생산, 양적 반복에 무게를 두며, 동시에 모든 것이 새로움, 돌파, 질적 도약을 요구하지만 그것은 이루어지지 않는다.

요컨대 헤겔은 자기를 형성하고 평형 상태를 유지하는 조건을 스스로 생성하는 국가, 즉 자동 생성 체계이자 자동 재생산 가능한 체계를 예견했다. 반대로 마르크스는 프롤레타리아 혁명의 이름으로, 과거를 상실하지 않되, 반복 없이 이루어지는 생성으로의 도약, 곧 새로운 '발생(génération)'을 예견했다. 이와 달리 니체는 모든 차이를 소멸시킬 반복의 위험을 거부하는 동시에 과거를 초월하는, 완전한 단절을 요구했다.

이제 우리는 헤겔적 · 마르크스적인 극복과 니체의 극복 사이의 근본적 차이를 확인할 수 있다. 전자가 선행하는 것과 조건들을 높은 수준에서 보존하면서(헤겔에게서 더 강하게 보존되고, 마르크스에게서는 더 약하게 보존되는) '고양하는' 극복이라면, 니체의 극복은 부정하고, 부인하고, 거부하고, 반박하고, 심연 속에 던져 버리는 것이다. 이렇듯 낙관적인 지양(Aufheben)과 비극적인 극복(Überwinden)은 서로 맞서게 되며, 이와 함께 차이와 반복(재생산) 역시 대립한다.

어느 쪽을 선택할 것인가, 그리고 선택은 필수적인 것인가?

11. 심리적이고 사회적인 모방(미메시스)을 처음 발견한 것은 니체가 아니다. 니체는 미메시스 내지 '모사' 이론을 규명하거나 체계화할 생각을 전혀 하지 않았다. 그러나 니체는 그 중요성을 비판적 분석 속에서 드러냈다(니체적 의미에서 비판은 반어나 유머를 표하는 것이 아닌 냉소하는 것이다). 헤겔주의자는 모방을 특정한 인간상, 사회적 역할, 정치적 성격의 재생산을 야기하는 합리적인 힘으로서 찬양한다. 그러나 마르크스주의자, 그리고 마르크스는 그러한 현상을 무시했고, 동일성의 이론, 변형(변신)의 이론, 달리 말해서 반복과 차이, 모방과 창조의 이론을 제쳐두었다.

니체는 자연으로부터 미메시스의 중요성을 드러낸다. 떡갈나무의 어떤 잎도 엄밀히, 절대적으로 동일하지는 않지만, 떡갈나무의 모든 잎들은 서로 닮았다. '잎'의 개념은 이 닮음을 유지한 채 그것을 동일성으로 변화시키지만, 여기에 완고하게 지식에 집착하는 이들이 원하는 그런 진리는 없다. 그러나 이런 개념은 경험적 의식, 관행적 활동의 영역을 가능케 하고 인간이 사회정치적 건축(건축술) 속에 살아가게 한다. 진화 과정에서 한 식물종이 나타나서 소멸할 때까지 각 개체는 그것이 태어난 과정을 재생산한다. 떡갈나무 잎들 사이의 차이는 극미하며 그 종 내부에 머무른다(종은 평형을 이루는 '체계'로 특징지어지며, 각각의 식물과 그 식물이 속한 전체 식물군은 하나의 통합적인 전체를 이룬다). 그러나 떡갈나무와 떡갈나무 잎, 그리고 가지와 형체는 종려나무의 그것과 다르다. 여기에서 차이는 도약하며 최대가 된다. 새로운 종이 출현할 때도 마찬가지다. 이것이 보여 주는 것은 반복과 미메시스를 통해 집합 내부에서 **유도된** 차이들과 확립된 체계 밖에서 그 체계가 폭발하거나 변형될 때 생산된 차이들 사이의 구분(차이)이다.

사회에서 미메시스의 메커니즘은 이중적이다. 모방(mimétisme)은 유형이나 모델에 직접적으로 **동일시**(identification)를 통해 진행된다. 노예, 예속된 이들, 억압받는 이들, 르상티망에 휩싸인 이들은 강자, 정복자, 소유자, 주인에 자신을 동일시한다. 그들은 매개 없이 직접적으로 이를 재생산한다. 아이들이 아버지를 모방하거나 신하가 군주를, 병사가 우두머리를 모방하는 것과 마찬가지로 말이다. 때때로 모방은 이미지와 **상징**을 통해서—그 이미지와 상징을 발산하는 것은 우월한 힘을 가진 이들일 수도 있다—간접적으로 전개되기도 한다. 교회 제도 안에서 각자는 성인(saint), 더 정확히는 성인의 이미지를 간접적으로 모방하거나 아니면 위계상 자기보다 높은 고위 성직자의 자리를 직접적으로 모방한다. 유비적인 것과 상징적인 것은 서로 다르지만, 동일한 효과—미메시스—를 낳는다. 이로부터 세계라는 희극이 전개된다. 최고의 희극배우는 가장 '진심 어린' 연기[모방]를 하는 자다. 이 과정에서 말은 담론보다 구체적인(실제적인) 희극의 도구로 봉사한다. 오랫동안 도덕주의자들(라 로슈푸코)는 세계의 희극을 비난해 왔지만, 그 토대나 뿌리에 이르지는 못했다.

미메시스의 두 가지[직접적, 간접적] 작동 방식 모두에서 모방 과정은 시뮬라시옹을 포함하고 시뮬라크르, 곧 다소간에 유사한 복사본을 탄생시킨다. 니체와 니체주의자들에 따르자면, 시뮬라시옹은 개인들이 사회정치적 현실에 스스로를 투입하는 한 가지 메커니즘이자, 또 거꾸로 사회가 담론과 도식, 상징과 이미지를 활용해서 개인을 통합하는 메커니즘이기도 하다.

이 현상은 사회 상층부의 재생산에서 근본적으로 엄청난 비중을 차지하며 결정적인 역할을 한다. 이 현상이 없으면 사회적-정치적 구조는 붕괴할 것이다. 미메시스의 복잡성은 창조가 모방에서 시작되며, 그것이 아니고서는 시작할 수 없다는 사실로 인해 증대된다. 미래의 창조자는 아버지나 스승(니체에게서는 바그너)을 선택함으로써 데뷔하며, 나중에는 그와 거리를 두거나 필요하다면 매장할 것이다. 변신(차이)이 생산될 때, 미메시스는 창조의 통로가 될 수 있지만, 오히려 그 과정을 불모화하고 반복으로 귀결해 창조를 봉쇄할 가능성도 있다. 이처럼 '미메시스' 현상은 윤리적인 것과 미학적인 것은 물론이고, 유행, 교육, 다양한 '영향력들'—재현 곧 이데올로기에 의해서 정당화되기도 하는—을 포함한 사회적-정치적 장 전체를 아우른다.

미메시스로부터 비롯되는 일부 기이한 현실들은 가상[외관상의 흉내]과 변신의 중간 지점에 위치한다. 대표적인 예는 가면이다. 시뮬라크르로서 가면은 얼굴을 이중화하고 그것을 은폐한다. '나'는 나 자신에게 타자가 되고, 동시에 자신이 되고자 하는 존재로 변해 간다. 가령 군복은 힘에 의해 뒷받침되는 미메시스 생성 장치로서, 성공적인 가면이라고 할 수 있다. 가면을 통한 역할 훈련은 변신 혹은 반복을 통해서 동일성으로의 복귀로 이어지기도 한다. '나는 가면을 쓰고 나아간다(Larvatus prodeo)'는 모든 혁신가들의 모토다. 가면은 피난처이자 알리바이다. 역할 속에서 자신을 상실할 수도 있지만 오직 동일성[정체성]의 상실만이 변화를 가능하게 한다.

그러므로 적은 동일성이다. 그것은 심리적, 사회적, 정치적 현실을 논리를 통해 분절하고 고정되게 만든다. '동일성'이라는 말은 곧 논리, 동어반복, 체계, 악순환, 회전문, 반복, 자기 자신 및 타자의 재생산을 뜻한다. 그것은 불모화된 미메시스, 전체로부터 그 내부로 유도된 차이이자 최소화된 차이다. 가면과 표식으로서의 동일성은 복잡하게 얽힌 담론으로부터 생겨나서 그것을 완성하는 데 이른다. 반면 '동일성의 상실'이라는 말은 변형, 변신, 가치변환, 시적 창조를 뜻한다. 두 방식 사이에는 거리가 존재하며 위험한 경로들이 포함되어 있다. 어떤 위험인가? 그것은 일탈, 광기, 자살이며, 여기에는 필시 고통과 불만족이 동반될 것이다. 동일성은 소유함으로써 그 '존재'를 획득했다는 만족을 가져온다. 이와 달리 디오니소스적인 길은 전혀 편안한 것이 아니며 휴식과 거리가 멀다. 초인 즉 최대한의 차이는 오직 동일성을 뒤흔들고, 극미한 차이들을 건너감(넘어섬)으로써만 달성된다. 이 과정에서 담론 자체는 해체되고, 시적 실천이 새로운 언어를 발명한다.

1873년의 '이론적 글쓰기'[153]와 《즐거운 지식》[154] 사이의 시기에 니체는 미메시스와 가면의 세계 뒤에 있는 동일성의 세계를 발견한다. 이는 앞서 (비도덕적인) 도덕주의

153) (옮긴이 주) 《비도덕적 의미에서의 진리와 거짓에 관하여》를 가리킨다. 니체, 《니체 전집》 3권, 앞의 책, 441~461쪽,

154) (옮긴이 주) 《즐거운 학문》의 발간 연도는 1882년이다.

자들에 의해 묘사되었던 바이기도 하다. 니체가 처음부터 가능성-불가능성, 곧 초인을 주장하지는 않았지만, 그는 이미 표식과 가면의 세계, 그러니까 세계의 희극이자 수사학과 말들의 세계, 요컨대 부여된 가치에 따르는 사회적 삶을 수용할 수 없었다. 서서히, 점진적으로, 변신의 지평, 즉 절대적 차이의 지평이 니체의 눈앞에 열렸다. 공포와 정체 모를 불안 가운데에서 니체는 최대한의 차이에 대한, 그리고 초인에 대한 열망이 가장 끔찍한 동일성인 영원회귀의 수용 없이는 불가능하다는 것을 발견한다. 만약 변형이 실제로 존재한다면, 그러니까 원인과 결과가 무한히 직선적으로 이어지는 단순한 인과 연쇄가 아니라, 우연한 행운이 맞물리고 놀라운 변화가 일어나는 순간이 존재한다면, 실로 그런 변환이 가능하다면, 그러한 우연은 세계의 어떤 순간이든 다시 되풀이할 수 있다. 이러한 의미에서 변신이란 생성 과정의 부분적인 단편들을 반복하는 것이다. 물론 차이 공간(공상과학소설의 언어로 하자면 초공간)으로의 도약에는 [창조의 가능성과 더불어] 총체적 반복이라는 절대적 위험이 포함되어 있다. 이미 달성된 것과 단절이 일어난다면(이는 단순히 지식 안에서의 탈중심화가 아니다. 이것은 표면과 그 위아래의 반짝이는 효과를 넘어 체험의 수수께끼 같은 심연 속으로 뛰어드는, 지식과의 관계 자체를 뒤흔드는 탈중심화다) 그렇다면 거울의 저편[표면을 넘어선 미지의 영역]에서 무슨 일이 벌어질지 누가 알겠는가. 가능성의 개방은 붕괴, 심연으로의 추락, 자의식의 파괴 등 어떤 가능성도 배제하지 않는다. 최선과 최악은 함께 가는 법이다.

여기서 다시 말하건대, 니체의 변증법이 존재한다면, 그것은 헤겔적 변증법과 근본적으로 다른 것이다. [니체의 변증법에] 대치 중인 항들 사이의 종합은 없다. 무언가가 새로 태어난다는 것은 자신의 탄생을 재생산하는 것(그것은 항들의 동일성을 최소한의 차이 속에서 보존한다), 혹은 도약을 통해 심연을 건너 초월하는 것이다. 위기와 위협에 직면하면서 말이다. 의식에서 일어나는 비극은 세계의 희극을 압도한다. 이처럼 세상에 드러난 가장 깊숙한 모순들은 변신에 기여할 수 있지만, 변신과는 심히 멀리 떨어져 있다.[155] 정신분석학적 방식에 따라 단순하게 모순을 없애 버림으로써 고통받는 이를 치유하는 것은 오히려 일종의 배신일 것이다.

그러므로 니체의 열망은 자아('주체')를 구성하는 '실재'에 대한 근본적인 거부를 함축한다. 니체는 주체와 객체의 철학적 대립을 자기 방식으로 받아들인 것인가? 아

---

155) (옮긴이 주) 모순은 새로운 변화의 동력이 되지만, 그 변화는 모순과는 완전히 다른 차원에서 일어나는 것이기에 둘 사이에는 심연이 놓인다.

니다. 니체의 사유(니체의 관점)는 철학적 범주에 속하지 않는다. 주체, 객체 같은 용어들은 가능성을 가두는 동일성의 일부일 뿐이다. 동일성의 왕국, 가면과 표식의 왕국, 미메시스의 왕국 너머에서, 그림자의 왕국 너머에서 태양의 지평선이 열린다.

그럼에도 불구하고 '영원회귀'라는 비전 속에는 철학적 언어로 표현할 수 있는 한 가지 의미가 있다. 그것은 [존재를 이루는 근본적 요소들의] 동일성[정체성]이 반복되어 되돌아온다는 것이다. 그 동일성은 어떤 것인가? 그것은 자연과 의식, 건강과 성찰, 순수함과 인식, 이 모든 것을 아우르는 총체성을 가리킨다.

12. 《즐거운 학문》이 지닌 의미는 앞서 상술된 영향들만으로 모두 설명되지 않는다. 다소간에 체계화된 것처럼 보이는 이 책의 분석들에는 목표가 있다. 그것은 스스로를 급진적으로 여기는 현대성 속에서 어떤 사상이 허무주의를 벗어나지 못한 채 헤겔-마르크스-니체의 여정을 무한하게 되풀이하는 것을 막는 것이다. 출발점으로 돌아가 보면 유럽에서 그 누구도 허무주의를 넘어서지 못했다는 사실이 나타난다. 니체의 실패라고? 아마 그럴 것이다. 지금까지 니체도 우리(유럽인들, 현대성의 인간들)도, 그 누구도 그림자의 왕국을 벗어나지 못했다.

《즐거운 학문》의 또 다른 의미는 도발, 도전(종종 위험하며 심지어 위험이 더 증대되는) 없이는 어떤 새로움도 없다는 데 있다. 공세적이지 않은, 공격적이지 않은 도전은 없다. 그러니까 이중의 위험, 즉 자신을 내걸고(흔한 표현으로 자신을 의문에 부치는 것), 더 강한 이와 대적하고, 그들까지도 참여하도록 윽박지르는 것 없이는 도전도 없다. 니체의 급진적인 '부정성(négatif)'은 바로 이런 모습을 하고 있으며, 운동 속에서(단순히 운동을 재현하는 것이 아니라) 현실에 내재한 모순들을 드러낸다. 그렇지 않다면 그것은 기존 담론의 연장일 뿐이다.

물론 원하는 대로 의미가 다 생산되지는 않는다. 쓰기와 문학으로는 충분하지 않다. 미메시스적인 글쓰기는 언제나 창조보다는 재생산에 더 기여한다. 누가 의미를 생산하는가? 바로 위험을 감수하는 자다. 시간의 흐름 속에서, 죽음으로써 의미를 생산하는 이들, 소크라테스와 그리스도는 그들의 죽음을 통해 의미를 만들어 냈다. 죽음의 다른 형식인 광기도 같은 영향을 미칠 수 있다. 지식과 권력으로부터의 단절, 즉 가능성으로의 도약을 출범시키는 위대한 해방은, 철학과 일상성 모두와의 단절을 요구한다….

13. 사회 위에, '문화' 위에 무언가가 존재하며(이는 단연

코 국가가 아니다) 이것은 문명으로 불릴 수 있다. 문화? 교양 있는 속물들은 그것을 자신들의 공적 · 사적 소유물이라고 믿는다. 사회? 이것은 사회적 논리들, 말하자면 동어반복, 금기, 크고 작은 '체계'들의 집합일 뿐이다.

문명은 가치들로 구성된다. 그러니까 살아나고 죽어가는 의미로 구성된다. 이 가치와 의미들은 사회 속에서 그 윤곽을 드러내고 명확해진다. 즉 사회에서 자신에게 유리하거나 불리한 지형을 발견한다. 최고의 사례는 그리스나 유럽의 르네상스로, 여기에서 위대한 문명은 그 형태와 힘을 갖춘다. 그 문명은 가볍고, 춤을 추는 듯하고, 활력 넘치는 것이었다.

'엘리트주의적' 관점이라고? 그렇다. 그러나 이 개념[문명]은 민중, 그러니까 대중에게 그들의 몫을 부여한다. 민중에게 수용되지도 않고 그들에게 원한을 불러일으키지도 않는다면 가치들의 위계도, 우월한 가치도 존재할 수 없다. 철학자, 시인 등의 엘리트는 민중 속에서 싹튼 것에만 형태와 힘을 부여할 수 있을 뿐이다. 반대로 민중과 대중은 우월한 가치들을 종결하고, 다른 영웅들과 함께 철학자와 시인들을 만들어 낸 다음 그들을 죽일 수도 있다. 소크라테스와 예수는 이를 분명하게 보여 준다.

니체의 사유와 그의 전망은 비옥한 모호함 속에 있다. 한편으로 어느 정도 엘리트주의적인 철학자, 사상가, 시인이 있다. 그는 스스로를 주변부에 위치시키고자 하는 '지식인'의 모습에 어울리며, 자기의 고유한 방식에 따라 쾌락주의 혹은 민주주의를 위한 삶을 추구한다. 다른 한편으로 국가에 맞서서, 힘의 의지의 모든 표출에 맞서서, 사회정치적인 것을 향해 도전하는 로고스에 맞서서, 멈추거나 물러서지 않고 싸움을 계속하는 철학자가 있다. '엘리트주의'라고? 안 될 게 뭐람? 아마도 자유, 그러니까 자유로운 정신 속의 자유는 이 두 측면을 지니고 있을 것이다. 죽음 본능을 부정하면서 죽음과 맞서는 것, 삶을 긍정하는 것, 이것은 전통적인 이분법과 이중성을 초월하는 모호함 아닐까? 고통을 두려워하지 않고 기쁨과 즐거움을 사랑하는 것, 놀이의 철학이나 놀이의 규칙을 과시하지도 공표하지도 않으면서 노는 것, 정치를 넘어서서 총체적인 것을 창조하는 것, 이러한 명쾌함이 《즐거운 학문》이다.

14. 일반적으로 마르크스주의로 간주되는 한 이론－실상 마르크스가 아니라 엥겔스와 레닌에 의해서 인식 이론으로서 정립된 이론－은 의식과 인식을 반영이라고 선언한다. 직접적으로 마르크스주의의 보증을 원하는 이들을 제외하고, 지식을 다루는 철학자 대부분은 이 이론을 거부한다. 철학적 견해에 따르면 반영 이론은 조악한 것이다. 실제로 레닌은 복제, 사진, 거울에 대한 비유를 아주 거칠게

제시했다.[156] 하지만 이 이론은 니체에게 놀랄 만큼 잘 어울린다. 니체는 1873년의 '이론적' 단편에서, 그리고 10여 년이 더 지나 '생성의 무죄'를 드러내는 단편에서 이 이론을 채택한다(물론 마르크스주의를 참조한 것은 아니다).

만약 사유와 의식이 실체(데카르트가 이를 말한 이래 헤겔을 비롯한 많은 철학자들이 믿고 있는 바)로 규정될 수 없다면, 만약 사고가 [대문자] '존재'와 한 몸이 되는 '존재자'가 아니라면, 다시 말해 존재와 사유 사이에 차이가 있으며 그럼에도 사유가 존재에 대응하는 것이라면, 그 사유가 반영이 아닌 그 무엇이겠는가? 사유로서 반성과 반영은 '비추는 것'이며, 이는 단지 은유가 아니다.

대체 반영이란 무엇인가? 반사하는 거울은 어디에서 오는가? 반사는 소진되지 않으며 부피도, 무게도 없으며, 따라서 '비현실적'이다. 그렇다면 실재에 대한 충실한 반영이란 무엇인가? 그것은 결국 형식, [어떤 식으로든 '현실'을 왜곡하는] 표면의 형식으로만 이해될 수 있다.

니체가 말하려는 것은 바로 이런 것이다. 앞서 보았듯이, 니체는 반영 이론을 충실한 반영이라는 안일한 주장을 대적하는 차원에서 사용한다.[157] 의식? 그것은 표면이다.

---

156) 《유물론과 경험 비판론》.

157) 특히 《철학자의 책》 단편 121, 122, 123 등[(옮긴이 주) 단편 121에

반성과 반사? 그것은 언어와 논리적 형식과 연계된 뇌의 활동이기도 하지만, 동시에 몸 전체, 손, 감각 기관, 팔다리, 근육, 성의 작동이기도 하다. 의식이 [언제나 창조적 왜곡의 방식으로] 반영하므로, 행위는 '실재하는' 어떤 실체에도, 외부 세계에도, 내적 본질에도 종속되지 않으면서 '실재'를 변형한다. 이렇게 해서 인식-반영(La connaisance-reflet)은 상징, 시적 발명, 이미지-개념에 자리를 마련한다.

15. 차라투스트라는 시적인 힘과 '이론적' 선언을 결합하면서 몸으로의 귀환과 몸에 대한 의존을 선언한다. 그에 따르면 몸은 자원이자 원천이다. 이는 구조 요청이 아니라 몸에 대한 회귀와 의존을 드러낸다. 그러므로 차라투스트라에게 몸은 유대-그리스도교적인 분위기에 젖은 철학과 사회에서와 완전히 다른 지위를 지닌다. 서구에서 철학과 종교는 몸을 배신했다. 유럽의 로고스는 끈질기게

서 니체는 시공간이 의식이 만들어 낸 틀이라고 주장하며, 단편 122에서는 인간이 숭배하는 가치들이 진화의 결과물이며, 심지어 의지조차 신경생리적 구조를 전제한다고 말한다. 단편 123은 자연은 무한하며, 인간의 모든 인식은 해석일 뿐이라고 주장한다. 그에 따르면 니체에게 인간의 인식 구조는 그 자체로 언어적, 생리적, 은유적인 것으로 간주된다. 니체, 《철학자의 책 : 이론 연구》, 마리에티 옮김, 앞의 책, 84~85쪽).

몸을 축소하고 부수고 변형한다. 사유의 기저에는 몸이 있다. 사유가 자리 잡고 있지만, 그 사이에는 근본적이고 결정적인 차이가 있다. 이 차이는 무엇인가? 니체의 시를 산문으로 번역하려 한다면, 이 형언할 수 없는 차이는 정의될 수 없다. 왜냐하면 차이는 모든 순간에 개입하고 영향을 주기 때문이다. 심지어 그것을 파악하려는 반성적 의식 속에서도 그렇다. 결코 소진될 수 없는 이 차이는 '나', '자아', 몸 사이의 무한하고도 극미한 거리로 나타나며, 수많은 방식으로 말해질 수 있지만, 그 모든 방식이 필연적이면서도 불충분하다. 몸은 기쁨의 장소인가? 이 상태 혹은 이 상황은 인식하고 사유하는 이의 상황과 멀리 있는 것인가? 그렇기도 하고, 아니기도 하다. 철학적 쾌락주의는 멀리 나아가지 못한다. 몸은 고통받고 향유한다. 고통은 쾌락만큼, 때로는 그 이상의 의미를 지닌다. 몸은 하나의 가능성, 즉 비옥한 위기를 알린다. 신체는 '정동'과 '충동'의 장소인가? 확실히 그렇다. 하지만 그것 말고도 수많은 익명의 것(non-chose)들이 있다. 예를 들어 어떤 것을 배우고, 지지하는 행위처럼, 몸은 의미와 가치를 만들어 내면서도 그 자체는 의미도, 가치도 없는 행위의 기반이 되지 않는가? 그렇다. 하지만 이러한 철학적 단어들은 단지 철학적 지식과의 관계 속에서 몸에 대해서 말해 줄 뿐이다.

니체에게 몸은 깊이를 지닌 것이다. 더욱이 그 깊이는 거울 표면 아래에 '존재한다'. 시(혹은 포이에시스)에는 높이, 밝음의 영역, 곧 아폴론적 영역이 있다. 의식과 지식은 그 표면에 머무른다. 하지만 몸에는 분석의 광선이 단검처럼 파고들어 꿰뚫어 보일 수 있는 깊은 층위들이 있다. 이렇듯 오인되고 몰이해되었던 몸은 실은 끝없이 풍요로운 것이다. 그것은 리듬, 반복(순환적인 반복과 선형적인 반복), 차이를 지닌다. 한 시대에서 다음 시대로, 아이에서 어른으로, 노화의 드라마에 따라서 몸은 스스로를 뛰어넘으면서, 과거를 기억 속으로 보내고, 리듬들의 얽힘을 풍부하게 하거나 빈곤하게 만든다. 또한 욕구와 욕망, 의식과 행동 사이에 항상 새로운 관계를 발전시키거나 때로는 그렇지 않게 한다.

이것은 쾌락주의로의 회귀인가? 유물론에 대한 집착인가? 아니다. 몸에 대한 니체의 회귀는 철학으로 환원할 수 없는 것이며, 몸-기계의 관점을 배제한다. 몸-기계는 몸-에너지, 그리고 음악과 춤의 몸인 시적인 몸과 대립한다. 니체의 관점으로 들어서기 위해서는 철학적 언어를 활용해서 실정적으로 정의하는 것보다는 부정적으로 규정하는 방식이 더 낫다. 차라투스트라가 되어 말하는 시인은 정신적인 것, 사회적인 것, 자연적인 것, 그리고 마지막으로 말씀과 육신 사이의 분리를 끝내고 싶어 한다. 그는 언어를 추상적인 것으로서 높이 평가하기를 멈춤으로써 몸과 언어의 관계를 근본적으로 변화시키고자 한다. 니체에게는 헤겔이나 마르크스의 **구체적 추상**(abstraction concrète)이 없다. 니체는 모든 순간들을 때로는 추상성으로, 때로는 구체성으로 구부려 유추하는 유사-개념을 거부한다. '구체적인 것', 그것은 바로 몸이다. 추상적인 것, 즉 언어(논리? 그것은 구제불능이다. 스스로 파괴하지 않고서는 형식적 추상을 포기할 수 없다)는 구체적인 것으로 변환되어야 한다.

그렇다면 몸의 위상은 어떤 것인가? 몸을 로고스와 관련지어 소급적인 방식으로 설명하는 한, 한쪽에서는 몸을 죄악(추락, 피투성이)의 장소이자 그 산물로 지각하고, 다른 쪽에서는 일종의 육체적 그릇이자 지배적 합리성의 비합리적 근원으로, 그리고 교환과 교환가치에 매개되어 지속되는 사용가치로서 유용함을 지닌다고 인식할 것이다.

오늘날 니체적 관점에 볼 때 모순은 심화되고 있다. 몸은 사회 전체가 도덕적 전통의 압박과 제약, 공연 금지, 훼손된 이미지의 확산, 시각적 변형을 통해 드리우는 무게를 감당해야 한다. 사진, 영화, 대중매체는 몸의 해체, 이미지를 통한 몸의 대체, 물질적인 것에서 시각적 추상화로의 이동, 스펙터클을 위한 에너지의 사회적 전이를 전개하며 이는 구체적인 존재를 조작하는 권력에 봉사한다. 즉 담론과 언어의 물신화(fétichisation)는 몸을 감추는 구실을 제공하며, 이를 통해 로고스는 권력 남용으로 인한 위기 상황에서도 오히려 글쓰기와 글의 이미지가 지닌 위엄을 바탕으로 강화된다. 이런 상황은 헤겔과 마르크스가 제시한 소외에 새로운 성격과 중요성을 부여한다. 즉 삶의 쇠퇴는 그 기반인 몸을 위협한다.

몸의 부활, 이것이 차라투스트라의 처음과 마지막 말이다. "일어서라, 내 아이들이 다가오고 있다 … 나의 아침이다. 나의 낮의 시작이다. 솟아올라라, 솟아올라라, 너 위대한 정오여."[158)]

몸의 온전함에 영향을 미치는 것들은 때로는 죽음 충동과 같은 모호한 원인과, 때로는―지식과 현대 세계의 긴급한 요구들과 결부된―고차원적인 이성과 결부된다. 이런 방식으로 사람들은 부르주아, 그리고 무엇보다도 그리스-라틴에서 기원하는 유대-그리스도교와 유럽적 로고스를 무죄방면한다. 그 대신 삶과 합리성, 로고스 자체의 기반을 공격하는 전술적 · 전략적 조작들에 대해서는 눈감아 버린다. 이는 극단화되는 현대성의 자동 파괴로 이어진다.

---

158) (옮긴이 주) 《니체 전집》 13권, 앞의 책, 538쪽 참조.

몸(살아 있는, 총체적인 것으로서)은 욕망, 감각, 가치 사이, 나아가 움직임과 활동과 대상 사이의 접합(jonction)을 만들어 낸다. 이 접합은 놀이, 춤, 음악을 통해 작동한다. 연극은 어떤가? 과거에는 그랬다. 그러나 현대 연극, 담론, 스펙터클은 고대 연극의 미덕을 이제 더 이상 갖고 있지 않다. 이것은 담론에 내재된 '기표-기의'의 단절을 보여준다. 몸, 말, 목소리, 행위가 서로 연결되지 않는 한 단절은 악화되고, 기호의 두 요소는 각각 분리되어 표류하게 된다.

'주체'란 무엇인가? 이 철학적인 질문—그것은 여러 철학자들로부터 나온 질문이지만 하나의 답변을 요구한다—은 이중화된다. 한편으로 공격해야 하고 해체해야 하는 추상적 주체가 있다. 이 주체는 더 이상 (사유하는 실체로서) 합리적인 데카르트적 주체도, 지식의 주체, 즉 범주들을 간직한 칸트적 주체도 아니다. 언어학자들의 '주체'도 아니다. 이제 이것은 **권력의 주체**, 즉 성부와 가부장, 재산과 상속과 소유, 초자아와 과잉된 남성성 등에 투자[159]하고, 그것들로 위장하며, 그것들을 신화화하는 주체다. 그 정점에는 절대적, 추상적 주체인 국가가 있다. 국가는 힘

159) (옮긴이 주) 정신분석학적 맥락에서 리비도의 투여를 뜻한다.

이 미약한 '권력의 주체들'과 다른 이들을 복종하게 만드는 자의 경험적 존재를 신성시한다. 이 영역에서 신화는 허구에 의해서 완성된다. 생각하는 '나'는 시민(정치적 · 사법적 허구)으로서 '나'와 증인이자 법관(도덕적 허구로서)으로서 '나', 그리고 담론(문법적 허구로서) 속의 '나' 등으로 연결된다. 이 경험적 존재는 자기만의 기능적 영역이 있다. 그것은 관계적이고, 상황적이고, 기능적인 담론 안에서 작동한다. 이것들을 해체하는 것은 즐거울 수 있으며 차라투스트라는 그 기쁨을 포기하지 않는다. 하지만 고귀한 인간(l'Homme supérieur)[160]을 포함해서 모든 '주체'는 존재의 어려움과 정체성 상실에 대해서 끊임없이 불평하며, 이는 '주체'의 불행과 불만에 대한 장황한 열거로 이어진다.

권력의 주체와 타협 불가능한 근본적 대립을 형성하는 것은 **구체적 주체(sujet concret)**인 몸이다. 이 몸(단지 쾌락이나 에로틱한 유희로서의 몸, 잘못 해석된 몸도 아니며 분석적 사고에서 회피되는 몸도 아닌)은 예상 밖의 보물을 숨기고 있다. 몸이 추상적인 것에 대립하는 방식은 '야만적인 것'과 세련된 것(이 역시 몸에 대한 광범한 비난과

160) (옮긴이 주) 이들은 기성도덕과 가치 체계를 비판하지만 새로운 가치를 창조하지는 못한다.

요구에 대한 잘못된 해석이다)의 대립과 다르다. 몸은 설령 발가벗겨졌을지언정 단순히 스캔들의 대상으로 전락하지 않는다(현대성은 몸의 부재 앞에서 아연실색해서 《즐거운 학문》과 《차라투스트라는 이렇게 말했다》를 제대로 읽고 이해하지도 못한 채 성급하게 온갖 회피책과 그릇된 탈출을 시도했다). 몸의 일부분인 성은 남성적이든 아니든, 평가, 판단, 가치를 설정할 권리가 없다. 성은 노동(또는 지식)보다 더할 것도, 덜할 것도 없다. 어쩌면 성감대를 특정 신체 기관, 신체 부위로 한정하는 것은 잘못된 것 아닐까? 비신체 혹은 신체 외부의 기호를 사용하기 이전에는 몸 전체가 성적인 것(창조적 에로스의 현존)을 느낄 수 있지 않은가?

그렇다면 몸에 새로운 위상을 정해야 하는 것인가? 이런 식으로 질문을 제기하는 방식은 순진하다. 어떤 위상을 말하는 것인가? 철학적인 위상인가? 철학은 물질성(corporéité)이라는 본질을 넘어설 수 없다. 이론적 위상? 인식론적 위상? 로고스는 순수 이론(이론적 인간), 인식론과 더불어 몸의 축출을 정당화하는 경향이 있다.

몸에 '위상'을 부여하는 것만으로는 노동 분업에 의한 몸의 파편화, 즉 기능(몸짓, 리듬)의 국소화와 분리를 거부하기에 역부족이다. **모자이크화된 몸**은 모자이크화된 지식의 대응물이자 그 대위법이며, 이렇게 조각된 몸은 이론적이든 사회적이든 '위상'이 바뀌더라도 그 자체의 완전성을 되찾을 수 없다.

정신분석학은 전문화된 학문이면서 실천적(임상적)인 학문으로서 몸의 위상을 결정지으려고 했다. 이것은 실패였다! 정신분석학자들이 파악한 몸의 시공간은 말하기 전후의 침묵으로, (충동과 담론 사이의) 간극에서 비롯되는 필멸하는 차이로 축소되어 또 다른 (파국적인) 간극을 만들어 낸다. 말하자면 이것은 죽음의 시공간이다. 니체의 주장인 데카당스의 변형, 즉 허무주의를 삶에 대한, 그러니까 총체적인 것으로서 몸에 대한 '긍정(oui)'으로 변형하는 것에 정신분석학 이상으로 대립되는 것은 없다. 몸의 총체성은 잠재성과 현행성의 측면에서 동시적으로 드러난다. 그러나 정신분석학자에게 몸은 총체성으로서 존재하는 것이 아니다. 그에 따르면 많은 경우 몸은 유기적 질서 및 충동적 질서로 이중화된다. 정신분석학자들과 몇몇 다른 이들에게 몸의 통일성은 오직 상징적이고 상상적인 것으로만 재현된다. 그래서 시니피앙들의 집합지로서 '주체'의 몸과 '타자'의 몸은 결코 서로 합류하지 않는다. 언어 표현에 의해 원리적으로 분할되고, 성별에 의해 파편화되는 신체는 죽음에 도취되는 황홀경[탈존](ex-tase mortelle)에 자기를 맡길 때에만 통일성을 회복할 수 있다.[161] 일부 분석가들에 따르면 거울(물질적 · 감각적 효과, 그러니까 직접성 속에서 즉각적이고 국지적인 효과) 만이 성별과 담론에 의해 파편화된 주체의 비분할성(non-morcellement)을 드러낸다. 총체적인 것으로서 몸('고유한' 몸, 전유의 장소이자 '주체')은 처음에는 어머니의 몸에서만 나타나며, 나중에는 '타자'와 동일시하는 환상 속에서만 나타난다. 총체적인 몸 이미지가 나타내는 것은 불완전성에서 비롯되는, 환상적 충만함이다. 그것은 죽음 충동에 의해 균열될 운명에 있다. 모든 대상들 가운데서도 특권적인 대상인 팔루스는 (남성적) 주체가 존재에서 소유로 나아가게 한다. 비록 근본적인 단절로서 법, 아버지의 법, 곧 로고스의 원천으로서 법이 그것을 방해함에도 불구하고 말이다. 결국에는 이르든 늦든, 몸의 움직임을 처형하는(죽이는) 아버지의 말, 곧 거세가 개입한다. 이처럼 팔루스는 법과 로고스의 만남의 장소이자 그것들의 분리가 일어나는 장소이며, 화해에 대한 허망한 환상을 불러일으킨다.

니체는 전복, 반란, 몸의 혁명을 외친다. 위상이라고? 아니다. 니체의 텍스트 속에 몸은 언어가 그렇듯이, 다양한 수준에서 묘사되고 기록될 뿐이다. 우선적으로, 몸은

161) 프로이트, 《꿈의 해석》 7장, 5쪽 참조.

경험적인 것, 몸-대상이다. 이 수준에서 몸은 스스로를 과학적으로, 일상적으로 연구하고 분석한다. 여기에는 기능적인 측면, 관계적인 측면, 상황적인 측면이 포함된다. 다음으로, 사회적-정치적 수준에서 몸은 몸-주체가 되는데, 그것은 판단과 '가치'의 기반이며, 때때로 부정적(비난, 평가절하)인 가치와 은유화(이것은 독해 가능성, 시각화 가능성의 우선권이 증대되는 언어로 이루어진다)의 기반이 되기도 한다. 몸이 생산을 지배하는 것은 아니지만, 우리는 몸과 더불어서, 몸을 위해서 생산한다. 이 수준에서 몸은 지식의 위반자가 아닌 전달자이자, 사회적 관계를 재생산하는 역할을 수행한다. 비록 이것들이 몸에 부담을 주긴 하지만 말이다. 마지막으로 **시적** 수준에서 몸은 분리의 시련을 거치면서 통일성을 회복한다. **시적 언어**(이 언어는 신의 말처럼 본질상 참된 시원적인 말 혹은 궁극적인 말과는 다르다)가 추구하는 것은 몸의 통일성과 그 비옥함을 전면화하는 것이다. 시적 언어는 죽음('죽음 충동')에 굴하지 않고 비극을 통해서 그것을 축출한다. 시적 언어는 담론과 글쓰기의 위험을 넘어선다. 이는 시적 언어가 몸의 리듬을 통해서, 몸처럼 반복되고 차이 나는 것을 통해서 시를 음악으로 만들기 때문이다.

니체의 의하면 **시적 실천**은 **전유**(l'appropropriation)를 의미한다. 그것은 가까이 있으면서 동시에 멀리 있는 가능성이다. 헤겔에게 전유의 개념은 사변적으로 인식되었고(국가 안에서 이념의 회복으로서), 마르크스에게서는 어중간한 상태로 머물러 있었다. 시인 니체는 욕망과 몸의 전유 가능성이 도달할 지평선을 열어 보인다. 우선 개인이 자신의 몸을 고유하게 전유하며, 나아가 인간종이 총체적인 것으로서 [통합된] 몸과 자연을 전유하며, 이어서 다양한 활동을 정복하고, 공간을 전유하는 데까지 도달한다. 이러한 시적 실천은 상징적인 것과 상상적인 것을 배제하지 않지만, 그것들에만 매달리지도 않는다. 이것은 이데올로기를 배제한다. 무엇보다도 철학적으로 승인된 영혼과 몸, 정신과 물질 사이의 분리를 배제한다(즉 현실적인 것과 합리적인 것의 동일성을 물신화한 헤겔의 방식을 따르지 않는다).

시적 실천은 음악과 춤, 삶과 활력의 작품 속에서 드러난다. '영광스러운 몸이라고?' 그렇지 않다. 시적 실천이 말하는 몸은 구체적인 몸이다. 그것은 현전이자 현전의 장소인 동시에, 총체성으로 드러나는 잠재성으로서의 몸이다.

16. 시를 통해서 니체는 유럽중심적 로고스에 몇몇 폭발력 있는 주장들을 도입한다. 이 주장들은 진실인가? 거짓인가? 진실이면서 거짓인가? 의미로 가득 차 있는가? 터무

니없는 것인가? 이러한 용어나 범주가 더 이상 적절한 것은 아니더라도, 우리가 니체의 주장들을 드러내는 데에는 활용될 수 있다. 무엇보다도 니체의 주장들은 유한성과 연관된다. 철학에서, 그리고 헤겔에게, 반성이란 유한한 것, 즉 사물들, 생명들, 인간적 현실들에 대한 의식이다. 헤겔주의에서 국가들 사이의 투쟁과 전쟁은 각 계기, 각 개인이 자신의 유한성을 겪으면서 그 유한성을 깨닫게 만들며, 국가는 민족들의 이러한 투쟁 속에서도 살아남아 홀로 자기 자신을 내세운다. 이념과 국가의 바깥에 있는 무한은 헤겔에게 그저 (무제한적인, 비결정적인) '악무한'일 뿐이다.

니체에게 '우리'는 무한한 것이다. 스피노자에게서 그런 것처럼 말이다.[162] 이 무한함은 사고, 지식, 의식에서 오는 것인가? 아니다. 그것은 몸으로부터 온다. 각각의 몸, 즉 우리의 몸(당신의 몸, 나의 몸)은 시간과 공간 속에 있으므로 무한성을 포함한다. 무한한 공간(우주)과 무한한 시간(세계)은 서로를 내포하며, 각각의 방식으로 무한한 세계(l'universe infini)를 굴절시킨다. 살아 있는 몸은

---

162) 1881년 7월 30일의 편지를 참고할 것. 《힘에의 의지》(이 제목은 잘못 붙여진 것임을 잊지 말자)의 텍스트 속 우주적 에너지, 시간, 공간에 대한 분석이 이러한 평가와 일치한다.

대우주(세포, 분자, 원자와의 관계)인 동시에 소우주(은하와의 관계)다. 무한한 것은 유한한 것에 앞서서, 어디에라도 '존재'한다. 지상의 살아 있는 작은 생명체들과 태양 사이에는 질적 · 양적 차이가 있지만, 각각은 우주적인 에너지를 끌어들이고 방출한다. 시간과 공간은 가장 크게 차이 나는 것이지만, 서로 분리될 수 없으며 모든 장소, 모든 순간([분리 불가능하고, 동시적으로 작동한다는 점에서] 헤겔의 용어를 약간 뒤틀어 말하자면 이것들은 '계기'라고 할 수 있다!)에 만난다. 음악은 (유한한) 언어가 끝내 공표하지 못하는 이 무한함, 육체와 욕망과 침묵의 무한함을 표현한다. 모든 장소와 순간은 공간과 시간의 총체성과 결부되어 있다. 가령 살아 있는 몸(당신의 몸, 나의 몸)의 기원은 이중적이면서 파악하기 어려운 기원을 지니고 있다. 그 기원은 한편으로 생식세포(혈통으로서 모계-부계)이며 또 한편으로는 우주 전체로서 공간, 모든 생명체, 지구다. 원인과 결과로 할당되는 각 계열은 어둠 속에서 사라지고 기원에 대한 존재론적인 향수가 나타난다. 각각의 계열은 서로 연결되는데, 발생학적 계보가 우주적인 계보로 변하기도 하고, 그 반대 방향으로 변하기도 한다. 즉 이해될 수 있는 것과 파악 불가능한 것이 서로 연결된다. 파악할 수 없는 것은 깊은 구렁, 깊이, 카오스다. 이해 가능한 표면, 피부, 시간과 공간상의 찰나적인 마주침(장소-

순간)이다. '우리' 안에, 몸 안에는 한편으로 높이, 공간이 있고, 다른 한편으로 심연, 시간이 있다….

그러므로 '무한성'이야말로 최초의, 기원적인 사실이다. 오히려 설명해야 하는 것은 유한이 어디에서 비롯되는가다. 무한한 시간과 무한한 공간에 끝은 존재하지 않는다….[163] 유한과 무한은 '현존재'에게 단지 관점의 차이로 인식될 사안에 불가한가? 그보다는 유한에 대한 무한의 시적 우선성, 즉 기쁨의 우위를 확정하는 것이 더 낫다. '상식'적 의미의 유한, 구별되고 분리된 것들, 그에 따라 셀 수 있고 사용할 수 있는 것들은 외양에 지나지 않는다. 철학자들은 이것을 이해했으며, 사물들의 통일성에 대한 확신을 '변증법적'인 것으로 명명했다. 그러나 그들은 이 발견을 궁극적인 결론으로 밀어붙이지 못했다. 유한한 것은 단지 외관이지만, 이 외관은 '실재'와 분리되지 않는다. 우주적 에너지는 셀 수 없는 중심들, 진원들에 집중되며, 장소와 순간에 스스로를 분산시키며, 셀 수 없는 현상들로 다양화된다. 중심과 진원에 따라 상대적인 현상들의 반복

---

163) 《철학자의 책》 단편 120[(옮긴이 주) 이 대목의 원문은 "Dans le temps infini et dans l'espace infini il n'y a pas de fins"로 이는 '무한한 시간과 무한한 공간에 끝은 없다'로 번역될 수 있다. 여기서 르페브르는 'fins'를 'fini'로 바꾸어 읽고 있다. 니체, 《철학자의 책 : 이론 연구》, 마리 에티 옮김, 앞의 책, p.84].

속에서도 에너지의 발산은 모두 상이하다. 그러나 공간과 시간은 오직 '지금, 여기'의 마주침을 통해서 식별된다. 몸은 무한과 유한의 끊임없는 생성 가운데 자리한 영속적인 통일성의 자리다. 몸은 무한을 담지하지만, 몸 그 자체는 유한한 것이다.

그러므로 필연은 우연만큼이나 참이면서 동시에 거짓이며, 마찬가지로 반복은 차이만큼이나 참이면서 동시에 거짓이다. (범접할 수 없는) 우주적 층위에서는 시공간의 가공할 만한 필연성이 군림한다. 그러나 우주적[보편적] 에너지는 끊임없이 새로운 섬광으로 갱신되면서 발산되는 것이기에 결국 차이가 지배하게 된다. 우리들 인간의 층위에서는 우연과 반복이 지배한다. 모든 것은 시간과 공간 속에서 분석되고, 원인과 결과로 분해되는데 ─ 그럼에도 원인과 결과의 어떤 계열로도 충분하지 않으며, 하나의 방식으로 고립되지 않는다 ─ 마찬가지로 모든 '신체'는 우연의 결합으로 분해된다. '자아'는 우연한 만남으로부터 탄생하며, 그 '자아'가 계속해서 살아 있다는 것은 운의 문제다. 충돌, 바이러스, 돌연한 바람이 그것을 앗아 갈 수도 있다. 몇몇 다른 우연들의 영향은 말할 것도 없다. 유한성 속에서 우연과 반복은 함께 간다. 우연들의 결합은 항상 다시 나타날 수 있다. 만약 시간을 역사적 시간, 즉 딱딱하고 차가운 선, 과거에서 미래로 뻗어 있는 실과 같은 형태로 떠올렸다면, 나는 그것을 순환과 선적인 연쇄가 반복되는 형상으로 복원해야만 한다. [고착화된] 종(種)과 [성장하는] 유년기, 삶과 죽음, 잠과 깨어남, 일과 휴식, 폭력과 평화, 모험과 사색 등에서 나타나는 연쇄적인 구조로 말이다. 우연과 그 결합을 통해 실현되는 부분적인 결정들, 그리고 특수성의 반복은 다시금 영원회귀의 가공할 만한 이미지-개념(비전)을 부각한다.[164] 생성(공간-시간)으로부터 출현하며, 우연(행운과 불운)에 파묻혀 있는 몸은 시적 비전과 실천의 중심에 놓인다. 즉 몸은 구체적 이성(raison concrète)이자 중심(centre)이며 참조점이 된다. 몸은 안정적이지 않으며, 포착 불가능한 생성에 헌신하지도 않지만, 하나의 생성, 즉 자기 자신의 생산자이며, 나아가 마주침들에 개방된다. 이 마주침들 속에서 의지는 자기 이익에 따라 전환하고 회피하는 법을 배워 나간다.

17. '동일성[정체성]의 상실?' 그것이 이 상황의 비극이다. 소외? 소외 효과라고? 아니다. 그런 판단으로는 더 이상 충분하지 않다. '동일성의 상실'은 변신의 조건이지만 그

---

164) 타자 치는 원숭이에 대한 현대적 신화는 이 가설에 대한 (의심스러운) 예증과 논거일 수 있다. 무작위로 타자를 치는 원숭이는 시간이 지난 다음 《인간 희극》을 써 낼 수 있다. 등등.

조건은 거부될 수도 있다. 만일 거부된다면 동일성, 즉 반복이 우위를 점하게 된다. '동일성의 상실'이 변신을 향한, 그러니까 차이를 향한 위험한 여정으로 수용된다면 디오니소스적 도취가 대두된다. 가장 고양된 수준에서 삶은 다음과 같은 두 가지 과정 속에서 전개된다. 먼저, 고립된 상황에서의 디오니소스적 도취는 무법자의 모험, 약물, 에로티시즘, 순간과 광기에 대한 포기, 나아가 자아의 붕괴와 초월의 추구로 나아간다.[165] 다음으로, 기억과 인식은 변신 자체를 저지할 위험을 무릅쓰면서도 그것을 어느 정도 늦추고 제어한다. 즉 아폴론적인 것을 분리해 내는 것은 또 다른 해체의 위험을 내포한다. 말하자면, 두 힘－디오니소스와 아폴론－의 대조와 충돌 속에서의 통일이야말로 니체가 선택한 길이다.

18. 우리는 헤겔 철학과 니체의 메타철학적 사유 사이에서 나타나는 원리적인 적대성을 가능한 한 급진적인 것으로 드러낼 수 있다. 이어서 마르크스의 (혁명적) 기획과 니체의 (전복적) 전망 사이의 교차점을 그려 내는 것은 즐거운 일일 것이다. 둘의 공통점은 헤겔에 대립한다는 것

165) 바타유의 전 작품을 참조할 것.

이며, 이는 다음과 같이 정리된다.

a) 무신론, 그리고 자연(질료, 에너지)이 모든 존재의 기초라는 관념.

b) 헤겔의 정치적 변신론(théodicée)에 대한 비판, 즉 국가 및 국가 내에서 역사, 과거, '계기들' 및 사회적 관계의 재생산에 대한 비판.

c) 언어(논리적인 것과 언어에 묶인 로고스)에 대한 비판과 그에 따른 헤겔적 역사성에 대한 비판.

d) 유대-그리스도교에 대한 거부(이는 마르크스의 《유태인 문제》와 니체의 모든 저작, 특히 《선악을 넘어서》에서 잘 나타난다).

e) 감각과 신체가 이론적 대상이 된다는 관념(《1844년의 수고》와 《차라투스트라는 이렇게 말했다》, 그리고 《즐거운 학문》을 빼놓을 수 없다. 이는 모든 체계에 대한 거부로 이어진다)

f) 과거와 극복된 것의 '계기들'을 여전히 유지하면서도 총체적으로 새로운 '현실'을 생산(창조)하려는 기획과 전망. 이것은 현재적인 질서의 파괴(니체에서 더 강하게 드러나며, 마르스크에게서는 덜 폭력적으로 제시된다)를 내포한다.

g) 본질적인 것, 즉 '창조적인 것'은 경제학적인 것, 정치적인 것에서 나타나지 않는다는 관념. 그에 따라 마르

크스는 '사회적' **관계**를, 니체는 처음에 '인간적'으로, 나중에는 '초인적'이라고 부른 **관계**[초인의 존재 방식에 따른 관계]를 선호하게 되며, 이는 국가와 정치적인 것에 대한 거부로 이어진다.

이상과 같은 공통점 이후에 다음과 같은 차이점이 제시될 수 있다.

a) 니체에게 '신은 죽었다'라는 언명은 무신론과 자연주의보다 훨씬 더 광범위한 비극적 반향을 지닌다는 점.

b) 니체에게 '합리성'—헤겔에게는 역사적 합리성, 마르크스에게는 산업적 합리성—은 제한적일 뿐 아니라 환상적인 것이라는 점. 그러므로 니체에게는 철학자들의 진리 역시 환상이라는 점.

c) 신체와 그 활동에서 비롯되고, 관계(연결)를 산출한다는 공통점에도 불구하고 (포이에시스와 변신을 통한) 니체의 **창조**와 마르크스의 **생산**이 서로 다르다는 점.

d) 니체에게 **문명**(civilisation)은 사회보다도 더 중요하며, 국가에 비해서는 무한히 더 중요한 개념이라는 점. 즉 니체에게 문명은 개인과 개인의 행위, 평가(가치)와 가치들의 위계를 통해 결정되며, 이는 [양적] 성장과 사회 발전의 수준, 생산력(양적 · 질적)보다 훨씬 더 큰 의미를 지닌다는 점.

e) 니체는 마르크스가 여전히 고수하는 지식이 아니라

하나의 경로로서 시와 예술, 즉 생산물 너머의 작품을 강조한다는 점.

f) 니체에게 극복(dépassement)은 지양(Aufheben)이라기보다 파괴(Überwinden)를 함축한다는 점. 이는 앞서 언급했듯, 결과를 예단할 수 없는, 비극과 급진적인 전복을 내포함. 이런 관점에서 과거란 가능성을 위한 자원, 성숙, 준비가 아니라 데카당스로 간주되는데, 곧 니체가 말하는 과거, 현재, 가능성 사이의 단절은 마르크스에게서 나타난 국가와의 정치적 단절보다 훨씬 더 깊고 근본적임.

그러므로 니체에게는 이행이 없다. 대신 위험한 도약이 있을 뿐이다. 과거, 실제적인 것(유럽, 자본주의와 부르주아지), 즉 현존하는 세계는 스스로 파괴된다. 이와 달리 마르크스와 마르크스주의자는 세계가 파국을 맞이하고 할복자살하는(hara-kiri, [일본어 腹切り]) 양상을 피할 수 있게 도우려 한다. 그러나 니체와 니체주의자에게 데카당스는 스스로 죽게 만드는 편이 더 낫다.

사람들은 니체의 작품을 마르크스의 '좌파적 비판'이 겨눈 현실(서양과 서구화된 세계, 유럽적 로고스, 부르주아와 자본주의, 생산력주의와 경제주의 등)에 대한 '우파적 비판'으로 보기도 한다. 그러나 이것은 지나친 단순화다! 마르크스와 그의 저작이 그 정점(절정)이 도달한 지 몇

년 뒤 니체는 그의 초창기에 환멸이 몰려오는 순간을 맞이했다. 당시에 마르크스는 이미 쇠퇴하고 있었고, 니체는 그 결과를 받아들였다. 낡은 '세계'는 지속되었고 갱신은 지연되고 있었다. 어째서인가? 헤겔적 모델에 따라 스스로 공고해지고, 경화되어 가는 '현실'을 어떻게 공격할 것인가?

마르크스의 '문제화 방식(problématisme)'과 '아포리즘적' 성격은 니체의 '문제틀(problématique)'을 통해 반복된다고 볼 수 있다. 계급투쟁을 통해 계급 사회를 깨뜨린다고? 노동 계급이 스스로를 부정함으로써 스스로를 극복하도록 돕는다고? 정치적 장치들을 폭발시킨 다음에 국가를 파괴한다고? 그렇다. 그것이 가능하다면, 바로 그렇게 할 것이다. 그러나 이 지점에서 마르크스가 좀처럼 논의하지 않았고, 공식적인 마르크스주의 사유가 회피했던, **권력(pouvoir)**의 문제가 제기된다.[166] 니체는 권력의 문제를 전적으로, 환하게 드러냈다. 니체는 사람들이 지각하지 못하고, 알지 못하는 곳에서 일어나는 억압, 착취, 굴욕을 낳는 힘 관계 및 권력을 알아챘다. 가장 끔찍한 귀결은 인간이 너무 자주 권력을 가진 이들을 사랑하고 숭배하며,

---

166) 스탈린주의가 그렇다. 최소한 우리가 분명히 할 수 있는 것은 스탈린주의가 문제를 면피해 왔고 앞으로도 그럴 것이라는 점이다.

또한 이들을 모방하고, 동일시하면서 굴욕 속에서 기쁨을 느낀다는 것이다….

로고스(철학적으로는 데카르트와 헤겔이 재검토한 그리스-로마적, 유대-그리스도교적 로고스, 정치적으로는 현대 국가에서 정교화된)는 생산 관계의 재생산이라는 단일한 목표를 겨냥하는, 복잡한 도구가 된다. 마르크스는 이러한 상황과 문제 앞에서 멈춰 섰다. 그러나 니체는 국가에 대한 마르크스의 비판(마르크스가 그림자 속에 던져 둔 비판)에서 한 걸음 더 나아가, 권력에 대한 급진적 비판을 제기했다.

아마도 신니체주의는 빠르게 엘리트주의화될 것이다. 니체적 체계 혹은 유사 니체적 체계는 국가에 봉사하는 낡은 철학을 구제하는데, 그것은 곧 권력의 게임 속으로 들어가는 것을 뜻한다. 그 때문에 니체의 사고는 모호함, 즉 그림자의 왕국에서 빠져나오지 못한다. 오늘날(1973) 니체의 영향력 아래에서 엘리트는 자본주의에 대해, 부르주아에 대해, 재생산에 대해, 마르크스에 대해 말하는 것이 고상하지 않으며, 시대착오적이라고 할 것이다. 니체, 아니 니체주의의 시뮬라시옹은 이런 식으로 복구된다. 그렇지만 시적 실천에 대한 이해는 엘리트에 의한 이런 식의 복구에 반박하고, 그것을 막아선다. 왜냐하면 니체는 쇠퇴(데카당스)하는 서구적 가치의 종언과 몸과 의식—즉 몸과 언어, 인식과 체험, 진지함과 경박함, 지식과 비지식, 나아가 삶과 죽음—사이의 새로운 관계의 시작을 공표했기 때문이다.

마르크스적 지향은 오히려 피해를 제한하려고 하지만 니체적 지향은 파국을 요청한다. 그것은 어떤 파국인가? 종언들의 종언으로서의 파국이다(그것은 다양한 죽음을 뜻한다. 신, '인간', 역사, 자본주의, 국가, 나아가서 인간종, 심지어 '지구'에 존재하는 모든 생명체의 죽음까지도).

결론과 후기

1. 누구를 선택할 것인가? 다소간에 순진하면서 조잡한 이 질문은 누구나 선택해야만 하고 이미 선택을 끝낸 이들이 있다고 단정한다. 그러나 그 선택—안내자, 방향, 지평에 관한 선택—은 바뀔 수 있다. 각 관점을 요약해 보자.

a) 헤겔? 의미와 현실은 서로 동일해질 때까지 조화를 이루며, 이미 달성된 것, 즉 역사적 과거, 획득된 지식에서 비롯된다. 그러니까 헤겔에게는 이것이 진리다. 역사라고? 역사는 이미 끝났다.

헤겔의 체계는 사람들을 붙잡아 끄는 견고한 사유다. 현실의 모델이자 정합적인 담론의 모범으로서, 이 체계는 미메시스를 낳는다. 여기에 매달리는 사람에 따라서, 누군가는 편안하거나 매혹적으로 느낄 수도 있다. 설령 자각하지 못하더라도, 일관성과 질서를 최고로 여기는 체계의 정신을 지녔다면 그는 헤겔주의자다.

헤겔주의, 그것은 하나의 안정적인 블록, 받아들이든 거부하든 하나의 확실성이다. 정교하고 교훈적이며 정치적인 그의 연구에 무엇을 더 보탤 수 있을까? 세부 사항, 조정, 사소한 개선만으로도 기성 질서, 즉 주어진 공간에 동화되어 살아가는 데 맞춰진 대다수 사람들은 만족한다. 그 속에는 차이도, 개방성도 없다…!

주목할 것은 헤겔의 시대에 그의 철학적-정치적 체계에는 유토피아적 면모가 있었다는 점이다. 그의 논리적 실재론은 사회적 생산의 모든 특성(계기 또는 구성 요소)들을 조화로운 전체, 통시적이고(시간 안에서) 동시적인(역사적 시간의 종언) 합목적성에 종속시킨다. 무슨 권리로 그렇게 하는가? 헤겔은 자신의 구조물을 정당화하기 위해, 아직 미완성인 프랑스 국가(군주제, 다음은 자코뱅, 다음은 나폴레옹)와 여전히 현대 국가의 요람 상태에 있었던 프로이센 국가에 대한 분석을 거쳤을 뿐이다. 이러한 현실로부터 헤겔은 본질적인 특징들을 포착했을 것이다. 그러니까 헤겔은 이 특징들을 강조하면서 19세기 초반에 실정적인 유토피아(푸리에, 생시몽 같은 사회주의자들의 부정적 유토피아와 반대되는)로 여겨지는 국가 개념을 주창했다. 한 세기 반이 지나고 국가 유토피아는 부정적 유토피아(푸리에), 기술적 유토피아(생시몽) 같은 여타의 유토피아와 대립을 지속하면서, 세계적 층위에서 실제로 현실화되었다. 이것은 생각할 거리를 준다. 헤겔 철학이 유토피아의 교리(doctrine)를 모델로 이행시키는 데 성공한 유일한 철학이라는 점은, 그에게 영예를 부여할 중대한, 아니 결정적인 이유가 되지 않을까…?

b) 마르크스? 그 의미는 미래에 드러날 것이다. 마르크스는 실재와 가능성을 결합하고자 했다. 곧 과거(역사)에 적용된 과학과 미래를 향한 개방성을 결합하고자 했다. 그것은 메시아주의나 확립되어 있는 지식 체계도 아니다.

마르크스주의 사유는 가능성의 의미를 전제하고, 자연주의적 논증을 통해 이를 뒷받침한다. 그에 따르면 존재하는 모든 것은 태어나, 성장하고, 소멸한다. 이 원리는 사회에 적용된다. [여기에서 나타나는 역설과] 유사한 역설이 있다. 마르크스는 탄생을 묘사하고, 실제적인 것을 분석하며, **구체적 추상**, 즉 상품과 화폐의 생성을 설명한다. 이 설명은 자연 법칙으로서 재화(생산물)의 교환 법칙을 제시하는 가운데 이루어지며, 이를 통해 마르크스는 이미 달성된 견고한 현실을 돌파할 유일한 희망, 유일한 기회를 제시한다. 무엇이 이 가능성의 경로를 여는가? 무엇이 미래를 향한 길을 트는가? 바로 노동과 노동자다. 이 길은 다양한 종언들, 말하자면 부르주아 사회의 종언, 국가의 종언, 역사의 종언 등으로 나타난다. 그러므로 가능성이란 무제한적이면서도 동시에 이 종언들(목적성과 방향)에 의해 규정된다. 양화(사회의 실제적 요소들의 끝없는 성장, 구성적 '계기들'의 규모 증가)로 돌진하는 것과는 거리가 먼 노동 계급과 그 활동은 질적인 것으로의 경로로 나아간다. 그 경로는 과거를 거부하고 새로운 질, 곧 점점 '풍요로워지는' 관계를 생산하고 창조한다. 다양한 종언들이란 결국 이 경로로의 (질적) 도약일 뿐이다. '현실'에 대한 분석은 양적인 것과 질적인 것을 구별하고, (총체적) 혁명을 주저 없이 질적인 것으로 간주한다. 총체적 혁명은 여러 시기와 계기로 나뉘지만, 프롤레타리아 혁명과 그 능동적 전개를 출발점으로 삼는다. 이것은 자유로우면서 동시에 규정된(déterminé) 방식이다. 그것은 자유가 기존의 결정론을 인식하는 것이 아니라 규정들을 발전시키고, 그것들을 다양화(차이화)하는 것이기 때문이다. 즉 미래로의 개방과 그 경로상의 표지들은 이러한 규정들, 경향들로 이해되어야 한다. 이것은 결정론(déterminisimes)이 아니다.

c) 니체? 마르크스와 마찬가지로 시인 니체는 몇몇 기이한 변신들을 폭로하고 비난했는데, 그 가운데서도 우선적으로 역사적 귀결들을 형이상학적 진리로 바꾸고, 몸을 이미지와 관념으로 바꾸는 변신을 폭로했다. 즉 니체에게 역사는 실격 처리된다. 의미는 과거에서도, 미래에서도 오지 않는다. 의미를 어디에서 찾을 것인가? 그것은 어디에서 발견되는가? 바로 현재다. '가치'는 현재에 적용되어 현재를 가치화함으로써 그것에 의미를 부여한다. 신앙의 가치, 신학의 가치, 믿음의 가치, 도덕의 '가치'도 그렇다. 역사의 '가치'조차도! 그런데 이 가치들, 이 의미들은 모두가 죽어 없어진다. 그렇다면 오늘날 가치와 의미는 어디에서 올 수 있는가? 체험에 밀착함으로써. 이는 단순히 체험을 수용하는 것이 아니라 그것을 [현재에 대한] 밀착의 힘으로 변형하고, 살아 있게 만드는 것이다. 이를 통해 현재에 대한 파악은 그 깊이를 드러내게 되며, 그것은 더 이

상 기원과 종언, 그러니까 신학적이고 철학적인 것에 얽매이지 않게 된다. 한편 몸은 그동안 제대로 알려지지 않았고 이해되지 못했음이 드러난다. 스피노자를 제외하고, 소크라테스 이래로 철학자들은 의미와 가치를 지닌 몸과 그 풍부함, 그 기관들을 무시해 왔다. 스피노자만이 인식된 것, 지각된 것, 체험된 것의 정체를 파악했다. 몸은 질료들로 가득 찬 하나의 공간에 그치지 않는다. 몸은 무한한 것, 영원한 것을 지닌다. 스피노자 외의 다른 철학자들은 몸을 무시하고, 은유를 통해 순수한 '독해 가능성－시각화 가능성'이라는 추상적 차원으로 나아갔다.

그렇다면 초인이란 무엇인가? 초인을 하나의 투사물 혹은 기획으로, 즉 관습적 의미의 희망이나 의지로 정의하는 것은 초인을 미학적인 것 혹은 윤리적인 것으로 변형하는 철학적 오류다. 헤겔이 모순을 감수하면서도 창조적 의식을 '존재'로 파악하고, 창조적 의식이 '절대적 차이에 스스로를 맡겨야 한다'고 제안했을 때,[167] 그는 니체의 논지를 선취하고 있다. 초인은 현재에 대한 밀착 외에 다른

167) 《정신현상학》 2권[(옮긴이 주) 한국어판 헤겔, 《정신현상학》 2권, 앞의 책, 222쪽. "마음의 순수함을 보존하기 위해서라면 자기는 현실과의 접촉을 피하고 극단적인 추상으로 치닫는 자기를 떨쳐 버리고 세계의 질서에 편승함으로써 사유를 존재로 전환하거나 절대적 구별을 받아들이거나 해야만 하겠지만"].

것이 아니다. 이로부터 신체는 그것이 담고 있는 것들, 즉 우연성과 결정론, 반복과 차이, 리듬과 이성(디오니소스와 아폴론)을 드러내 보인다. 고통은 기쁨과 쾌락만큼이나 의미가 있다. 밤은 낮보다 심오하며, 죽음, 즉 회귀(retour) 또한 삶만큼 심오하다. 철학자들보다 시인들이 이를 더 잘 이해했으며, 그것은 신학자들과는 다른 방식이었다. 밀착한다는 것은 곧 '긍정'하는 것이며 그것은 최대한의 차이—초인—를 창조한다. 그런데 이러한 긍정은 최소한의 차이, 수락, '운명애(l'amor-fati)'라는 스토아적 수용의 분위기를 풍기기도 한다. 모든 것 그리고 지금이야말로 '긍정'의 의미와 초인의 시작을 적확히 가리킨다. 여기에는 회귀라는 끔찍한 시련이 포함되어 있다. 말하자면 모든 것, 즉 전체로서 파악된 현재는 되돌아올 수 있다. 《즐거운 학문》은 영원회귀의 이러한 비전에도 좌절하지 않으며, 오히려 그 비전 속에서 스스로를 시험하고 '검증'한다.

2. 정말로 선택해야만 하는 것일까? 각 요소들을 자세히 살피면 선택의 이유는 사라지고 무너진다.

a) 헤겔? 그것은 국가이며, 국가 아닌 그 무엇도 아니며, 전적으로 국가다. 그리고 그 국가 전체는 자신들의 먹잇감에 달라붙어 있다! 그것이 현실이다. 더 정확히 말하

자면 헤겔 이래로 그것은 실현되었다. 그러나 현대의 현실적인 국가가 헤겔적 국가와 일치하는가? 헤겔적 국가는 웅대한 성의 모습을 띠고 있다. 하지만 현대 국가는 큰 부르주아 저택의 모습을 하고 있으며, 주건물 옆에 여러 부속 건물, 부티크, 아틀리에, 오물 처리장이 있다. 웅대한 스타일은 사라지고, 지평은 소실된 채 갑갑함만 남아 있어서, 훌륭하고 합리적인 건축 체계는 이제 찾을 수 없다. 헤겔 이후 관료제는 그 본질을 드러냈다. 즉 관료제는 그 역량보다 전제적이고 복잡한 수행 방식으로서 그 모습을 확연하게 드러냈다. 관료적 지식과 억압적 힘, 이것이 국가의 두 얼굴이다.

헤겔과 헤겔주의에서 지식은 승리를 거둔다. 지식과 권력은 이성과 동일시될 정도로 조화를 이룬다. 마치 삼위일체의 처음과 끝처럼 말이다. 하지만 현대 국가와 사회에서 정치인에게 필요한 것은 무엇인가? 그것은 인식이라기보다는 정보다. 그 목적은? '인간' 즉 군중과 개인을 조작하는 것이다. 이것은 헤겔에게서 보존되었던 휴머니즘적 국가의 명분을 제거한다. 과학, 더 정확히 과학들은 무엇을 할까? 그것들은 생산과 통제를 위한 장치로 자리잡는다. 지식 자체는 어떻게 되는가? 그것은 대학이라는 게토에 처박힌다. 정보를 얻기 위해서 정치인들은 그들의 서비스와 팀을 꾸린다. 이들에게 지식은 '데이터 뱅크'로

기능한다. 이제 인식은, 헤겔의 방식대로 제도적 지식으로 고착화되어 중심에서 주변으로 밀려난다. 이 지식은 물질적 영역(생산)과 관념적 영역(정치)에서 이중으로 사용된다. 지식은 단지 봉사하며, 군림하지 않는다. 요컨대 국가는 점증하는 억압적인 힘으로 지식을 활용한다.

헤겔의 개념을 받아들인다는 것은 국가에 봉사하겠다는 것을 받아들이는 것이며, 국가 지도자들, 곧 자기들만의 방식으로(퇴행적인 방식으로) 선출된 이들에게 봉사하는 것을 의미한다. 이런저런 유능한 자들, '지식인'들이 의회를 구성하고 군주들의 조언자가 된다. 단지 사람을 조종하고, 역량들을 활용하는 데에만 특출할 뿐인 이들이 정치적 우두머리가 되는 것이다. 이들은 리스크와 위험을 동반한, 현대의 군주다.

b) 마르크스? 가능성에 대한 마르크스의 가정은 검증이 어렵다. 마르크스는 자연과 사회 사이의 유사성이라는 연약한 토대 위에 서 있다. 자연이 그렇듯 사회적 존재에도 성숙하고 성장하는 결정적 지점, 쇠퇴, 죽음이 있다. 이 죽음은 징후와 증상(모순)을 분석함으로써 미리 알려지고 예고될 수 있다. 이러한 가정은 계급(상승하는 계급, 쇠퇴하는 계급), 민족, 사회, 국가의 차원에서, 그리고 국가들, 생산 양식들의 차원에서 일반화되지만, 이른바 '인식론적' 차원의 진리(획득된 지식)로 정립되지는 않는다. 마르크

스의 이론적(인식적) 기여가 어디에서, 어떻게 이루어졌는지 찾고자 한다면, 자연주의적 역사철학이 아니라, 경제학(잉여가치) 혹은 본래적 의미의 역사(사회 구성체의 기원, 특히 자본주의와 부르주아의 형성에 관한)를 살펴야 한다.

마르크스에게 철학적 합리성보다 새롭고도 우월한 합리성은 산업과 노동이라는 사회적 실천의 특정한 계기로부터 탄생한다. 그런데 이 명확하지 않은 가정은 사회적 삶을 자연적 삶과 나란히 두는 자연주의적 가정만큼이나 검증되지 않은 것이다. 마르크스가 영국 경제학자들과 헤겔을 경유해서 '부상하는' 부르주아, '가치'로서 노동 이해를 수용한 것이 맞는가? 그렇기도 하고, 아니기도 하다. 그렇다고 할 수 있는 부분은 애덤 스미스와 헤겔처럼 생산의 중요성을 인식했다는 의미에서다. 아니라고 할 수 있는 부분은 마르크스가 노동에서 기원하는 독창적인 이성(합리성)이 있다고 본 부분이다. 이는 영국 경제학자들과 헤겔에게서 명확히 제시되지 않았으며, 프랑스의 위대한 인물인 푸리에와 생시몽의 관점에서 더 강력하게 제시되었다.

그런데 극복 불가능하진 않지만, 여전히 극복되지 못한 노동 분업이 이 낙관적인 이론을 뒤흔들었다. 노동의 극복은 '다원적 기술 교육(polytechnisme)', 노동자의 다

기능성에 의해서가 아니라 자동화를 통해 이뤄진다. 마르크스는 이를 감지했지만, 오늘날 노동의 '가치'와 '의미'가 필연적으로 동요하게 되는 상황까지 예측하진 못했다.

물론 이러한 양상은 마르크스 사고에 내재된 정치적 역설에 비하면 아무것도 아니다. 그 역설이란 정치를 종식하기 위해(국가를 사멸로 이끌기 위해) 정치적 층위의 투쟁에 나서는 것을 말한다. 마르크스의 특별하고도 놀라운 이 변증법에 따르면, 노동 계급은 스스로를 부정함으로써 자신을 주장한다. 다시 말해 노동 계급은 자본주의를 초월함으로써 자신을 초월하게 된다는 것이다. 이와 같은 변증법적 주장에는 [노동 계급이 자신을 초월할 때] 그 기민함과 정체성을 상실하고 노동 계급 자체가 소멸할 위험이 내포되어 있는 것 아닐까?

c) 니체? 그 사상은 얼마나 위험천만한 것인가? 만약 초인 사상이 지금, 여기서 (신체적) 행위와 현재에 대한 환희에 사로잡힌 채 시작된다면, 그것은 우리를(나를) 어디로 이끌고 갈 것인가? 만약 [지배가 아니라 진리를 위해서] 힘에의 의지의 영역으로 들어가지 않으면서, 이 의지의 깊이와 다층성, 가면이자 위장술의 면모를 파악하는 자가 있다면, 그는 어디에 다다르게 되는가? 정해진 방향 없이 방황하게 되는가? 언어를 통해서 '현실'을 어떻게 수용할지(혹은 수용하지 않을지) 결정하지 못한 채, [자기 참조적

이지 않은] 이질성(l'hétérologique)[168]으로 나아가는가? 언어 속으로 침투한 기성의 은유를 회피하다 보면, 결국 태양과 밤, 천둥과 번개, 바다와 호수, 바람이 웅대한 예언의 여정을 이끄는 시적 자연주의로 돌아가는 위험에 봉착하는 것 아닐까?

가장 큰 위험은 스스로를 새로운 귀족, 즉 부릴 노예 없이 주인이 된 자로 여기는 '엘리트'를 만들어 내는 데 있다. 실상 니체적인 '삶'에 대해서 행해지는 이기주의, 자기중심주의 등의 비판에는 어떤 근거도 없다. 새로운 토대에서 재구성된 니체의 '주체'는 옛날의 '자아'와는 아무 관계가 없다. 그러나 엘리트주의에 대한 비판은 의미가 있다. 이 엘리트는 기성 사회 안에서 자신만의 삶의 예술을 함양하며, 글쓰기(문학)의 층위에서만 전복과 파괴를 추구할 뿐, 다른 방식으로는 이를 시도하지 않는다. 외적으로 분리되어 있고, 환상 속에서만 전복적인 이 엘리트는 담론과 글쓰기를 통해서만 실재에 영향을 미칠 수 있다. 하나의 계급이 될 수 없는 이 카스트(caste)는 행동하는 이들, 부

168) (옮긴이 주) 언어학에서 'l'hétérologique'는 어떤 언어 표현이 자기 자신을 묘사하지 않는 상황을 지시하는데, 이를 염두에 둔 대목으로 보인다. 이를테면 '세 글자'라는 표현은 그 자체로 자신을 묘사하므로 자기 참조적이라 할 수 있다. 하지만 '느리다'라는 표현은 이 표현 자체가 느린 것은 아니므로 자신을 묘사하는 것이 아니다.

나 권력을 가진 이들, 혹은 둘 모두 가진 이들에 비해 여전히 주변부에 머물러 있다. 요컨대 니체주의는 니체가 혐오했던 지성, 지식 인텔리겐치아를 공고히 할 가능성이 있다. 게토화된 공간, 회전문이 된 담론, 언어적 부정주의는 허무주의를 끝장내지 못했으며, 앞으로도 그럴 기미는 보이지 않는다.

니체적 시의 어떤 부분은 볼프람 에셴바흐의 성배 찾기(그에게 성배는 신성한 그릇이나 성스러운 잔이 아니라, 마법의 물건, 부적, 귀중한 돌로서 그것을 소유한 이에게 초인의 권력을 부여하는 것이다)를 떠오르게 한다.[169)]

우리는 니체주의에 대한 패러디와 풍자에 반박하고 대응할 필요가 있다. 오늘날의 진정한 니체주의자는 신중하면서도 빈틈없이 행동하는 사람일 것이다. 그는 너무 많이 말하지 않으며, 무엇보다도 글 쓰는 것을 자제할 것이다. 그는 살아가는 것을 추구하며, 의미로 가득한 행위를 통해 말하고자 할 것이다. 하지만 미메시스가 지배적인 역할을 하는 시대에, 니체적인 시적 실천과 그 패러디를 구별할 기준이 과연 무엇일까?

---

169) 피에르 갈로이스(P. Gallois), 《퍼시벌과 그 출발》(파리, 1972) 23~29쪽을 참조하라. 저자는 서구 상징체계와 이란 동쪽(페르시아, 그러니까 조로아스트교)의 상징체계 사이의 일치를 보여 준다.

3. 어느 성인에게 헌신할 텐가? 성자도 없고, 빛나는 인물도 없으며, 그림자 위에 빛나는 별도 없다면 어떻게 할 것인가? 그림자를 안내하는 이들, 구루, 그리오[170]들과 함께 다른 길을 찾아 나서야 할까? 그러니까 정신분석가, '현대적인' 신(新)철학자,[171] 그리고 계시받은 사람들을 따라나서야 하는가?

조악한 후자의 가설을 제외하면 남아 있는 것은 동시에 서로 대결하는 것 아닐까? 그것은 선택을 하는 것이 아니라 세 '계기들'을 모두 유지하는 것을 뜻한다. 관행적인 방식대로라면 선택이란 하나의 길을 취하되, 다른 길은 배제하는 것이다. 어째서 그래야 하는가?

이제 동시적으로 고려해 보자.

a) 헤겔, 헤겔주의? 그것들이 드러내는 현실은 이미 맞서서 행동해야만 하는 것이 되었다. 헤겔, 헤겔주의는 그 자신의 무기[변증법]로만 상대할 수 있는 장애물이자 적이

---

170) (옮긴이 주) 서아프리카의 음유 시인이자 이야기꾼을 일컫는 말이다.

171) (옮긴이 주) 베르나르 앙리 레비(Bernard-Henri Lévy), 앙드레 글룩스만(André Glucksmann) 등을 주축으로 68운동 이후 기성 좌파를 전체주의로 비판하면서 등장한 철학자 그룹을 말한다.

다. 이로부터 드러나는 것은 매혹적이면서도 심히 거슬리는 헤겔적 교리의 성격이다. 그것은 한낱 교리에 그치는 것이 아닌 앞길을 막아서는, 견딜 수 없는 현실의 진리다. 그에 따라 불가피하게도, 이론적 · 실천적 층위로 이중화된 방식으로 맞서야 한다. 한편으로는 헤겔의 교리 자체를, 다른 한편으로는 그것이 표현하는 것, 즉 국가를 겨냥해야 한다. 국가란 우리가 내버려두는 한(그러니까 우리가 헤겔과 헤겔주의자들처럼 철학적 의미의 '존재'가 국가 안에서 그 코드와 암호, 그에 대한 명확한 해명과 성취를 발견한다는 주장을 받아들이는 한) 자기 존재를 무제한적으로 보존하면서, 스스로를 옹립하고 내세우는 존재다.

b) 마르크스는 혁명적 계급(노동 계급, 이 계급이 자신을 드러내고, 스스로를 정치적 '주체'로서 주장하는 한에서)만이 실행할 수 있는 객관적인 돌파 가능성, 즉 사회적이고 정치적인 가능성을 제시한다. 이 주장이 대규모로, 결정적인 방식으로 수행된 적이 없다는 것이 사실이라 할지라도, 이러한 주장의 의미가 유지될 수 있게 하는, 새로운 관계와 객관적 차이들의 생산은 여기저기서 항상 실행되고 있다.

c) 니체는 주관적인 돌파의 가능성을 제시한다. 이는 '순수한' 행위－[존재를 긍정하는] 최초의 행위이자 궁극적인 행위－에 내재된 현재와 신체에 대한 밀착, 그리고

삶에 대한 '긍정'에 바탕을 둔 것이다. 그리고 이는 주관적 차이를 만들어 내는 시적 실천으로 이어진다.[172]

4. 이상의 대결에 대한 후기를 겸해 몇 가지 주관적 측면들을 의도적으로 제시하고자 한다. 왜 여기에서 이러한 삽입이 이루어지는가? **폭로자**로서 니체의 중요성을 드러내기 위해서다(보다 지성적인 언어로 표현하자면 니체는 의미와 가치를 밝히는 자, 즉 보편적 해독자이자 코드의 파괴자, 다른 코드의 발명이나 코드화-탈코드화의 초월을 요구하는 자다!).

이 글의 저자(나)는 열다섯 살 때쯤 그리스도교 교육의 과정에서 대단히 우연하게 니체를 접했다. 당시 번역된 것들과 몇몇 독일어 텍스트들로 말이다.

《차라투스트라는 이렇게 말했다》, 이 책은 우리가 처음 읽을 때 이미 다 읽었다고 생각하는 책, 그리고 항상 처음 읽는다고 생각하게 되는 책, 우리를 해방하는 책이다.

그렇다. 하지만 이것은 그 시대의 징후이기도 하다. 청년기에 자신만의 삶을 창조하는 과정에서 겪는 극도의 어

---

172) 예를 들어 1973년 LIP 공장의 사건이 객관적 돌파였다면, 1973~1974년의 솔제니친(Solzhenitsyn)의 사건은 주관적 돌파라고 할 수 있다.

려움 속에는, 모순적이게도, 규범적인 것으로 되돌아가려는 노력(노동, 실천, 역사, 행동)과 혁명적이거나 전복적인 운동에 참여하고 유능함을 드러내려는 노력이 함께 나타난다.

스물다섯의 '나'는 니체가 발하는 그 눈부심에도 불구하고, 그림자들 속에 머물렀고, 심지어 그림자의 화신이기도 했다. 당시에 나는 하나의 그림자하고만 씨름했던 것은 아니었다. 먼저 헤겔과 만났고(앙드레 브르통이 작업하는 책상에서 엄청난 우연으로), 이어서 마르크스를 만났다. 그래서 오해도 있었다. 국가소멸론이라는 중대한 이론 때문에 마르크스주의에 가담하고 프랑스 공산당에도 가입했지만, 그 운동은 스탈린주의와 국가 물신에 고착되었고, 결국 이런저런 파란이 이어졌다.173)

이 파란들 가운데에서 천천히 빛을 향해 나아갈 길을 찾는 동안 이중적 돌파의 이념은 결코 사라지지 않았다. 그것은 정치와 정치 비판의 실천인 동시에, 시와 에로스, 상징과 이미지를 통해서, 그리고 왜곡에 대한 거부(소외

173) 《전체와 나머지》를 참조하라(1959년판은 절판되었고, 이후 요약된 버전으로 재발행되었다[벨리바스트(Bélibaste) 출판사, 파리, 1973][(옮긴이 주) 2008년에 앙트로포스 출판사에서 전체가 재발행되었다].

에 대한 거부와 현재에 대한 파악)를 통해서 초월을 지향하는 실천을 가리킨다.

5. 객관적(사회경제적) 돌파와 주관적(시적) 돌파는 공간에서 만난다. 공간에서는 가장 사소한 차이부터 가장 극단적인 차이에 이르기까지, 차이가 새겨지고 나아가 그 차이들이 '실현'된다. 공간은 불균등하게 밝혀지고 불균등하게 접근 가능하며, 많은 장애물로 가득 차 있는, 나아가 그 자체가 새로운 시도의 장애물이 되기도 한다. 그에 따라 공간은 차이들이 각인되는 장소이자 차이들의 환경으로 자리 잡는다. 현실의 다양한 갈등으로 빚어지는 시련과 공간에서 나타나는 시련은 서로 일치하는 경향을 보인다. 즉 스스로를 표출하고, 객관적인 것이든 주관적인 것이든 돌파구를 모색하는 모든 상황은 공간과 결부된다.

이와 같은 공간 기획, 즉 생산적이고 창조적인(미학적이면서 물질적인) 이중적 활동을 행성적 차원에서 전개하려는 기획은 초인의 대체물인가? 그렇지 않다. 공간 기획은 세계적 차원에서의 극복(Überwinden)을 뜻하며, 역사적 시간의 죽은 산물들을 폐지하는 것을 포함한다. 나아가, 그것은 마르크스의 가장 급진적인 사유에 따라, 실천과 가능한 것들의 총체성과 연관된 구체적인 시도들을 포함하며, 니체의 시적 사유처럼 감각적인 것과 신체의 완전한 회복과도 깊이 얽혀 있다.

이 기획은 헤겔적 공간—국가가 만들어 낸 공간, 국가가 자리 잡고 자신을 드러내는 공간—을 이제는 죽어 버린 결실들의 공허 속으로 내던진다. 그리하여 인간종의 작품이자 생산물로서의 공간이, 마치 월식 중에 나타나는 행성처럼, 그림자 속에 그 모습을 드러낸다.

해 설

르페브르의 이 책은 헤겔, 마르크스, 니체, 세 철학자의 삶과 문헌적 전거를 차곡차곡 쌓아 소개하거나 정리하는 작업이 아니다. 르페브르는 '현대성(modernité)'이라는 주제 아래로 19세기 독일의 세 철학자를 꼭 집어 불러들이고, 이들을 대질심문한다. 따라서 이 작업은 연대기적으로나 문헌상으로 꼼꼼한 전수조사라기보다 해당 철학자와 그들 문제의식의 캐리커처 내지는 크로키 소묘에 가깝다. 세 철학자에 대한 엄밀하고 광범위한 대차대조표를 기대한 독자라면 실망스러울지 모르겠다. 그러나 르페브르의 철학에 다가가고 싶은 독자에게 이 책은 단순한 길잡이 이상이다. 많은 경우, 사상은 자전적인 모습을 띠는데, 이 책의 논의는 세 철학자의 오랜 독자이자, 이들을 핵심 줄기 삼아 자기 사유를 펼쳐 온 저자의 사상적 지표와 원천을 가감 없이 보여 준다. 더욱이 그 내용이 저자의 방대한 지적 여정에서 오래 익히고 묵힌 것들이라는 점에서, 이 책은 르페브르 사상의 기반을 탐구하는 핵심적인 자료가 될 수 있다.

앞서 말한 대로 르페브르는 헤겔, 마르크스, 니체가—

19세기 말부터 본격화된—현대성의 작동에 각각 어떻게 개입되어 있으며, 서로 어떻게 얽혀 있는지를 추궁한다. 그가 보기에 현대성은 교착 상태에 빠져 있다. 현대 세계가 헤겔적이고, 마르크스적이며, 니체적이라는 서두의 언급은 이 교착 상태의 다른 표현 방식이다. 즉 세 철학자의 사상과 그들의 동시적인 얽힘은 현대 세계에 방대하고 실질적인 영향력을 행사했으며, 이러한 의미에서 이들의 사상은 세계가 된 사상(pensée devenue monde)이라고 할 수 있다. 그런데 르페브르의 관심은 단순히 이 교착 상태를 묘사하는 것을 넘어 그것을 '극복(dépassement)'하는 데로 향한다. 르페브르에 따르면 이들 사상에는 현대 시대의 예견뿐만 아니라 시대를 극복하는 고유한 방향성이 내재해 있다. 결과적으로 각각의 극복은 결코 세 철학자가 의도하지 않았던 방향으로 흘러가, 전에 없는 새로운 그림자와 진창을 만들어 내는 것으로 귀결되지만, 르페브르는 이 어두움을 외면하지 않는다. 다시 말해 현대성을 둘러싼 세 철학자들의 통찰과 좌절을 서로 잇고 직시하는 것, 이것이 르페브르가 취조에 임하는 기본적인 태도다.

이제 각 파일의 세부를 살펴보자. 먼저 헤겔에게 현대성은 '국가 체계'의 완성으로 표현된다. 그에 따르면 국가는 '정치적 계급'을 기축 삼아, 지식과 권력의 체계적 합일을 이루고, 그 속에서 초월적 실체가 된다. 르페브르는 이러한 헤겔적 국가 모델이 현대 시대를 해명하는 결정적 요소라고 본다. 이 관점에서 보면 오늘날은 역사상 그 어느 시기보다 강력한 국가가 지배하는 시기다. 그것은 국가에 대한, 그리고 제도 정치에 대한 '물신'으로 이어졌는데, 그 결과 대부분의 정치인은 의식적이든, 그렇지 않든 헤겔주의자가 되어 이 흐름을 부추기는 데 앞장서게 된다. 말하자면 르페브르는 헤겔이 현대를 지배하는 괴물 국가의 정체와 그 절대적인 파급력을 적중시켰다고 본다. 물론 헤겔 자신은 이성적인 국가 체계의 자동적 조절과 조화에 기대를 걸었지만, 이는 실제 세계와는 괴리되어 있다. 르페브르의 진단에 따르면, 실제로 일어나고 있는 일은 국가 체계의 거대한 무게에 짓눌린 '차이'와 '체험'의 질식이다.

다음으로, 마르크스는 국가로 수렴되는 '절대적 · 체계적' 사유에 맞서 '비판적' 사유를 내세운 철학자로 그려진다. 이 관점에서 현대성은 그 원리상 결코 국가로 폐쇄될 수 없는 변화와 운동의 프로젝트로 나타난다. 우선 자본주의적 산업화는 이 시기 세계의 풍경을 바꾸었고, '사회'를 잉여가치의 분배를 둘러싼 계급투쟁의 장으로 변모시켰다. 헤겔이었다면 아마도 전지전능한 국가 이성이 등장해 이 모순을 제어할 것이라고 말할 것이다. 그러나 마르크스의 방식은 다르다. 마르크스가 주목한 것은 산업과 노동이라는 사회적 실천으로부터 구축되는 '사회적 힘'이다. 즉 마르크스는 이 사회적 힘에 사회 위로 들어 올려진 기성 국가를 끝장내 버릴 가능성이 있다고 믿었다. 르페브르가 보기에, 마르크스 사유의 근본 지향과 그가 제시한 혁명적 가능성의 핵심은 바로 이 지점, '국가 소멸'에 있다. 그렇지만 르페브르는 냉정하게 따져 볼 때, 국가 소멸을 비롯해 마르크스의 전망 가운데 온전히 현실화된 것은 하나도 없다고 말한다. 르페브르에 따르면 더욱 문제인 것은 자칭 마르크스 계승자들과 현실 사회주의가 국가 소멸이라는 마르크스 사유의 지향을 근본적으로 틀어 버렸다는 것이다. 이러한 관점에서 르페브르는 오늘날 마르크스 사상에 드리워진 가장 큰 그림자를 마르크스의 진의를 왜곡한 '마르크스주의' 자체로 본다.

마지막으로 니체는, 마르크스와 마찬가지로, 헤겔의 절대적 · 체계적 사유와 괴물 국가에 맞선 철학자로 제시된다. 니체의 방식은 마르크스의 '비판적' 사유 및 아래로부터 사회화 전략과는 그 지향과 결이 다르다. 르페브르에 의하면 니체의 지향은 '즐거운 학문'의 개념으로 집약되는데, 이는 비극적 파국을 거쳐 몸과 생명을 유쾌하게 긍정하는 시적 가능성의 전망으로 이어진다. 즉 니체의 시선은 '문명'적 차원을 향해 있으며 그는 서구 문명이 몸과 체험을 억압한 대가를 치르기를 기다리고 있다. 이 관점에서 몸과 체험은 소유와 재산, 정치권력과 제도보다 훨씬 근본적인 층위에 있지만 현대 시대는 문명의 창조적 역량 자체를 고사시키는 수준으로 이를 억압한다. 결국 최후에는 오직 자동적인 재생산만 남겨지게 될 것이므로, 이러한 문명은 그 내부로부터 붕괴할 수밖에 없다. 르페브르가 보기에 니체에게는 이 파국을 진정할 생각이 전혀 없다. 그에 따르면 니체는 신의 죽음에 이어 인간의 죽음, 나아가 모든 종언들 그 자체를 종언시키는 데까지 나아가려 한다. 어째서인가? 왜냐하면 그것이 완전한 가치 전환을 통한 새로운 문명 탄생에 이르는 유일한 길이기 때문이다. 이러한 의미에서 니체의 '초인(Übermensch)'은 파괴와 탄생을 동시에 수행하는 존재로 이해되어야 한다. 그렇다면 초인을 통해서 창조적 탄생을 이끄는 힘의 진원은 어디인가? 바로 '지금, 여기'의 일상이다. 르페브르는 오랫동안 그림자 속에 가려져 무시되어 온 일상생활의 영역이야말로 진정한 변화의 출발점이라는 니체의 관점을 적극적으로 수용한다. 다만 그럼에도 불구하고, 르페브르는 니체의 사유가 드리운 새로운 그림자를 그냥 넘기지 않는다. 실상 니체 이후, 그러니까 현대성이 정점으로 치달아 온 그간의 세계에서, '일상 속의 균열', '일상으로부터의 창조' 같은 슬로건이 얼마나 자주 등장했던가? 르페브르는 이렇게 진부해진 구호들이 소박한 것으로 취급되어 주변화되거나, 혹은 환상적 전복에 매달린 '엘리트주의'의 그림자에 매몰되는 상황을 고발한다.

단순화의 위험을 무릅쓰고 요약한 각각의 취조 파일은 세 철학자가 서로를 비추는 성좌를 이룬다는 것, 그리고 그것이 현대 세계에 드리우는 새롭고 거대한 그림자의 진원이기도 하다는 것을 보여 준다. 따라서 이들 셋 가운데 반드시 하나의 정답을 골라야 하는 것은 아니다. 마지막 장에서 르페브르는 자본주의적 현대를 둘러싼 비관과 공허를 돌파하는 이중적 전략—(헤겔의 변증법을 전도한) 마르크스의 객관적 돌파, 그리고 니체의 주관적 돌파—이 필생의 과제였다고 말하고 있다. 여기에서 드러나듯 르페브르는 열성적인 마르크스주의자였지만, 마르크스만으로 충분하다는 입장에는 결코 동의하지 않았다. 이것은 일부 정통을 자처하는 마르크스주의자들의 비난을 초래하기도 했지만, 그는 마르크스의 사유를 비롯해 그 어떤 과거의 철학도 완전무결한 체계나 경전으로 받아들이지 않았다. 이와 함께 특별히 주목해야 할 것은 르페브르가 과거의 유산으로부터 발견한 돌파의 지점이다. 그것은 바로 '공간'이며, 르페브르는 자신의 이중적 전략이 공간적 차원을 통해 구체화될 수 있다고 다분히 선언적으로 말하고 있다 (공간에 대한 르페브르의 관점은 이 책의 마지막 부분 외에도 중간중간 언급되는데, 여기서 헤겔의 역할을 무시해서는 안 될 것이다. 르페브르는 헤겔의 절대적 국가를 절대적 국가 공간의 생산으로 해석한다. 이런 관점에 따를 때 '공간 생산'이라는 아이디어에 미친 헤겔의 영향은 결코 간과되어서는 안 된다).

르페브르가 말하는 이중적 전략과 공간적 차원의 관계를 확인하기 위해서는, 비슷한 시기에 나온《공간의 생산》(1974)을 비롯해, 도시 공간에 대한 그의 저작들을 참고하는 것이 유익할 것이다. 이 책은 공간 자체를 초점으로 삼고 있지는 않지만, 앞서 말했듯 공간에 대한 그의 관점의 윤곽은 분명히 드러난다. 간단히 말해 두자면, 르페브르는 공간을—세 철학자들의 관계처럼—비옥한 불일치의 효과로 이해되어야 할 영역으로 이해하는데 이것은 이 책이 제시하는 르페브르적인 사유의 특징이기도 하다. 핵심은 불일치에 있다. 르페브르는 세 철학자들에 대한 설명과 그 행간에서, 불일치의 풍요로움을 반복적으로 드러낸다. 가령 그는—번역의 어려움을 가중하는—특유의 수다스럽고 자유분방한 문체로, 쟁점이 되는 이론이나 개념이 한계에 부딪히도록 몰아붙인다. 이 전략에 따르면—앞선 언급의 반복이 되겠지만—헤겔의 변증법(진보를 약속했음에도, 종국에는 억압적 권력을 합법화하는 도구로 전락함)도, 마르크스의 사회적 실천(관념론의 틀을 깨고 나아갔지만, 교조주의적 마르크스주의를 탄생시킴)도, 니체의 시적 실천(몸과 체험의 생명력을 복원하지만, 현실과 동떨어져 고립됨)도 모두 각각의 고유한 한계에 부딪힌다. 그런 다음 르페브르는 이러한 귀결을 회피하거나 반박하는 대신, 그것을 (생산적인 마주침을 낳는) '삼중적' 꼬임 관계로 배치한다. 르페브르의 이러한 발상은 원전의 충실한 반복도, 기존 개념에 대해 완전히 새로운 해석도 아니다. 이질적인 노선들의 지향과 흠결을 선명하게 드러내고, 그것들이 서로 만나 부딪히게 하는 것. 바로 이것이 그가 '대질'의 방식, 곧 삼중적인 대결과 마주침을 통해 길을 만드는 방식이다(《공간의 생산》에서 이 방식은 삼중법(trialectic)으로 명명된 바 있다).

정리하자면 르페브르는 현대성의 교착 상태를 형성하는 삼중적인 결절점들(헤겔, 마르크스, 니체)의 마주침과 예측불가한 얽힘을, 교착 상태를 타파할 새로운 비전의 가능조건으로 삼는다. 이 가능조건은 전통적인 철학의 선험적이고 불가침적인 형식과 거리가 멀다. 다시 말해 르페브르는 가능성이 본래 틀 속에 갇혀 있을 수 없다고 본다. 그에게 가능성은 계기들이 중첩되고 농축되면서 변화의 임계점에 육박해 들어가는 운동 이미지(이는 '폭발하는 모순'의 이미지이기도 하다)로 표현될 수 있는데, 이 운동은 현재 체계에서 미규정된, 그러나 생성과 침식이 끊이지 않는, 미지로 내딛으려는 시도로부터 촉발된다. 즉 예정된 조화가 없는 세계로 최초의 한 발을 밀어 넣을 때, 그것이 가능한 변화의 계기(moment)가 되는 것이다. 따라서 이 책 제목에 등장하는 '그림자의 왕국'은 단순히 불확실성의 어두움에 쌓인 교착 상태가 아닌 돌파의 잠재적 가능성을 포함한 영역으로 이해되어야 한다.

현대성의 위기와 새로운 '가능성'을 분리하지 않고, 동시적으로 인식하는 것, 곧 둘이 공존하는 아이러니한 상황의 인식은 전통적인 철학－보편적 범주 내지 그에 대한 성찰로 규정되어 온－의 인식론을 넘어선다. 르페브르는 이 새로운 인식 방식을 '메타철학적(métaphilosophique)'인 것으로 명명하는데, 메타철학적 사유는 곧 가능성과 실재를 연결하는 사유다.

메타철학적 사유의 특장점은 무엇보다도 현대 시대의 난해하고 복잡한 풍요로움에 대한 통찰에 있다. 다만 이 풍요로움 속에는 최악의 가능성도 포함되어 있다. 르페브르가 세 철학자를 경유해 현대성의 (공간적) 돌파를 모색하던 반세기 전에도, 그리고 오늘날에도, 최악의 징조들은 건재하며, 그 내용은 새롭고도 낯익은 문제들로 끊임없이 채워지고 있다. 이를테면 전쟁과 폭력이 점증하며, 제도화된 민주주의는 혐오조차 합법화하는 수준으로 추락 중이다(이는 자본주의-가부장제-파시즘의 오랜 결합이

빛은 최신 국면일 것이다). 그뿐만 아니라, 문자 그대로 지구와 생명체의 절멸 또한 현실적인 문제로 대두되고 있다. 이것은 인류의 존속이 걸린 문명적 차원의 위기임이 분명하다. 따라서 새로운 비전을 구상하는 공동의 노력이 어느 때보다도 절실하지만, 어째서인지 세계를 '전망'하고 새로운 '경로'를 제안하는 일은 많은 이들에게 점점 부담스러운 일이 되고 있다. 그런 시도는 때로는 현실의 처절함에, 때로는 제도화된 지식장의 세련에 대비되어, 섣부른 일로 취급되기 일쑤다. 하지만 그래서야 되겠는가? 르페브르의 말투를 흉내 내 보자면, '그렇다고 해서 모든 전망을 전문가와 기술자들의 소관으로 맡겨 둘 순 없지 않은가?'

생각해 보면, 어떤 식으로든 한 시대를 건너가게 했던 비전들 중에 시련을 겪지 않고 비아냥거림과 수군거림을 받지 않은 것들이 있었던가 싶다. 새로운 경로와 지평을 마련하려는 르페브르의 구상에는 거의 예외 없이 '낭만적'이며 '유토피아적'이라는 평가가 뒤따랐지만, 그럼에도 르페브르는 혁명의 가능성을 향한 기투를 멈추지 않았다. 그는 순진한 사상가도 아니었지만, 부정의 태도로 관조하는 타입은 더더욱 아니었다. 그는 이상주의와 현실주의의 경계를 언제나 동시에 의식하고자 했으며, 초월적 · 도덕적 권위보다는 생동하는 정치권력의 문제에 관심을 기울였다. 다방면으로, 열정적으로 현실에 개입하면서 일궈낸 이러한 노선과 스타일은 분명 흔치 않은 것이다.

요컨대 르페브르는 '가능성'의 철학자다. 이 책은 불가능성으로 점철되고 경화된 사회를 건너려는 그의 사유의 흔적을 담고 있다. 혹자에게는 그 흔적이 이미 개척된 바 있는 경로를 환기하는, 이른바 '주체 철학'의 흘러간 이야기 정도로 치부될지 모른다. 그러나 정말로 길을 나설 참인 누군가 있다면, 이전에 열렸던 문일지라도, 반드시 스스로 다시 열어야 한다. 그런 의미에서 르페브르가 나아간 길과 그가 남긴 사유의 포즈는 새로운 비전을 개척하는 도정에 선 이들에게 좋은 참조가 될 수 있다. 르페브르의 철학은 그런 이들을 격려하고, 고무하며, 과감히 초대한다.

지은이에 대해

앙리 르페브르(Henri Lefebvre, 1901~1991)는 프랑스의 대표적인 인간주의적 마르크스주의자다. 70여 권에 이르는 그의 저작들은 농촌사회학, 일상생활, 도시, 공간, 국가 등 방대한 주제 영역을 거느리고 있다. 그 가운데 가장 널리 알려진 것은 《일상생활 비판》 연작(1947, 1961, 1981, 총 3권)과 도시 공간에 대한 저작들, 《공간의 생산》(1974), 《도시혁명》(1970), 《도시에 대한 권리》(1968) 등이지만, 르페브르는 자신의 사상의 줄기가 된 19세기 사상가들에 대한 연구 또한 꾸준히 진행했다. 그는 학문적 이력의 초창기에 《마르크스 선집》(1934)과 《헤겔 선집》(1938)의 출간에 참여했고, 파시즘으로 공격받던 니체 사상을 구제하고, 그의 급진적 철학을 재조명하는 《니체》(1939)를 펴내기도 했다. 본서 《헤겔, 마르크스, 니체 혹은 그림자의 왕국》(1975)은 이들 세 사상가를 현대성의 문제틀 속에서 대질하고 종합하는 작업으로, 르페브르 사상의 궤적을 압축하고 그가 도시와 공간 문제로 이행하게 된 철학적 배경을 드러낸다.

옮긴이에 대해

신승원은 앙리 르페브르의 공간 이론에 대한 연구로 박사 학위를 받았다. 〈르페브르의 공간건축술〉, 〈칸트 공간론의 전개〉, 〈도시사회의 우정론〉, 〈르페브르 도시론의 전개 : 도시적 해방에서 차이 공간의 생산으로〉 등의 논문과 《앙리 르페브르》, 《공간에 대한 사회인문학적 이해》(공저) 등의 단행본을 썼다. 옮긴 책으로는 《탈산업사회에서 포스트모던사회로》(크리샨 쿠마르 저, 공역), 《포스트메트로폴리스 2》(에드워즈 소자 저, 공역), 《도시혁명》(르페브르 저)이 있다.

헤겔, 마르크스, 니체 혹은 그림자의 왕국

지은이 앙리 르페브르
옮긴이 신승원
펴낸이 박영률

초판 1쇄 펴낸날 2026년 1월 5일

커뮤니케이션북스(주)
출판등록 제313-2007-000166호(2007년 8월 17일)
02880 서울시 성북구 성북로 5-11
전화 (02) 7474 001, 팩스 (02) 736 5047
commbooks@commbooks.com
www.commbooks.com

Hegel, Marx, Nietzsche ou Le Royaume des Ombres
by Henri Lefebvre

ISBN 979-11-430-1463-4 93160

책값은 뒤표지에 있습니다.